2022 라틴아메리카

COVID-19 팬데믹과 불평등

2022 라틴아메리카

COVID-19 팬데믹과 불평등

서울대학교 라틴아메리카연구소/한·중남미협회(편)

임태균 대표편역

SNUILAS 서울대학교 라틴아메리카연구소

한·중남미협회 KOREAN COUNCIL ON LATIN AMERICA & THE CARIBBEAN

2022 라틴아메리카를 발간하며

올해는 한국이 라틴아메리카 15개국과 수교를 한지 60주년이 된 뜻 깊은 해다. 60년 전 전쟁의 상처를 딛고 일어나 근대화의 길에 들어서기 시작한 우리나라가 라틴아메리카의 많은 국가들과 외교 관계를 맺음으로써 우리 외교사에 한 획을 그은 것이다. 이에 올해의 『2022년 라틴아메리카』는 한국-라틴아메리카 수교 60주년을 기념하고 축하하는 의미를 담아 발간하고자 한다.

2021년 라틴아메리카는 전년부터 전 세계를 뒤덮은 COVID-19의 지속적인 영향으로 매우 힘든 한 해를 보냈다. 2021년 후반 들어 라틴아메리카 대부분의 국가에서 확진자 수가 확연히 감소했지만, 이미 COVID-19의 창궐을 경험한 대다수의 국민은 팬데믹에 대한 국가의 부실 대응과 이로 인한 사회적 불평등의 악화를 비판했다. 팬데믹의 장기화와 교육, 이주, 젠더 등의 다양한 사회적 부문에 대한 부정적인 영향이 국가에 대한 국민의 신뢰 하락으로 이어졌고 이는 라틴아메리카 전역에 불안정을 고조시켰다.

2021년 한 해 라틴아메리카 지역 경제는 COVID-19의 장기화, 백신접종 확대, 봉쇄조치 완화, 그리고 대외 경제여건의 개선 등으로 회복세를 나타냈다. 대부분의 국가들이 2020년의 심각한 마이너스 성장에서 벗어나며 지역 평균 GDP 성장률이 6.2%에 달했다. 특히, 페루(13.3%), 칠레(11.7%), 콜롬비아(10.6%), 아르헨티나(10.3%)는 10%를 상회하는 경제성장률을 기록했고, 멕시코와 브라질도 상대적으로 다소 낮기는 하나 각각 4.8%와 4.5%의 경제성장률 기록했다. 하지만 이러한 성장세는 여전히 COVID-19 이전의 GDP 수준을 회복하기에는 부족했다. 코로나의 지속에 따라 생산 활동의 전면적 재개가 지체되면서 라틴아메리카의 평균 실업률도 2020년 10.3%에서 2021년 10.0%로 매우 더딘 개선을 보였다.

정치적으로는, 라틴아메리카 주요 대통령 선거에서 좌파 세력이 두각을 나타냈다. 코로나 대처 미흡, 경기 불안, 불평등 심화 등의 이유로 기존 우파 정권에 대한 국민의 지지가 약화하면서 페루, 온두라스, 칠레에서 차례로 좌파 후보가 정권 교체를 달성했다. 페루에서는 교사 출신의 페드르 카스티요가 페루 최초의 서민 출신 대통령으로 당선됐고, 온두라스에서는 마누엘 셀라야 전 대통령의 부인인 시오마라 카스트로가 온두라스 최초의 여성 대통령으로 당선됐다. 칠레에서는 학생운동 출신의 젊은 정치인인 가브리엘 보리치가 세계 최연소 대통령으로 당선됐다. 이러한 좌파 대통령들의 등극은 라틴아메리카에 핑크 타이드가 부활하는 것이 아니냐는 예측까지 나오게 했다. 하지만 이는 좌파 자체에 대한 적극적 지지의 결과라기보다는 우파 정권의 재창출에 대한 경계로 인한 것이었다.

한·중남미 수교 60주년을 맞이하여, 이 책은 최근 라틴아메리카를 둘러싼 국내외 정세 변화에 대한 분석과 전망을 제공하고자 했다. 동시에 라틴아메리카의 내부적인 정치·경제·사회적 주요 이슈들에 관한 분석과 비판을 제공하고자 했다. 또한 2021년 라틴아메리카 경제지표를 부록으로 수록하여 지역 경제 추이에 대한 전반적인 식견을 제공하고자 했다. 물론 여전히 유동적인 국제정세와 라틴아메리카 내부적 혼란으로 인해 분석에 어려움이 존재하는 것이 사실이다. 하지만 이 책을 통한 연구와 시도가 라틴아메리카를 좀 더 올바르게 이해하는 데에 기여하리라 의심치 않는다. 아울러 연구와 교육으로 바쁜 가운데서도 성심을 다해 이 책에 실린 글을 집필 또는 번역해주신 여러분께 감사의 인사를 드린다.

2022년 7월

서울대학교 라틴아메리카연구소장

김창민

감사 인사

이 책을 위해 옥고를 투고해주신 분, 해외 논문을 번역해주신 분, 글의 전재를 허락해준 해외 저널 관계자 여러분에게 깊은 감사를 표합니다.

|집필자, 번역자, 편집자(가나다 순)|

강정원(성균관대학교 강사)

권기수(한국외국어대학교 교수)

박병규(서울대학교 라틴아메리카연구소 HK교수)

신찬용(전북대학교 강사)

우석균(서울대학교 라틴아메리카연구소 HK교수)

이성훈(서울대학교 라틴아메리카연구소 HK교수)

이은아(서울대학교 라틴아메리카연구소 HK교수)

임태균(서울대학교 라틴아메리카연구소 HK교수)

정동희(서울대학교 강사)

조영실(서울대학교 강사)

조혜진(고려대학교 강사)

|해외협력 저널|

Revista *Nueva Sociedad*

목 차

제1부 COVID-19 팬데믹과 불평등

제2부 정치

제3부 사회·경제

부록

제1부 COVID-19 팬데믹과 불평등

라틴아메리카로부터의 팬데믹 : 잠정적 균형을 위한 9개의 논제

마리스테아 스밤파
사회학자

원제와 출처: Maristella Svampa, "La pandemia desde América Latina: Nueve tesis para un balance provisorio", *Nueva Sociedad*, No. 291, enero-febrero de 2021, pp. 80-100.

핵심어: COVID-19, 사회생태학적 위기, 그린 뉴딜, 생태사회 협정, 라틴아메리카

2020년은 우리의 뇌리에서 영원히 지워지지 않고 기억될 해가 될 것이다. 여느 해와는 달리 파괴적이며 파멸적인 이 해는 우리의 육체, 우리의 주체성 그리고 우리의 기억 속에 치유 불가능한 커다란 상처를 남기게 될 것이다. 비록 일부에서는 2021년이 보다 안정적인 해가 될 것이라고 기대하고 있지만, 그 누구도 2020년대의 초에 COVID-19로 시작된 시간은 하나 혹은 그 이상의 기적의 백신으로 완전히 막을 내리게 될 것이라고 확신하지 못한다. 이러한 변화는 우리에게 그 세계적, 지역적, 국가적 특성이 아직 완전히 정의되지 않은, 하지만 그 축과 기준점이 얼핏 보이는 듯한 문명 구성의 윤곽에 대해 우리에게 경고하고

있다. 이 중 일부에 대해 필자는 본 글을 9개의 논제로 나누어 검토하고자 한다.

1. 팬데믹은 주변부의 문제들을 중심부의 문제들로 전환시켰다. 즉 사회적 불평등과 소유권간의 관련성뿐만 아니라 인수공통전염병과 팬데믹 그리고 사회생태학적 위기 간의 관계를 가시화하였다.

COVID-19는 팬데믹 발생 이전에는 주변부에 존재하였던 문제들을 최소화하거나 비가시화하여 무대 중앙에 배치하였다. 이번 팬데믹은 한편으로는 사회적, 경제적, 인종적, 지역적 불평등과 역사적으로 유래가 없을 정도로 심각한 부의 편중 현상을 생생히 드러내었다. 그리고 신자유주의가 출현한 지 수 십년이 지난 후 보건 뿐만 아니라 교육 및 디지털 격차, 주거 시설에 대한 접근성, 거주 환경의 질적 저하와 연관된 기본적 서비스가 퇴행하였다는 점을 명확하게 증명하였다.

바이러스의 확산은 세계무역기구(WTO)의 지원 하에 지난 30년 동안 공고해진 신자유주의적 세계화 모델이 실패하였다는 사실을 보여주었다. 그러나 이것이 곧 신자유주의가 사망하였다거나 죽어가고 있다는 것을 의미하는 것은 아니다. 오히려 정반대라고 할 수 있다. 팬데믹으로 인해 촉발된 위기는 모든 수준에서 극심한 불평등을 더욱 악화시켰다. 옥스팜(Oxfam) 보고서에 따르면 라틴아메리카에서 경제적 엘리트 계층과 슈퍼 갑부들의 자산은 팬데믹 기간 동안 482억 달러가 증가하였는데 이는 COVID-19가 발생하기 이전보다 17%가 증대된 수치다. 이와는 대조적으로 이 지역에서 팬데믹으로 인해 야기된 경기 불황으로 인해 5천 2백만 명에 달하는 인구가 빈곤층으로 추락하였고 4천만 명이 직업을 상실하게 되면서 라틴아메리카 대륙의 경제는 15년 전으로 후퇴하였다.[1] 팬데믹이 발생하기 이전에 인류학자인 리타 세가토(Rita Segato)는 불평등이라는 단어는 거대한 사회적 추잡함을 그래프로 나타내기에는 충분하지 않다고 주장하였다. 즉 그녀에게 있어 이 세계는 "소유와 지배에 의해 표식된 세계"인 것이다.[2] 이처럼 코로나 바이러스는 현재 우리가 어느 정도 수준까지 "소유의 세계"와 마주하고 있는지를 생생히 보여주었다.

둘째, COVID-19로 유발된 팬데믹은 사회생태학적 위기와 나쁜 개발 모델 그리고 보건 간의 밀접한 연관성을 명료하게 보여주었다. 2020년 3월 이전까지 "인수공통전염병"(Zoonosis)이라는 단어는 우리가 일상적으로 사용하는 단어가 아니었고 아직까지도 일부 사람들에게 있어서는 어느 정도 기술적인 개념, 혹은 인간 사회와는 다소 거리가 먼 개념일 수도 있지만 팬데믹의 배후를 이해하기 위한 열쇠다.

COVID-19의 이면에는 산림파괴, 상술하면 생태계 파괴가 자리를 잡고 있다. 이로 인해 야생 동물들이 자연 환경으로부터 축출되었고 수 천 년 동안 격리되어 있었던 인수공통감염 바이러스가 방출되어 도시화된 환경 속에서 다른 동물들 및 인간과 접촉하게 됨으로써 종들 간 방어 장벽을 뛰어 넘는 종간 감염이 가능하게 되었다. 물론 COVID-19는 우리가 알고 있는 최초의 인수공통감염 바이러스는 아니다. 인수공통감염 바이러스는 이미 존재하였고 심지어는 에볼라나 사스, 아프리카 돼지열병, 조류 독감, 인간 면역결핍 바이러스 등 COVID-19보다 더 치명적인 바이러스도 존재하였다.[3]

COVID-19는 비록 중국에서 처음 출현했지만 이것은 사실 지구의 다른 어떤

1) Mar Centenera, "La pandemia agranda la brecha en América Latina: ocho nuevos multimillonarios y 50 millones más de pobres", en *El País*, 29/7/2020.

2) Rita Segato, "El mundo de hoy es un mundo marcado por la dueñidad o el señorío", Comunicado de prensa, Universidad Internacional Menéndez Pelayo, 26/8/2019.

3) François Moutou, "Las zoonosis, entre humanos y animales", en *Nueva Sociedad*, Núm 288, 7-8/2020, disponible en 〈www.nuso.org〉.

지역에서도 출몰할 수 있었을 것이다. 왜냐하면 인수공통감염 바이러스의 대유행의 기저에는 세계적 규모의 다국적 기업들에 의해 구축된 고도의 생산성과 경제적 이익의 극대화에 초점을 맞춘 글로벌 생산 모델이 존재하기 때문이다. 하지만 이들 기업들이 추구하는 가치인 고도의 생산성 및 경제적 이익 극대화는 생물적 다양성의 절멸을 수반하는 단일 작물 경작의 확대, 천연 자원의 남획, 비료 및 살충제에 의한 토양 오염, 개간 및 산림 벌채, 대규모 축산업에 기반을 둔 식량 생산 모델의 확장 등과 같은 생태계의 악화 및 파괴를 수반하고 있다.

이렇게 토지 소유 및 개발에 대한 자본주의의 발전은 빠르게 변이하며 치료법이 없는 전염성이 매우 강한 인수공통감염 바이러스들을 대규모로 방출할 수 있는 능력을 가지고 있다는 핵심적 요소를 명확히 보여주고 있다. 요약하지만 이번 COVID-19 팬데믹은 인류세(Anthropocene)[4]와 자본세(Capitalocene)[5]가 기후

4) 1960년대 말 소련 과학자들이 신생대 제 4기를 "인류세"로 명명하였고 1980년대 미국 생물학자 유진 필모어 스토머(Eugene Pilmore Stoermer)가 인간활동의 영향을 뚜렷이 반영하는 지질시대를 "인류세"로 지칭하였다. 이후 1995년 오존층 연구로 노벨 화학상을 수상한 네덜란드 과학자 파울 요제프 크뤼천(Paul Jozef Crutzen)이 농업혁명기부터 현대까지 지구 환경에 큰 영향을 미치게 된 인간 활동의 결과들을 총칭하여 "인류세"라는 용어를 사용하면서 대중화 되었다. 즉 크뤼천은 지질 시대의 구분에 있어 신생대 제 4기 충적세의 다음 지질 시대로 "인류세"라는 용어를 사용한 것이다. "인류세"는 지구 자연환경의 변화에 따른 지질 시대의 구분에 있어 최초로 인간이라는 특수한 생물종이 개척한 지질 시대로써 생물체로써의 인간의 힘을 보여주는 동시에 이 힘의 무분별한 남용으로 인해 인간종이 결국에는 최후를 맞게 될 수 있다는 종말론적 성격을 가지고 있다. 과학계에서는 이 용어가 지질시대의 구분에 바탕이 되는 이론일 될 수 있는지에 대한 논의가 벌어지고 있지만 특히 지구온난화, 기후 변화, 생태계 파괴, 지구 생물 멸종 등이 큰 이슈가 되고 있는 오늘날 환경 문제의 중요성을 강조하기 위해 많이 사용되고 있다(역주).

5) 인류세와 밀접한 관련을 가지고 있는 용어로써 인류세라는 용어가 가지고 있는 의미론적 한계를 극복하기 위해 미국 빙엄턴 대학교 사회학과 제이슨 무어(Jason Moore) 교수가 제시한 용어. 무어에 의하면 인류세는 인류가 지구환경 변화의 일차적 책임이 있다는 의미를 본질적으로 가지고 있기는 하지만 인류가 발명한 자본주의 사회구조 및 사회적 불평등이 지구환경의 위기를 초래한 근본적 원인임을 간과하고 있다. 자본주의는 단순히 인간과 인간 간의 관계가 아니라 자본, 권력, 유기적 전체로서의 자연의 역사로 세계-생태적 특징을 가지고 있으며 최대 이윤을 도출하기 위해 노동, 식량, 에너지, 원자재 등 네 분야에 있어서 "저렴한 자연"을 지속적으로 추구하여 왔으며 이 과정에서 환경파괴가 대규모로 이루어지게 되었기에 인류세라는 용어보다는 자본세라는 용어가 더 적절하다고 주장하고 있다(역주).

변화와 지구 온난화의 문제일 뿐만 아니라 세계화와 잘못된 개발 모델의 문제라는 점을 잘 보여주었다. 이 용어들은 화석 연료 사용의 증가뿐만 아니라 토지 이용의 변모 양상, 삼림 벌채 및 집약적 축산업의 확대와 직접적으로 관련이 되어 있는 기후 비상사태의 또 다른 양상들을 부각시키고 있는데 이 모두는 전염병 대유행의 잠재적 원인들이다.

2. 우리가 팬데믹을 포착하고 분석하기 위해 사용해 왔던 은유들과 개념들은 역동적 의미 속에서 이해되어져야 한다. 우리는 정치적 언어의 중심에 호전적 은유를 유지하면서 "입구"의 은유에서 "몰락"의 은유로 이동하였다.

위험한 보건 상황의 산물로써 비상 브레이크의 발동은 거대한 사회적, 경제적, 정치적 결과를 초래한 매우 특별한 위기를 가져왔다. COVID-19가 유행하기 시작하였을 때부터 호전적 은유, 즉 바이러스와의 전쟁에 대한 언급이 헤게모니를 장악하고 있는 정치 언어를 관통하였다. 필자의 견해로는 이와 같은 호전적 은유의 사용은 "보이지도 않고" "정체도 알 수 없는" 적과 직면하여 이 적이 가져 온 막대한 피해를 극복하기 위한 사회적 결속과 통합을 이룩해야 한다는 목표를 간과한 채 증상에 집중하고 구조적 원인을 흐리게 하고 숨기려는 경향을 가지고 있다. 필자는 본고에서 이 주제에 대해서는 집중적으로 다루지는 않을 것이지만 팬데믹의 원인에 관한 정보가 유포되고 있음에도 불구하고 이 호전적 은유가 지속적으로 사용되고 있는 점에 대해 명확히 밝혀 볼 필요는 있다.[6]

실제로 필자는 "입구"의 은유와 "몰락"의 은유라는 두 개의 서로 다른 은유로

6) M. Svampa, "Reflexiones para un mundo post-coronavirus", en *Nueva Sociedad*, Edición digital, Abril de 2020, 《www.nuso.org》.

회귀하여 이것들은 살펴보고자 한다. COVID-19 팬데믹이 초래한 매우 이례적인 위기는 양면적이면서 모순적인 요구를 우리에게 하였다. 즉 한편으로는 전환과 연대 그리고 변화를 요구하며 다른 한편으로는 질서와 "정상성"으로의 회귀를 요구한다. 이렇듯 이례적인 위기는 통행의 시발점으로 이해되는 어떤 "입구"에, 즉 우리가 토착화시켰던 것들의 변성을 가져 온 초입에 우리를 위치시켰다. 인도의 작가인 아룬다티 로이(Arundhati Roy)가 그녀의 주목할 만한 글에서 강조하였듯이 우리가 세계를 뒤로 하고 있다는 느낌, 이전과는 다르고 불확실한 어떤 다른 세계로 우리가 진입하고 있다는 인상이 우리를 엄습하고 있다.[7)]

그런데 "입구"의 은유는 또한 갈림길을 암시하기도 한다. 즉 팬데믹으로 촉발된 위기는 팬데믹 발생 이전에는 큰 관심을 받지 못한 채 주변부에 머물러 있던 소유권 문제, 사회생태적 위기와 같은 모든 문명화 논쟁을 해결할 가능성을 열었다. 지금까지 인류는 더 공고한 권위주의, 보다 심각한 외국인 혐오와 불평등 그리고 생태적 황폐화 등을 통해 체계 붕괴를 가속화하면서 혼돈의 자본주의의 길을 공고히 해왔다.

요약해서 말하자면 "입구"의 은유는 황당하면서도 불가능한 과제인 "재설정된 세계"의 창조 가능성과는 전혀 관계가 없다. 오히려 그것은 어떤 이중적 차원을 수반하였다. 왜냐하면 팬데믹 초기에는 위기를 기회로 간주하는 보다 큰 변화에 대한 개념의 형성과 이해의 필요성을 추동하는 인지적 해방과정을 열어주었지만 동시에 우리에게 연대 의식의 쇠퇴와 불평등의 고착화를 통한 인지적 폐쇄의 위험성을 경고하였다. 언론인이자 작가인 나오미 클라인이 지적하였듯이 COVID-19로 유발된 위기는 재앙적 자본주의의 공식, 혹은 다음과 같이 정의

7) A. Roy, "The Pandemic is a Portal", en *Financial Times*, 3/4/2020. 수잔나 아룬다티 로이(Suzanna Arundhati Roy, 1961-현재)는 인도 출신의 소설가이자 수필가로 대표작으로는 그녀의 첫 소설로써 맨부커상을 수상한 『작은 것들의 신』(*The God of Small Things*) (1997)이 있다(역주).

되는 "쇼크 독트린"의 공식을 반복할 수 있는 새로운 기회가 될 수 있다.

> (쇼크 독트린은) 불평등을 체계적으로 심화시키고 엘리트 계급을 부유하게 하며 이들을 제외한 다른 모든 계층 사람들을 사회적 약자로 전환시켜 버리는 정책을 추진하게 위해 대형 위기를 이용하는 정치적 전략이다. 위기의 시기에 사람들은 이 위기가 무엇이 되었건 간에 이 위기에서 살아남는 일상적 비상사태에 집중하는 경향이 있으며 권력을 장악하고 있는 이들을 지나치게 신뢰하는 모습을 보여준다.[8)]

COVID-19 팬데믹이 선언된 지 9개월이 지난 후 시사적이며 강력한 은유였던 "입구"의 은유는 더 이상 사용되지 않았고 "뉴 노말리티"라는 명칭 하에 우리가 목도한 것은 기존의 사회적, 생태학적 조건들의 악화와 퇴보에 보다 가까운 것으로 그 "붕괴"의 형상이 단일하면서도 동시에 다차원적인 방식으로 종합되는 그러한 것이었다. 붕괴는 기후 비상사태에 대한 많은 과학적 연구들이 주장하고 있듯이 생태적일 뿐만 아니라 체계적이고 세계적이다. 붕괴의 확산 과정은 생태학, 경제, 사회, 정치 등 다양한 수준과 하나의 전체로 파악할 필요성은 없는 상이한 단계들 및 지정학적, 지역적, 사회적, 인종적 차이 등을 포괄하고 있다. 그런데 이 모든 것들이 동일한 방식으로 붕괴가 진행되지는 않을 것이다.[9)]

8) Marie Solis, "Naomi Klein: Coronavirus Is the Perfect Disaster for Disaster Capitalism", entrevista en Vice, 13/3/2020. 나오미 클라인(Naomi Klein, 1970-현재)은 캐나다 출신의 언론인으로써 대표작으로는 『노 로고』(*No Logo*) (1999), 『쇼크 독트린』(*Shock Doctrine*) (2007)등이 있다. 여러 저작들을 통해 클라인은 신자유주의가 어떻게 민주주의를 파괴하였는지, 자본주의가 재난을 통해 어떻게 성장하였는지를 비판적으로 고찰하고 있으며 자본주의와 현대 환경문제를 직접적으로 연결시켜 환경 문제에 대한 근본적인 해결은 자본주의 시스템에 기반 한 경제 구조를 재편해야 한다고 주장하고 있다(역주).

9) 이 주제에 관해서는 Carlos Taibo, Colapso, *capitalismo terminal, transición ecosocial, ecofascismo*, Libros de Anarres, Buenos Aires, 2017을 참고하시오.

결론적으로 말하자면 "붕괴의 시대"로의 진입은 미래에 대한 다양한 시각의 탄생을 추동하였다. 즉 경험적으로 우리는 미래에 대한 파멸적이고 디스토피아적 이미지들의 번성을 목도하고 있다. 그리고 이 이미지들 중 상당수가 멸종, 혼돈을 시사하는 정치적 언어 혹은 공개적인 반정치적 언어가 결여되어 있다. 다른 한편으로는 이론적이며 학술적인 차원에 있어서는 파블로 세르비뉴[10]와 라파엘 스티븐스[11]가 제시한 "붕괴학"(Colapsología)이라는 새로운 학문 분야의 탄생을 가져오는 것 같다. 붕괴학은 우리가 알고 있는 "세계의 종말"에 관해 성찰해 볼 것을 지향하며 "가능한 한 인간적으로"[12] 세계의 종말을 우리가 통과하기 위한 요소들과 정책들에 대해 논의할 것을 제안하고 있다.

3. 팬데믹은 국제 협력 전략의 부재에 직면하며 국내적 의제로 밀려나게 되면서 다자주의와 세계적 지도력에 대해 의문을 제기하였다.

우리는 2020년 3월 이후 강한 국가의 귀환 혹은 재합법화를 목도하고 있다. 하지만 국가의 귀환은 또한 국내적 의제로의 후퇴라는 표현과 다르지 않다. 팬데믹 상황 속에서 각 국가는 자신들의 역할을 수행하였고 이 과정 속에서 각 국가가 수행 가능한 보건 및 정치 전략의 가변성을 보여주었다. 각 국가별 차원에 있어 후퇴는 정책 결정의 행정부 집중 현상과 디지털 기술을 통한 시민권 통제

10) Pablo Servigne(1978–현재). 프랑스 출신의 작가로 생태학에 관련된 글을 많이 쓰고 있다. 대표작으로는 라파엘 스티븐스와 함께 집필한 『모든 것이 무너질 수 있는 방법』(*Comment tout peut s'effondrer: Petit manuel de collapsologie à l'usage des générations présentes*) (2015)이 있다(역주).

11) Raphaël Stevens: 벨기에 출신의 작가로 복잡계 및 사회 생태학적 시스템 회복에 관련된 글을 주로 많이 쓰고 있다(역주).

12) P. Servigne y R. Stevens, *Comment tout peut s'effondrer. Petit manuel de collapsologie à l´usage des generations presentes*, Seuil, París, 2015, p. 26.

등과 같은 초현대적 결정주의와 중세시대 촌락 모델식으로 도시 봉쇄, 지역 봉쇄, 국가 봉쇄와 같은 지역적 분열의 강력한 과정을 결합하는 역설적 조합을 보여주었다.

COVID-19 팬데믹 비상 상황 앞에서 전 세계적인 공동 대응은 존재하지 않았다. 오히려 분열 현상이 심화되었고 국제적 차원에서의 협력은 미미하였다. 이는 심지어 유럽 연합에도 영향을 미쳤는데 많은 사람들이 언급하고 있듯이 팬데믹은 통합에 대한 신뢰의 상실을 극명하게 보여주었다. 트럼프 행정부 하의 미국은 국내적 차원에 있어서는 팬데믹에 대해 다른 국가들 보다 더 효율적이고 향상된 대응을 하지 못하였다는 의미에서 세계의 지도국가라는 역할을 포기하였다. 이것은 대외적으로 중국 및 세계보건기구와 같은 다자기구들과의 지정학적 긴장을 고조시키는 것으로 표출되었고 대내적으로는 트럼프 대통령과 각 주의 주지사들과의 갈등과 대립 속에서 나타났다.

한편 중국은 팬데믹 초기에 라틴아메리카 국가들을 포함해 여러 국가들에 의료 지원을 하였다. 세계의 모든 국가들에서는 내부적으로 가장 취약한 계층에 직접적으로 영향을 미친 군국화 과정이 나타났다. 특히 경제적 취약성과 기술적 후진성으로 인해 디지털을 통한 통제보다는 훨씬 더 물리적이고 영역적인 통제가 이루어진 라틴아메리카에서 군국화 현상은 더욱 두드러졌다. 이 현상은 인도와 같은 일부 신흥국가에서 보다 악화되었고 심지어는 미국에서도 장기적 지배 구조로써 인종주의가 중심을 차지하고 있는 모습이 내부적으로 표현되었다.

마지막으로 강력한 국가의 귀환과 이 국가 개념이 가지고 있는, 사회적 국가와 공존하는 예외적 국가라는 양면성이 팬데믹 초기부터 강조되었음에도 불구하고, 이와 같은 팬데믹 시대에 대한 불완전한 서술에서 엘리트, 즉 가진 자들에 의해 구축된 명백한 식민화가 부과한 한계들을 고려하면서 경제적, 사회적, 가시적 위기에 대처하기 위한 국가의 역할 변형 가능성에 관한 이론적, 정치적 고찰은 거의 이루어지지 않았다.

팬데믹은 세계적 무질서의 상황 속에서 민족주의적 경쟁을 강화하였다. 감염 예방에 효과적인 백신을 획득하기 위한 경쟁뿐만 아니라 특정 백신을 얻기 위해 벌인 국가들 간의 경쟁이 이를 명백하게 반영한다. 최근 몇 개월 동안 세계에서 가장 부유한 국가들은 백신을 선구매 하는 동시에 시장에 나와 있는 다양한 백신의 공급을 국민들에게 보장하기 위해 노력하였다. 이 백신 비축정책으로 인해 전 세계에 공급된 백신의 40-50%를 부유한 국가들이 선점하였다. 이는 곧 가난한 국가들이 백신을 확보할 기회가 축소된다는 것을 의미한다.[13] 가장 논쟁적인 사례가 바로 캐나다다. 진보적 정치인인 저스틴 트뤼도 캐나다 총리는 그 어떤 협력 전략에도 신경 쓰지 않고 7개의 다국적 제약 회사들과 4억 1,400만 도스의 백신 구매 계약을 체결하였는데 이 수치는 캐나다에서 실제로 접종할 백신보다 5배나 많은 양이다.[14] 반면 지구적 남반구의 국가들, 특히 라틴아메리카 국가들은 국가 전체를 공포에 질릴 수 있게 하는 COVID-19 2차 대유행에 직면하여 백신 확보를 위한 필사적인 노력을 경주하였다.

4. 라틴아메리카 국가들은 공중보건 정책, 경제 및 사회 정책을 통한 개입을 선택하였지만 코로나 바이러스의 변이는 구조적, 상황적 한계를 드러나게 하였다.

COVID-19 팬데믹과 이것으로 인해 새롭게 펼쳐진 지평은 많은 질문을 제기

13) Amnistía Internacional, "Los países ricos ya están acaparando la nueva vacuna", 9/11/ /2020, 〈www.amnesty.org/es/latest/news/2020/11/wealthy-countries-already-hoarding-breakthrough-vaccines/〉.

14) "Denuncian que los países ricos han acaparado dosis para vacunar casi tres veces a la población", en *La Vanguardia*, 9/12/2020.

한다. 전 세계적 차원에 있어 세계화를 다른 모델에 입각해 재고할 시간이 도래한 것 같다. 또한 사회적 의제를 환경적 의제와 결부하여 "공통적인 것"을 재건한다는 소명의식을 가지고 강력하고 효율적이며 민주적인 국가를 위한 토대를 마련할 시간이 우리에게 다가온 것처럼 보인다. 하지만 팬데믹으로 인해 유발된 경제적 충격에 대해 지역적, 일국가적 차원에 있어서 문제는 명확하다. 즉 사회적 회복을 위한 정책을 발전시키기 위해 주변부 국가들이 어느 정도 수준의 물적, 사회적 기반을 갖추고 있느냐는 점이다.

실제 COVID-19로 인해 라틴아메리카에서는 기존의 사회적, 지역적 불평등이 더욱 심화되었고 인구 과밀과 건강증진에 대한 접근성 부족, 불충분한 보건 시스템, 비공식성, 성별 격차 등과 같은 구조적 결함이 악화되었다. 그리고 이것은 언젠가는 대형 폭발을 유발할 수 있는 어떤 잠재적인 폭탄이 되어버렸다. 코로나 바이러스 1차 대유행이 유럽에서 잠잠해지자 세계 인구의 8%를 차지하고 있는 라틴아메리카가 유럽의 뒤를 이어 전염병의 진원지가 되었으며 2020년 11월 유럽에서 2차 대유행이 시작될 때 까지 라틴아메리카에서는 전 세계에서 가장 많은 사망자가 나왔다.[15]

라틴아메리카의 거의 모든 국가들은 사회적 위기 및 보건 위기의 확산을 방지하기 위한 일련의 조치들을 취하였다. 최근에 발표된 유엔아동기금(UNICEF) 보고서에 따르면 라틴아메리카 국가들 중 18개국에서 총 26개의 한시적인 재난지원 프로그램을 도입하였다. 이 프로그램들 중 자영업자들에게 재난지원금을 지급한 온두라스의 케이스, 콜롬비아에서 시행한 연대지원금 프로그램의 2021년 12월까지의 연장 정책, 긴급 가계 지원금의 액수를 늘리고 적용 범위를 확대한 칠레의 정책, 고용 안전을 위해 새로운 조치들을 도입한 니카라과 등의 재난

15) "Coronavirus: ¿por qué América Latina es la región con más muertes en el mundo?", en *bbc Mundo*, 19/10/2020.

지원 프로그램들이 특히 눈에 띈다. 니카라과는 라틴아메리카 국가들 중 이와 같은 재난지원 프로그램을 가장 늦게 도입한 국가들 중 하나다.[16] 브라질에서는 자이루 보우소나루(Jair Bolsonaro) 대통령이 보수주의적 정책을 포기하고 6,000만 명의 국민들에게 600 헤알(약 112달러)의 기본 소득 지급을 실행하였다.

아르헨티나의 경우 정부는 아르헨티나 사회에서 가장 취약한 계층으로 분류되는 7,854,316명의 실업자, 비정규직 근로자 그리고 영세 자영업자들에게 2020년 12월까지 긴급가족소득(Ingreso Familiar de Emergencia, IFE)을 지급하였다. 즉 식당에서의 급식지원금을 늘렸고 아르헨티나에서 일자리 창출의 제일 원천 역할을 하는 중소기업들에게 닥칠 위기를 미연에 방지하기 위해 기업 신용과 관련된 일단의 조치들을 취하였다. 또한 동시에 중소기업 및 일부 대기업이 근로자들에게 지급하는 급여의 50%를 정부가 기업들에게 제공하는 "근로생산 긴급지원 프로그램"을 실시하였다.

하지만 경제학자인 루벤 로 부올로(Rubén Lo Vuolo)가 주장하듯이 "팬데믹으로 인해 가장 큰 피해를 본 사람들은 비필수직종에 종사하는 사람들, 중소기업을 운영하거나 이곳에서 근무하는 근로자들, 고용 불안정 상태를 상시 경험하고 있는 비정규직 근로자들이다. 더욱이 이들 계층은 대다수의 무주택자들, 의료서비스를 포함한 기본적인 공공서비스에 대한 접근을 가장 할 수 없는 계층과 일치한다."[17] 국제노동기구(ILO)가 밝힌대로 전 세계 근로자의 54%가 비정규직이라는 노동시장의 특성을 감안할 때 로 부올로의 이와 같은 진단은 특정 지역

16) Mónica Rubio, Gerardo Escaroz, Anna Machado, Nurth Palomo, Luis Vargas y Marcela Cuervo, "Protección social y respuesta al COVID-19 en América Latina y el Caribe. III Edición: Seguridad social y mercado laboral", UNICEF/ Centro Internacional de Políticas para el Crecimiento Inclusivo, Panamá, 7/2020.

17) R.M. Lo Vuolo, "La pandemia del COVID-19 y sus impactos en Argentina: el espejismo de la opción entre salud y economía", en *Revista Rosa*, 10/11/2020.

만이 아닌 전 세계적 차원으로 확장될 수 있다. 재택근무의 확대 및 이른바 플랫폼 경제와 연관되어 노동계에서 발생한 변화까지 우리가 함께 고려한다면 노동시장의 파노라마는 불안정성이 증대하고 있음을 보여줄 것이다.

앞서 언급한 유니세프 보고서에 따르면 라틴아메리카 지역의 실업률은 2019년 12월 5.4%에서 2020년 12월 13.5%로 급증해 4,410만 명의 사람들이 직업을 상실하였다. 『라틴아메리카 및 카리브해 지역 경제 예비 개요』에서 라틴아메리카카리브경제위원회(ECLAC)는 이 지역 경제가 2020년에는 120년 만에 최고로 평균 7.7% 위축될 것이며 2021년에는 3.7% 반등할 것[18)]이라고 예측하였다. 또한 경제위기의 영향이 단기적이 아니라 중기적일 것이라고 예견하였다.

한편 파편화라는 맥락에서 볼 때 라틴아메리카에서 근본적인 도전에 직면한 국가는 없었다. 2000년대 초 원자재 호황기 동안 경험했던 경제성장과는 상이하게 COVID-19는 신자유주의적 헤게모니나 진보적 헤게모니 없이 라틴아메리카를 파편화 하였다. 이전 세대 진보 사이클과는 매우 단절된 멕시코에서의 안드레스 마누엘 로페스 오브라도르(Andrés Manuel López Obrador)의 경험, 아르헨티나에서 목도된 일종의 저강도 진보주의로써의 페로니즘으로의 회귀, 볼리비아에서의 사회주의 운동당(Movimiento al Socialismo, MAS)의 새로운 승리와 함께 최근 가시화 되고 있는 제도적 회복 등은 그 어느 것도 진보주의의 두 번째 물결로 해석될 수 없다.

2000년부터 대략 2015년까지 확장되었던 진보 사이클이 끝난 후 진보주의의 중요한 부분이 상당히 고갈되었다. 하지만 라틴아메리카 국가들에 따르면 불평등이라는 결과는 여전히 이 지역에서 논쟁중이다. 여기에 우리는 브라질에서의 극우정치세력의 등장을 추가해야 한다. 이것은 라틴아메리카의 다른 국가들을

18) CEPAL, *Balance preliminar de las economías de América Latina y el Caribe*, Naciones Unidas, Santiago de Chile, 2020, disponible en 〈www.cepal.org/es/publicaciones/bp〉.

관통하는 매우 권위적이고 반인권적인 사회적, 정치적 경향의 존재에 대한 반성을 우리에게 촉발한다.

요약하자면 라틴아메리카에서 새로운 점은 부상하고 있는 정치적 형세의 취약성과 함께 보건 위기, 경제 위기, 사회 위기 등의 세 가지 위기가 동시에 공존하고 있다는 점이다. 현재 라틴아메리카는 최근 발간된 한 책의 제목처럼 "사회적 붕괴로부터 COVID-19 이후의 보건 및 사회적 비상사태"로 그 축이 이동하였다.[19] 이 틀 안에서 우리는 대중의 인지적 해방이 전환기의 지각을 움직이는 "특수한 시간" 속으로 진입하고 있을 가능성이 있다. 그러나 확실한 것은 불평등의 증가와 신채굴주의(neoextractivismo)의 가속화로 특징 지워지는 포스트 코로나 상황 속에서 우리는 우리가 어떤 형태와 종류의 전환기를 향해 나아가고 있는지를 모른다는 점이다. 정치의 시대가 가속화 되었을 뿐만 아니라, 더욱이 가속화가 가져오는 현기증 속에서 사회에 대한 싫증과 혐오는 현재 우리가 당면하고 있는 기후 위기의 이미지처럼 혹은 그 현상과 유사하게 정치 무대의 급격하면서도 폭력적인 변형체로써 우리를 위협한다.

5. 비록 COVID-19로 인해 비상 제동이 걸리기는 하였지만 신채굴주의는 멈추지 않았다. 더욱이 라틴아메리카 국가들에 있어서 채굴주의의 가속화는 경제의 재활성화와 이른바 "뉴 노멀리티"에 대한 약속의 필수적인 한 부분을 형성한다.

COVID-19가 전 세계를 엄습했던 2020년 다양한 경제 활동의 중단이 7%의

19) Vanni Pettina y Rafael Rojas (eds.), *América Latina, del estallido social a la implosión económica y sanitaria post-covid 19*, Planeta, Lima, 2020.

온실가스 배출량을 감소시키리라는 것에 대하여 많은 사람들이 축하를 하였다. 감금의 시대에 자신이 살고 있는 곳의 좁은 틈새를 통해 나와서 감히 도시를 돌아다니는 동물들처럼 우리는 온실 가스 배출량이 감소되는 현상이 결코 실현되지 않았기에 단순히 일시적이라는 사실을 알고 있다. 즉 팬데믹으로 인해 경제 활동이 위축된 결과로 생겨난 단기적이며 부수적인 효과였던 것이었다. 반면 COVID-19로 인해 촉발된 사회적 비상 제동은 상대적이었다. 이렇게, 한 예로써 채굴주의는 결코 멈추지 않았고 오히려 반대였다.

라틴아메리카에서는 사회환경적 갈등들의 중요성이 갈수록 증대하고 있고 또한 이것들을 포함하고 있는 문제들의 스펙트럼이 매우 넓음에도 불구하고 이 지역 국가들의 공공 정책은 환경 요구들의 강화를 지향하지 않았다. 광업과 같은 많은 채굴 활동들이 필수적이라는 이유로 지속되었고 개간 및 산림 벌채가 진행되었으며 이로 인해 대형 화재도 잇달았다. 팬데믹 기간 동안 라틴아메리카에서는 환경 운동가들이 지속적으로 살해되었는데 이 사실은 이 지역이, 특히 콜롬비아, 브라질 그리고 멕시코 등의 국가들이 여전히 환경 운동가들에게 있어 세계에서 가장 위험한 지역이라는 점은 재확인하고 있다.

신채굴주의는 보수나 진보 등의 이념에 상관없이 이데올로기의 틈새를 통해 넘쳐나고 있다. 토지 개간을 위해 고의로 화재를 일으키는 행위에 대한 강력한 처벌 및 습지 보호를 위한 법안 상정을 반대하는 소위 "화재 로비"가 그 어느 때 보다 활발히 정치권에서 이루어졌다. 예를 들어 브라질의 마투 그로수주(Mato Grosso)와 마투 그로수 두 술주(Mato Grosso do Sul)에 대부분 걸쳐있는 세계에서 가장 큰 습지인 브라질 판타나우(Pantanal)에서는 2020년에 총 1,600건의 화재가 등록되었는데 브라질 국립 우주연구원(Instituto Nacional de Pesquisas Espaciales, INPE)의 자료에 따르면 이 해는 역사상 이 지역에서 가장 많은 화재 신고가 접수된 해였다.[20)]

2020년에 아르헨티나는 습지와 자생림에 피해를 끼친 화재발생 수에 있어 전 세계 2위를 기록하였다. 그리고 이 부끄러운 현실 이면에는 대두 재배업자, 광산업자, 토지 민간개발을 주로 하는 대형 부동산 중개업자들의 로비가 있었다. 이 화재들은 14개 주에 막대한 피해를 끼쳤으며 백만 헥타르 이상을 파괴하였다.[21] 더욱이 아르헨티나와 같은 몇몇 국가들은 화석 연료에 대한 수요 감소에도 불구하고 지속적으로 석유 회사에 대한 보조금을 지급하고 있다. 어느 시점에 가서는 화석 연료의 가격은 수요의 감소로 마이너스가 될 것이다. 그런데 절정은 완강한 우익 세력의 반대에 직면하여 현실적으로 실시하기 어려웠던 부유세 부과에 대한 승인이었다. 이 세금은 팬데믹으로 인해 유발된 피해를 극복하기 위해 도입된 것이었는데 예상 수금총액은 바카 무에르타(Vaca Muerta)[22]의 대규모 석유매장 지역에서 수압파쇄법[23]을 통해 천연가스 추출을 위해 조달된 자금 총액의 25%정도를 상회하는 액수이다.

멕시코에서는 2020년 9월 라틴아메리카의 위대한 정치 생태학자들 중 한 명으로 환경자원부장관직을 수행하고 있던 빅토르 톨레도(Víctor Toledo)가 장관직

20) "Pantanal: 7 impactantes imágenes de los incendios en el humedal más grande de Sudamérica", en *BBC Mundo*, 11/9/2020.

21) Iván Federico Hojman, "Más de un millón de hectáreas fueron arrasadas por el fuego", en *Télam*, 25/12/2020.

22) 아르헨티나 북부 파나고니아의 네우켄(Neuquén), 리오 네그로(Río Negro), 라 팜파(La Pampa), 멘도사(Mendoza)에 위치한 지질 지층을 의미하며 대규모의 세일 오일 및 세일 가스가 매장되어 있다. 다국적 석유기업인 Repsol-YPF에 따르면 현재까지 확인된 총 매장량은 약 9억 2,700만 배럴이지만 추정 매장량은 225억 배럴을 상회한다(역주).

23) 기존 방식으로는 추출하기 힘든 형태로 매장되어 있는 석유 시추를 위해 최근에 개발된 기술로 드릴에 뚫린 구멍으로 모래와 물 그리고 화학제로 구성된 혼합물을 강한 기압으로 분사하여 석유를 머금고 있는 광물을 부수는 방식으로 석유를 추출하는데 프랙킹(Fracking) 공법이라고도 한다. 그런데 광물을 깨기 위해 투입하는 혼합물의 화학제가 유독 성분을 가지고 있어 심각한 지하수 오염을 유발하고 지반 침하의 가능성이 있어 환경운동단체 및 지역 주민들을 중심으로 강한 반대에 직면하고 있다(역주).

을 사임해야만 했다. 그는 농생태학의 수호자였으며 사회생태학적 전환의 옹호자였다. 장관직을 수행하는 동안 그는 글리포세이트[24] 사용 금지를 추진하였고 로페스 오브라도르(López Obrador)행정부의 발전 전략의 상징과도 같았던 "마야 열차"[25] 프로젝트를 전통적 공동체의 권리를 파괴하는 토목 사업이라고 비판하였다. 그의 사임은 라틴아메리카의 선택적 진보주의의 한계를 다시 한번 드러냈다.

마지막으로 콜롬비아에서는 수압파쇄법을 통한 자원 추출에 대한 투쟁이 지속되고 있었던 반면에 에콰도르와 아르헨티나에서는 사회적 동의 없이, 또한 에콰도르의 쿠엔카(Cuenca)와 같은 경우에는 공공 협의를 통해, 아르헨티나의 추부트(Chubut)같은 경우에는 시민 이니셔티브를 통해 시민 사회가 합법적으로 동원 가능한 제도적 장치들을 활성화하기 위한 노력을 경주했음에도 불구하고 이 모든 활동들은 당국에 의해 거부되거나 탄압을 당하면서 채굴주의는 더욱 심화되었다. 따라서 자원 채굴의 확대는 경제의 재활성화라는 명목으로 지방 정부 및 중앙 정부와의 연합을 통해 "채굴을 많이 할수록 민주주의는 약화된다"라는 슬픈 방정식을 우리에게 보여준다.

최근 수십 년 동안 라틴아메리카 국가 정부들은 환경보호에 대해 사회적 측면에 있어서 그리고 경제적 차원에서 지속적으로 반대를 했다는 사실을 망각해서는

24) 미국에서 가장 많이 사용하는 제초제로써 2015년에 세계보건기구(WHO)는 발암물질로 규정하였고 2018년에는 미국 캘리포니아 법원은 글리포세이트 제조사인 몬산토에 2억 8천만 달러를 보상하라는 판결을 하였다(역주).

25) 2018년에 취임한 안드레스 로페스 오브라도르 대통령이 멕시코 남동부 지역의 관광 사업 활성화와 지역발전, 일자리 창출 등을 목적으로 추진하는 프로젝트로써 멕시코의 세계적인 휴양지인 칸쿤을 출발해 치아파스, 타바스코, 캄페체, 유카탄, 킨타나로 등 5개 주를 통과하며 고대 마야문명 유적들이 집중되어 있는 팔렝케를 연결하는 총 1,500km에 달하는 대규모 토목산업이지만 공사 현장에서 대규모 유물들이 지속적으로 발견되고 있고 심각한 환경파괴를 가져오자 건설 반대의 목소리가 높아지고 있다. 2022년 4월 멕시코 법원은 정확한 환경영향평가가 나올 때까지 "마야 열차" 공사를 중단하라는 판결을 내렸다(역주).

안 된다. 예를 들어 진보주의자들은 발전과 불평등의 완화라는 명목으로 신채굴주의와 환경적 약탈을 정당화 하였다. 그런데 이 명목은 권리에 대한 선택적 의제를 설정해버림으로써 사회환경적 요구와 토지와 영토에 대한 원주민들의 주장을 거부하거나 폄하하는 등의 역설을 가져오는 결과를 초래하였다.

오늘날 우리는 원자재 호황기 동안 라틴아메리카가 경험한 경제성장의 상당 부분은 사회의 최상위 부유층들이 혜택을 보았음을 잘 알고 있다. 포브스지의 자료에 따르면 2002년부터 2015년까지 1억 달러 이상을 소유한 라틴아메리카 억만장자들의 재산이 연 21%씩 증가하였는데 이는 연 3.5% 성장한 라틴아메리카 지역의 평균 GDP 성장률보다 6배 높은 증가율이다.[26] 옥스팜(Oxfam)에 따르면 2013년부터 2014년까지 라틴아메리카에서 가장 부유한 사람들 중의 10%가 이 지역 소득의 37%를 차지하였다. 그런데 부 자체만을 두고 볼 때 부유층의 소득 점유율은 큰 폭으로 증가하였다. 즉 가장 부유한 사람들의 10%가 부의 71%를 축적하였고 최고 부유층의 1%가 부의 41%를 소유하였다.

오늘날에도 여전히 우리는 라틴아메리카에서 환경 파괴로 인해 가장 큰 피해를 보는 계층이 사회의 가장 취약한 계층이라는 사실을 무시하면서 "사회적인 것"과 "환경적인 것" 간에는 마치 어떤 모순이 존재하고 있는 것처럼 양자를 대립적 구도에서 보고 있다. 환경 파괴의 영향을 가장 많이 받는 계층이 사회의 가장 취약한 계층이라는 사실은 이들이 환경 파괴로 인해 오염에 노출된 지역에 주로 거주하고 있다는 점에서 잘 드러난다. 이들은 환경 파괴의 결과에 맞서고 채굴주의의 확산에 저항하며 홍수나 가뭄, 폭풍과 같은 기후 변화의 충격에 대처할 경제적, 인적 수단이 부족하다.

요컨대 지구 온난화와 환경 파괴로 야기된 기후 비상사태와 동물원성 감염

26) Gabriel Kessler y Gabriela Benza, *La nueva estructura social latinoamericana*, Siglo Veintiuno, Buenos Aires, 2020, p. 86.

병에 의해 발생한 위기 상황을 경험하고 있는 현재, 라틴아메리카 정치 엘리트들이 여전히 사회환경적 위기의 중요성과 지구의 건강과 인간의 건강 사이에 존재하는 의심의 여지가 없는 관계의 중요성을 지속적으로 부인하고 있다는 사실은 믿을 수 없을 정도이다. 실제로 현재 목도되는 생태적 재앙에 책임이 있는 개발과 무한적 경제 성장 그리고 발전에 대한 어떤 특정 시각과 결부된 인식적 실명과 환경적 문맹이 만연해 있다. 물론 경제적 이익과 결부된 인식적 실명이 현실을 정확히 파악하는 것을 가로막는지 그 정도는 상황에 따라 다르다. 결론은 우리를 둘러싸고 발생하는 사실들이 발전주의적 시각에 의문을 제기하고 있는 상황에도 불구하고 대부분의 라틴아메리카 국가 정부에 있어 채굴주의는 COVID-19로 인해 야기된 위기 속에서 이 위기로부터 벗어날 수 있는 하나의 구명줄로써 계속해서 간주되고 있다는 점이다.

6. COVID-19 팬데믹은 생태사회적 전환과 세제 개혁, 그리고 보편적 기본 소득에 대한 논의를 가능하게 하였다.

COVID-19는 주변부를 중심화한 만큼 생태사회적 전환의 시급성에 대한 논의를 가능하게 하였다. 이러한 연유로 소수의 전문가와 급진적 활동가들에게만 국한되었던 것들이 이제는 대중적 공론의 장에서 다루는 주제가 되었다. 팬데믹 발생 이전에 마련되었던 포괄적 제안들이 역설적으로 팬데믹의 도움으로 현실화되었다. 전 세계의 과학자들과 지식인들은 녹색 의제와 기본 소득부터 최빈국들의 부채 탕감에 이르는 다양한 선언문과 제안들을 장려하고 촉진하였다.

최근 몇 달 동안 널리 유포된 상이한 생태사회적 전환에 대한 제안들을 하나씩 자세히 검토하는 것은 불가능하다. 이들의 지형도를 그리는 것이 필자의 관심이 아니다. 따라서 몇몇 주요 제안에 집중해서 살펴보고자 한다. 첫 번째는 미국 민주당 좌파가 추진하는 그린 뉴딜(Green New Deal)로써 대표적인 인사로는 버니 샌더스(Bernie Sanders) 상원의원과 알렉산드리아 오카시오-코르테스(Alexandria Ocasio-Cortez) 하원의원이 있으며 나오미 클라인(Naomi Klein)과 같은 지식인들의 지지를 받고 있다.[27] 이 제안은 경제의 탈탄소화와 녹색 일자리 창출을 추구하며 이를 위해 계획적이고 민주적인 국가의 수립을 제안한다.

2020년에 이 제안은 에너지, 대중교통, 녹색 주택, 건강 및 교육 등에서의 에너지 전환을 위한 공공 자원 사용을 통해 경제 회복을 목표로 하는 "녹색 자극 계획"으로 번역되었다. 여하튼간에 『승리하기 위한 지구: 왜 우리는 그린 뉴딜이 필요한가』(*A Planet to Win: Why We Need a Green New Deal*)[28]의 저자 중 한명이자 이 분야에서 가장 왕성하게 활동하는 전문가 중 한 사람인 테아 리오프랑코스(Thea Riofrancos)가 주장하고 있듯이 조 바이든의 최근 대선에서의 승리는 "그린 뉴딜의 시대가 시작되었다"는 사실을 예상할 수 있도록 하는 토론의 장을 열었다.

국제적인 차원에 있어서는 "국제주의 아니면 멸종"이라는 기치 아래 세계적인 언어학자이자 진보주의자인 노암 촘스키(Noam Chomsky)와 같은 진보적 인사

27) 그린 뉴딜은 녹색 경제를 추구하는 정치 세력과 결부된 개혁적 보수주의에 그 기원을 두고 있다. 2007년과 2008년 사이 유럽에서 2020년까지 온실가스 20% 감축, 에너지 효율 20% 개선, 신재생 에너지 20% 확대를 목표로 하여 기후 변화에 유럽이 선구적으로 대처할 수 있도록 하는 20-20-20 계획의 틀 속에서 탄생하였다. 하지만 그린 뉴딜은 청정 경제라는 이름으로 상업화, 상품화를 심화시키는 생태 현대화 모델을 추구한 리우 +20 녹색경제회의에서 고안된 2009년 유엔 환경 프로그램과 더 밀접하게 연관되어 있는 것으로 보인다. 녹일 녹색당과 다른 유럽 녹색 정당들이 그린 뉴딜을 정치 강령으로 채택하였다. 하지만 2019년 2월 오카시오 코르데스 미국 하원의원이 그린 뉴딜 결의안을 의회에 제출하면서 세계적인 관심을 끌게 되었다. 이 주제에 대해서는 M. Svampa y E. Viale, *El colapso ecológico ya llegó. Una brújula para salir del (mal) desarrollo*, Siglo Veintiuno, Buenos, Aires, 2020을 참고하시오.

28) Kate Aronoff, Alyssa Battistoni, Daniel Aldana Cohen and T. Riofrancos, *A Planet to Win: Why We Need a Green New Deal*, Verso, New York, 2019.

들의 주도로 진보주의 인터내셔널(Progressive International)이 결성되었다. 이 단체는 2020년 9월 처음으로 화상을 통한 정상회담을 개최하였는데 여기에서 전 그리스 경제부 장관을 역임하였던 야니스 바루파키스(Yanis Varoufakis)는 "우리는 이미 후기 자본주의 단계에 진입하고 있으며" 우리가 당면하고 있는 딜레마는 그 경제가 "권위적이고 과두적일지 아니면 민주적이고 사회적일지"라는 것이라고 주장하였다. 환경 재난을 극복하기 위해 바루파키스 전 장관은 연 80억 달러의 예산 규모를 통해 화석 에너지에서 재생 에너지로의 전환을 이룩하고 육류 소비를 줄이며 유기농 작물 재배에 투자할 수 있는 "국제 생태협정" 체결을 제안하였다. 그의 관점에서 볼 때 이것은 경제를 재건하는 것일 뿐만 아니라 새로운 기술을 창조하는 것이기는 하지만 2차 세계대전 이후 유럽의 재건과 유사한 도전이다.[29)]

그런데 진보주의 인터내셔널은 극우의 확대에 대한 저항과 탈자본주의에 대한 호소라는 세계적 요구를 넘어서 매우 이질적인 성향의 지식인들과 정치인들을 모았다. 생태사회적 전환을 추구하는 대표적인 환경론자부터 라파엘 코레아(Rafael Correa)[30)]와 알바로 가르시아 리네라(Álvaro García Linera)[31)]처럼 자국에서 환경 보호론자들을 탄압한 것으로 유명한 정치인들도 진보주의 인터내셔널에 참여하였다. 이와 같은 이유로 사회생태학적 전환의 역할이 무엇인지 혹은 사회적 정의와 환경적 정의 사이의 접합점에 관한 비전이 무엇인지가 명확하지 않다.

29) Yanis Varoufakis, "¿El poscapitalismo ya está aquí?." en *Nueva Sociedad* edición digital, 9/2020, 〈www.nuso.org〉.

30) 1963년생으로 에콰도르의 정치인. 2007년부터 2017년까지 에콰도르의 대통령을 역임하였다.

31) 1962년생으로 볼리비아의 정치인이자 마르크스주의 이론가. 1990년대에는 반정부 공산 반군이었던 투팍 카타리 게릴라군(Túpac Katari)을 이끌었다. 2005년 대선 당시 에보 모랄레스(Evo Morales) 대통령 후보의 러닝 메이트로 지명되어 대선에 승리하면서 2006년 부통령에 취임하였으며 2019년까지 역임하다 부정선거 파문으로 모랄레스 대통령과 동반 사임하였다.

스페인의 "행동하는 환경론자들"(Ecologistas en Acción), 프랑스의 "금융 거래 과세 및 시민 행동 협회"(Association pour la taxation des transactions financires et pour l'action citoyenne, ATTAC)와 같은 세계적인 환경보호단체와 지식인들이 주도하는 또 다른 이니셔티브가 존재한다. 이 이니셔티브는 탈성장에 관한 주제에 대한 포괄적인 제안들을 제시하고 있다. 예를 들어 프랑스의 ATTAC은 2020년 5월에 『우리에게 의존하는 것. 생태적, 연대적 재배치를 위한 선언』(*Ce qui dépend de nous. Manifeste pour une relocalisation écologique et solidaire*)[32)]을 발표하였다. ATTAC는 이 책에서 우리의 생산 시스템을 지속 가능하게 만들기 위해 생태 계획의 민주적 과정을 창안할 것을 제안하면서 시민에 의한, 시민을 위한 공공 서비스의 재수립과 필수품에 대한 재고, 그리고 탈성장에 대한 계획을 수립할 것을 제안하였다. 이는 사회의 일부 부분은 탈성장을 하고 다른 일부 부분은 성장함을 의미한다. 그리고 ATTAC은 기본 소득 대신 농생태학, 에너지 효율성의 향상, 생태이동성, 정당한 생산 시스템을 구축하기 위해 전통적 생산 방법을 대체하는 "낮은 기술"(Low Tech) 등과 같은 생태 활동에 참여하는 주체들을 지원하기 위한 "생태학적 전환 소득"에 자금을 지원하는 것을 제안하고 있다.

7. 라틴아메리카에서는 시민 사회와 그리고 예외적으로 일부 정당에서 생태 사회적 전환을 요구하는 제안이 등장하였지만 이 제안들이 모두 환경적 대상과 결부되지는 않는다.

라틴아메리카에서도 다양한 생태사회적 전환에 대한 제안이 있었다. 이들 중 필자는 필자가 개인적으로 그리고 집단적으로 참여하고 있는 "남아메리카 생태

32) *Ce qui dépend de nous-manifeste pour une relocalisation écologique et solidaire*, Attac Francia, 24/6/2020.

사회 및 상호문화 협약”(Pacto Ecosocial e Intercultural del Sur)을 강조하고자 한다. 이 협약은 아르헨티나, 브라질, 볼리비아, 에콰도르, 콜롬비아, 페루, 베네수엘라, 칠레와 같은 국가에서 남아메리카 대륙의 생태영토 투쟁에 참여하고 있는 여러 환경 운동가들, 지식인들, 그리고 사회단체들이 추진하는 하나의 제안이다. 2020년 6월에 출범한 생태사회 협약은 각 국가들 및 이미 성취된 사회적 연결점에 따라 상이한 전향점과 의제를 가지고 있다. 그리고 이 협약을 지탱하는 축은 돌봄의 패러다임 및 기본 소득, 종합 세제 개혁, 외채상환 중단 등과 같은 사회적 정의와 생태적 정의 간의 연결이다. 즉 에너지, 식량 그리고 생산 분야에서의 포괄적인 사회생태학적 전환과 인종 및 젠더 정의의 핵심인 민주주의와 자치가 이 협정을 지탱하는 축의 역할을 수행하고 있는 것이다. 따라서 생태사회 협약은 사회적 상상력을 구축하고 변화의 방향에 대한 공유에 동조하며 우리 사회의 가장 다양한 영역에서 투쟁의 거점을 구축하기 위한 기반 건설에 동의하도록 우리를 초대하는 집단 플랫폼이다.[33)]

생태사회 협약은 그린 뉴딜이나 탈성장, 혹은 생태적, 연대적 재배치를 위한 선언 등 환경 문제 해결을 위한 다른 제안들과 대화를 한다. 그러나 이 대화는 지구적 남반구에서 잉태된 생태 사회적, 경제적, 상호 문화적 주제를 다루며 이 주제들이 지구적 북반구에 의해 지속적으로 논의되고 사유되는 것을 거부한다. 심지어는 생태적 부채에 대한 문제들을 중점적으로 잘 다루지 않는 전환에 대한 제언들에 대해서, 그리고 몇몇 경우에 있어 사회의 탈탄소화 문제 그 이상을 다루지 않을 때도 우리는 대화를 거부한다. 생태사회 협약은 라틴아메리카의 문제가 지구적 북반구가 가지고 있는 문제와는 강력한 역사적, 지정학적 비대칭을 구성한다는, 즉 매우 상이하다는 점을 확언한다. 사회생태학적 위기 및 사회적

33) 〈https://pactoecosocialdelsur.com/〉과 〈https://pactoecosocialyeconomico.blogspot.com/〉을 참고하시오.

신진대사의 증가로 인해 지구적 북반구의 생태적 부채는 지구적 남반구의 생태적 부채와 비교했을 때 기하급수적으로 증가하였다.

이러한 맥락에서 생태사회 협약은 잘못된 해결책에 대해 경고한다. 즉 만일 환경 위기를 극복하기 위한 어떤 해결책이 지구적 남반구의 정당한 전환을 보장하는 민주적이고 대중적인 모델이 아니라 친기업적이고 중앙집권적인 모델을 장려하는 것이라면 그 어떤 전환의 자동차에 탑승하는 것이 불가능하다는 점에 대해서 경고하고 있는 것이다. 따라서 생태사회 협약은 전환에 대해 어떻게 이해할 것인지에 대한 논의의 필요성을 견지한다.

마지막으로 생태사회 협약은 일반적 시민들의 삶과는 무관한 추상적 제안을 하지 않고 투쟁, 재존재의 과정, 특히 자연권, 좋은 삶, 사회적 정의 및 재분배적 정의, 공정한 전환, 돌봄의 패러다임, 농생태학, 식량 주권, 후기 채굴주의와 자치와 같이 지구적 남반구, 특히 라틴아메리카에서 최근 수십 년 동안 형성되어 온 개념 지평과 직결된 제안을 하고 있다.

"과학적 사실주의, 국제협력 그리고 사회정의"[34)]라는 슬로건 하에 그린 뉴딜과 연대하는 환경 운동인 "우리의 푸른 아메리카"(Nuestra América Verde) 등과 같은 또 다른 제안도 있었다. 이 제안은 크게 국제적 주제와 사회환경적 주제로 구성되어 있고 "2020-2030년 사회적 정의와 환경 정의를 경제 회복 계획"에 대한 14개의 제안들을 포함하고 있다. 그리고 이 계획은 에너지 효율성의 증대 및 조세 제도 개혁에 대한 약속과 함께 2050년까지 100% 청정에너지로의 전환을 요구한다. 이 운동은 비록 브라질, 아르헨티나, 칠레의 진보 정당 의원들이 참가하고 있고 이들 중 몇몇은 환경 문제와는 그리 큰 관련을 맺고 있지 않음에도 불구하고 현재의 상황 속에서 생태사회적 전환과 결부된 포괄적 프로그램의 생

34) 여기에 대해서는 〈www.nuestraamericaverde.org/〉에서 보다 많은 정보를 얻을 수 있다.

성이 지니고 있는 중요성을 우리에게 잘 보여준다.

또한 토론에 참가한 몇 안 되는 라틴아메리카 지역 기관 중의 하나가 긴축 정책을 시행할 권리가 없는 유엔 라틴아메리카카리브경제위원회(ECLAC)라는 사실도 첨언할 필요가 있다. 이 기관에 따르면 COVID-19로 인해 촉발된 위기는 사회적 충격 및 거시 경제적 충격에 맞서기 위한 도구가 될 수 있음을 다시 한 번 명확히 했다. 이를 위해서는 현재 국내 총생산의 6.1%에 달하는 탈세 및 조세회피가 가능할 수 있는 여지를 제거함으로써 세수를 확대할 필요가 있다. 동시에 개인과 기업에 부과하는 소득세를 강화하고 재산세를 부과할 수 있는 범위를 디지털 경제뿐만 아니라 환경세 및 공중 보건 관련 세금 등 교정적 조세(Impuesto correctivo)로까지 확대해야 한다고 주장하고 있다.[35)]

유엔 라틴아메리카카리브경제위원회는 이 지역 정부들에게 보편적 기본 소득을 우선적으로는 팬데믹으로 인해 가장 피해를 많이 본 계층에게 지급을 하고 이후 점진적으로 지급 대상을 확대할 것을 권고하였다. 이와 같은 변화는 결코 우연이 아니며 루벤 로 부올로(Rubén Lo Vuolo)와 다니엘 라벤토스(Daniel Raventós) 그리고 파블로 야네스(Pablo Yanes)가 주장하고 있듯이 "오늘날 기본 소득에 대한 논쟁은 더 이상 파일럿 프로그램의 대상으로 선택된 그룹에 한정된 것이 아니라 국가적 차원에 있어서의 정책 및 정부의 개입과 관련된 것"이다.[36)]

요약하자면 라틴아메리카에서는 시민 사회로부터 생태사회적 전환 프로그램에 대한 논의를 가능하게 한 것은 정부가 아니라 기관과 환경 운동가 그리고 지식인들이다. 라틴아메리카 국가 정부들에 있어서 환경과 관련된 문제들은 형식적인 의전이나 단순한 장식품, 지속가능한 발전이라는 화려한 미사여구, 기업의 회계 장부에 있어 숫자가 기입된 하나 이상의 열과 같은 것이며 개발에 대한

35) "No es posible tener austeridad, se requiere política fiscal expansiva: Cepal", en *Milenio,* 6/10/2020.

36) R. Lo Vuolo, D. Raventós y P. Yanes, "Renta básica, pandemia y recesión", en *Público*, 31/3/2020.

헤게모니적 비전에 의문도 제기하지 않은 채 위기의 원인도 파악하지 않고 계속 해서 앞으로 나아갈 수 있도록 하는 몇 개의 기술적 방식을 통해 해결할 수 있는 그러한 것들로 간주된다.

8. 팬데믹은 돌봄의 패러다임을 의제에 상정하였고 이것이 탄력 있고 민주적인 사회의 건설을 위한 해결책임을 밝혔다.

팬데믹은 우리가 사회와 자연 간의 관계를 변모시킬 필요성이 있다는 점을 우리에게 보여주었다. 또한 오늘날 우리가 겪고 있는 잘못된 발전 모델의 기원에 존재하는, 심지어는 과학에 대한 도구적, 객관주의적 시각의 기원에 존재하는 개념이자 연결고리인 인간을 자연과 독립적이며 외부적인 존재로 간주하는 이원론적이고 인간 중심주의적인 패러다임을 극복할 필요성을 우리에게 던져주었다. 따라서 우리가 상호의존성, 돌봄, 상호보완성 및 상호성을 담론의 중심에 두는 기존과는 차별되는 패러다임이나 관계적 서사에 갈수록 많은 관심을 기울이는 것은 우연이 아니다. 이런 맥락에서 아메리카 대륙 원주민들과 함께 생태 페미니즘과 지구적 남반구의 대중 페미니즘 그리고 페미니즘 경제학이 일군 위대한 공적 중의 하나는 가치의 개념에 대해 다른 시각을 보여주는 담론들에 대해, 그리고 돌봄과 생활에 대한 지원을 최우선시하는 사회와 자연 간의 또 다른 가능한 결속들에 대해 열린 자세로 인정하고 있다는 점이다.

COVID-19 팬데믹은 여러 차원에 있어 돌봄의 중요성을 가시화하였다. 한편으로는 땅과 삶의 주기 그리고 생태계를 보호하고 돌보는 가장 일반적인 방향에서 팬데믹은 돌봄이 얼마나 인간의 삶에서 중요한 지를 보여주었다. 이러한 연유로 COVID-19의 시대에 돌봄 정책 및 이 정책의 실행, 신체와 영토와의 관계, 종자 및 농생태학, 돌봄과 식량주권, 돌봄과 지역 자치 업무 등과 같이 다양한 주제에 대해 상이한 성향의 페미니즘, 영토, 공동체, 사회환경 분야의 리더들과 활동가들 그리고 기관들이 주도하는 많은 포럼과 토론회가 개최되었다.

다른 한편으로 팬데믹은 여성, 특히 빈곤층 여성에게 부정적 영향을 미치는 현재의 사회 조직이 지속 불가능성하다는 점을 명확하게 보여주었다. 라틴아메리카와 카리브해 지역에서는 "팬데믹이 발생하기 이전부터 여성들은 남성에 비해 3배가 많은 시간을 무급 돌봄 노동에 종사하였다. 그런데 이 상황은 돌봄 서비스에 대한 점증하는 수요와 보건위기를 통제하기 위해 채택된 봉쇄 조치와 사회적 거리두기로 인해 야기된 서비스의 감소로 더욱 악화되었다."[37)]

이러한 연유로 최근 몇 달 동안 특히 페미니즘 경제학에 의해 추동된 주제인 "권리"로써의 돌봄에 관한 성찰이 상당히 많이 이루어졌다. 몇 년 전 이 주제와 관련된 권리에 많은 관심을 가지고 활동을 하고 있는 아르헨티나 출신의 변호사 라우라 파우타시(Laura Pautassi)는 2010년부터 2020년까지 10년 간은 "돌봄의 10년"이라고 말한 바 있다.[38)] 현재 이 주제는 그 어느 때보다도 명료하게 우리에게 다가오고 있다. 돌봄을 권리로 인식하고 남녀 간 성별 격차를 줄이는 포괄적인 돌봄 시스템을 통해 적극적이며 능동적인 공공 정책에 대해 생각해 볼 필요성이야말로 팬데믹 이후의 회복을 생각하고 계획하는데 있어 핵심적 역할을 할 것이다.

마지막으로, 생태사회학적 전환의 기초로써 돌봄의 패러다임은 돌봄과 건강, 돌봄과 교육, 돌봄과 노동, 돌봄과 주택, 돌봄과 지역 행정 등과 같은 사회생활의 다양한 영역과의 접목을 포함하여 다차원적 관점으로부터 숙고할 것을 요구한다. 요약해서 말하자면 생태사회적 전환의 핵심 요소로써 돌봄의 패러다임은

37) CEPAL, "Cuidados en América Latina y el Caribe en tiempos de COVID-19. Hacia sistemas integrales para fortalecer la respuesta y la recuperación", Santiago de Chile, 19/8/2020.

38) L. Pautassi, "Del 'boom' del cuidado al ejercicio de derechos", en *Sur*, vol. 13 No. 24, 2016.

사회적, 정치적 공간에 있어, 가부장제에 대한 근원적인 질문에 있어, 인간 삶에 반하는 하나의 기계로써의 자본주의에 대한 고발에 있어, 존엄한 삶의 지속가능성에 대한 희망과 노력에 있어 오늘날 활발히 활동하고 있는 다양한 페미니즘들이 가진 힘과 능력을 우리에게 보여준다.

9. 팬데믹은 라틴아메리카에서 집단의식의 중요한 변화를 초래하였고 이 지역 여러 국가에서 대중적 환경주의의 확장을 가져왔다.

라틴아메리카 국가 정부들의 인식적 실명의 정도가 악화되었음에도 불구하고 시민 사회에서 발생한 집단의식에 있어서의 변화는 큰 의미가 있다. 예를 들어 여러 라틴아메리카 국가들에 걸쳐있는 아마존 밀림의 파괴와 화재가 더욱 확산되자 이 지역에 거주하는 주민들이 "착취적이고 침략적인 정치 모델에 제동을 걸기위한 세계적인 요구와 변화의 열망과 단결의 자세를 공유하기 위해" 아마존을 위한 제1차 세계 총회를 개최하였다. 이 포럼에서는 현재 아마존 유역이 직면하고 있는 고의적인 정글 방화, 기업적 농축산 활동의 확장, 산림 벌채, 합법 및 불법 채굴, 석유 산업, 수력 발전소, 무장 단체의 폭력, 사회 지도층에 대한 위협과 살해, 그리고 "아마존 밀림을 탈취하기 위해 정부와 다국적 기업들이 착수한 모든 전략의 목록"[39]등에 대한 목소리들을 들을 수 있었다.

아르헨티나에서는 환경 문제가 보건 위기, 신채굴주의, 기후 비상사태 간의 연결고리를 밝히면서 다시 한 번 공공 의제로 등장하였다. 한편으로는 삼각주 습지의 화재 및 고의적 방화, 그리고 보호법 제정을 거부하는 이면에 있는 기업체의 로비 활동에 대해 규탄하는 많은 집회들이 열렸다. 다른 한편으로 아르헨

39) Camilo Chica, "Una gran minga, así fue el 1er día de la Asamblea Mundial por la Amazonía", en *Foro Social Panamazónico*, 19/7/2020.

티나 시민들은 외무부가 주도한 중국에 돼지고기를 수출하기 위해 25개의 대형 돼지사육 공장을 건설하려는 프로젝트가 환경 운동가들의 광범위한 거부에 직면하고 있는 모습을 목도하였다.[40] 콩과 노천 채굴 그리고 프래킹 등을 둘러싼 문제들이 대두되었을 때와 마찬가지로 아르헨티나 정부는 환경과 건강에 미치는 영향에 대한 연구 없이 공개 토론도 열지 않고 사회의 참여를 촉진하지도 않은 채 사업을 추진하려고 한다. 많은 연구에 따르면 대형 돼지사육 공장은 잔인한 동물 착취의 모델을 공고히 하고 환경 및 보건 위험을 수반할 뿐만 아니라 잠재적인 팬데믹의 온상이 될 수 있다. 마지막으로 라틴아메리카 지역의 집단의식 변화를 보여주는 또 다른 예는 건강을 위해 자발적으로 모인 환경 단체들과 과학 단체들이 형질전환 밀 도입에 대해 거부를 했다는 점이다.[41]

이와 같은 투쟁에서 두각을 나타내는 청년 그룹들이 주장하고 있듯이 팬데믹이 야기한 위기는 젠더 관계에서뿐만 아니라 생태학적 측면에 있어서도 우리를 또 다른 "해체의 명령"에 직면토록 한다.[42] 이 주제는 결코 사소한 주제가 아니다. 왜냐하면 사회과학과 인문학의 한 중요한 부분이 무관심이나 편리함으로 인해, 혹은 부정 그 자체에 의해 사회환경 문제들에 큰 관심을 기울이지 않고 경시해 왔기 때문이다. 이 문제들은 정치 생태학, 환경 경제학, 사회운동 사회학,

40) 여기에 대해서는 Soledad Barruti, Inti Bonomo, Rafael Colombo, Marcos Filardi, Guillermo Folguera, M. Svampa y E. Viale, "10 mitos y verdades de las megafactorías de cerdos que buscan instalar en Argentina", 2020을 참고하시오. 이 글은 〈https://drive.google.com/file/d/1vx-hjktexu8u_eieu3-wfhivmjvfl1og/view〉에서 볼 수 있다.

41) "Contra el trigo transgénico: científicxs y organizaciones populares convocan a una audiencia pública este viernes", en *La Izquierda Diario*, 17/12/2020.

42) 이 표현은 "아르헨티나 기후를 위한 청년들"(Jóvenes por el Clima de Argentina) 회원인 아나 훌리아 아네이세(Ana Julia Aneise)가 사용한 것이다. 그녀가 속한 단체는 그레타 툰베리가 설립한 "미래를 위한 금요일"(Friday for Future)와 밀접한 관계를 맺고 있다. 여기어 대해서는 "¿Hacia dónde van los movimientos por la justicia climática?", en *Nueva Sociedad*, Núm. 285, 3-4/2020을 참고하시오. 이 글은 〈www.nuso.org〉에서 검색가능하다.

비판 지리학 등과 같은 특정 학문의 영역으로 국한되어 등장하였다. 마치 "환경적인 것"이 우리 공동의 주거지인 지구 전체에 대해 말하고 있지 않듯이 이 문제들이 오직 자연과학 및 지구과학 전문가들만이 다루는 주제로 한정되지 않을 때 각 학문 분야는 부분적 측면들을 살펴볼 것이고 이것들이 합체되어 기존의 다양한 학문으로부터 친숙하게 접근 가능한 또 다른 하나의 변수가 될 것이다.

환경 문제가 이미 존재하고 있던 개발주의에 대한 신조를 불편하게 하고 있고 이 신조들 자체에 대해 의문을 제기하고 있기 때문에, 또한 우리 모두가 재생산하고 있는 소유와 생산, 소비와 폐기에 관한 모델들을 밝히고 있기 때문에 안락한 지역을 포기하지 않기를 선호하는 사람들이 상당히 많다. 더욱이 진보 진영과 연결되어 있는 라틴아메리카 사회과학의 중요한 한 부분에 있어 환경 문제에 관심을 기울이는 것은 사회 과학의 분과 학문들이 자신들이 기존에 가지고 있던 발전주의적 신념에 대한 의문제기를 수반할 뿐만 아니라 자신들이 추구하는 정치적 신념을 어느 정도 수준으로 준수를 하는 지 그 범위에 대한 질문을 내포한다.

인류세(Antropoceno) 시대에 환경 문제에 대해 학제적 접근을 하지 않는다면 사회생태학적 문제의 복잡성과 다양한 분야에 걸쳐 있는 그 횡단적 성격을 설명할 수 있는 학제적 언어와 통합적 관점 구성의 가능성을 방해하는 참담하면서도 불행한 결과를 수반할 것이다.

* * *

COVID-19 시대에 라틴아메리카에서 발생한 사건들의 잠정적 균형은 쓴 맛과 양가적 감정을 우리에게 남긴다. 한편으로는 팬데믹이 미친 경제적, 보건적, 사회적 영향이 너무 광범위하여 아직 회복의 지평선을 예측하는 것인 매우 난

해한 일이다. 하지만 라틴아메리카 각국 정부들이 생산 틀의 전환을 제안하거나 채굴주의를 심화시키면서 또다시 잘못된 해결책을 통해 경제를 재활성화하는 방향으로 나아가지는 않는다는 점은 확실하다. 그러나 경제 회복을 위한 공공 정책 실행에 필요한 자금을 조달하기 위해 조세 정책을 개혁하는 진전도 없는 것도 현실이다. 다른 한편으로는 갈수록 더 많은 사람들이 생태사회적 전환을 추구하면서 다양한 환경 운동과 시민 사회 단체에 합류하여 경제적인 것과 생태적인 것 간의 잘못된 대립을 해체하고 있다.

그 누구도 생태학적 열쇠의 해체와 생태사회적 전환이 단순하거나 선형적인 것이라고 말하지 않는다. 특히 소유권의 강화와 생태계 파괴, 극우 세력의 위험스런 증대 상황 속에서 더욱 그러하다. 그러나 2021년에도 상황이 호전될 가능성이 없기 때문에 우리에게는 폭풍우가 몰아치는 사나운 바다를 항해해야 하는 것 말고는 다른 대안이 없다. 라틴아메리카 국가 정부들은 지금까지 언급한 모든 주제에 대한 토론을 가능한 한 빨리 시작하여야 한다. 왜냐하면 붕괴가 가속화 되고 있는 상황 속에서 생태사회적 전환에 대한 일정에 관해 우리는 우리의 주민들과 영토에 피해를 끼치면서 지속적으로 지구적 북반구 국가 정부들에 의해 그리고 그들로부터, 기업적 전환에 의해 그리고 그것의 관점으로부터 우리의 현실과 상황이 논의될 위험에 처해 있기 때문이다.

정동희 옮김

팬데믹 시대 사회적 주변화와 불평등의 연결고리

후안 파블로 페레스 사인스

코스타리카 사회과학연구소 연구원

원제와 출처: Juan Pablo Pérez Sáinz, "Marginación social y nudos de desigualdad en tiempos de pandemia", *Nueva Sociedad*, No. 293, mayo–junio de 2021, pp. 63–76.

핵심어: COVID–19, 불평등, 사회적 주변화, 라틴아메리카

사회적 주변화는 경제적으로 궁핍해지고 국가로부터 버려지고 사회로부터 무시되는 세계로써 극단적 불평등을 조장하는 이상적인 틀이다. 그리고 이것이 바로 COVID–19 팬데믹으로 인해 발생한 사실이다. 왜냐하면 다시 한 번 사회의 가장 취약한 계층이 이 심각한 보건 위기로 인해 가장 큰 피해를 보았기 때문이다. 필자는 이 글에서 상이한 유형의 불평등들이 어떻게 주변화의 조건 하에 라틴아메리카 지역에서, 특히 도시 지역에서 하위 계층에 영향을 미치고 있는지를 탐색해 보고자 한다.

팬데믹으로 인한 가장 직접적인 영향을 받는 것은 건강이다. 하위 계층은

팬데믹에 보다 많은 피해를 입는다. 여기에는 여러 원인들이 있지만 가장 근원적인 원인은 이 계층이 동반되는 질환인 소위 비전염성 질병에 매우 취약하기 때문이다. 환언하면 COVID-19로 유발된 현재의 팬데믹은 건강에 있어서의 불평등이 명확한 계급적 요소를 가지고 있다는 명백한 징후를 우리에게 보여준다. 하지만 우리는 본 글에서 팬데믹에 대처하기 위하여 각 국가들이 취하였던 조치들로부터 유래한, 특히 현재 위기의 "쇼크 순간"을 잘 대변하는 격리 조치가 미친 영향에 대한 분석에 집중하고자 한다. 이와 관련하여 사회적 주변화의 세계에 영향을 미치는 기존의 불평등 및 새롭게 나타난 불평등과 같은 다양한 불평등에 대한 목록을 작성할 수 있을 것이다. 거시적인 분석적 도전은 이러한 사회적 붕괴를 어떻게 정리하고 분류하는가에 있을 것이다.

이를 위해 우리는 우선 사회적 주변화의 세 가지 차원, 즉 물질적이고 상징적인 결핍과 탈시민화, 그리고 비가시화의 측면에서 사회적 붕괴 현상들을 살펴볼 것은 제안한다.[1] 이러한 불평등은 상호 간 연결고리의 구성을 통해 강화되었다. 그러므로 우리는 이 첫 번째 분석적 관점을 보완할 필요가 있다. COVID-19 팬데믹을 막기 위한 주요 조치였던 격리는 이 시기 동안 사회생활의 중심으로 자리 잡게 된 생식계의 활성화를 상정하였다. 생존 전략의 비록 오래 되었지만 중요한 문제는 이 영역을 적절한 방식으로 다루기 위해서는 세 가지 분석적 단위들을 구분해야 하다는 사실을 우리에게 가르쳤다.[2] 즉 주택 및 그 주택을 둘러싼 환경을 지칭하는 거주지, 친족 관계에 기반 한 가족, 물질적이고 상징적인 재

1) J.P. Pérez Sáinz, *La rebelión de los que nadie quiere ver. Respuestas para sobrevivir a las desigualdades extremas en América Latina*, Siglo Veintiuno, Buenos Aires, 2019.

2) 우리는 이 문제에 관한 기존의 서지들을 재검토하는 것이 현재의 상황을 이해하기 위해 매우 유용하다고 생각한다.

생산을 보장하기 위해 자원을 동원하는 단위로써의 가정 이 세 가지를 우리를 구분해서 살펴볼 필요가 있는 것이다. 이러한 분석적 관점의 조합은 다음에 제시한 표에서 잘 표현되어 있다. 이 표는 사회적 주변화의 세계에 영향을 미치며 심각한 비대칭을 포함하는 다양한 현상들을 일목요연하게 정렬해 놓았다.

이 표로부터 우리는 영역 연결고리, 젠더 연결고리 그리고 노동 연결고리라는 세 개의 불평등의 연결고리들을 식별할 수 있다. 각 연결고리는 몇 개의 셀을 포함하며 이 셀들 중 어떤 것들은 하나 이상의 연결고리에 속할 수 있다. 이것은 각 연결고리들이 완전 독립적인 것이 아니라 서로 얽혀있음을 우리에게 보여준다. 우리는 각각의 연결고리들을 개별적으로 다룰 것이며 라틴아메리카의 사회적 주변화의 미래가 팬데믹 이후 어떻게 될지 그 형세의 윤곽을 그려보면서 결론을 내릴 것이다.

[표-1] 팬데믹 상황 속 사회적 주변화의 불평등 매트릭스

사회적 주변화의 차원	재생산의 분석 단위		
	주택	가족	가정
결핍	주택 부족 축소된 연결성 (재택근무 및 재택수업)	여성 주도권의 취약성	임금 불안정의 증가 여성 및 청년 실업 자영업의 위기
탈시민화	국가의 주변적 존재 인간에 의한 공공장소의 상실	여성에 대한 새로운 감금	국가 지원에 있어 현금성 자산 이용의 성행 여성의 역할과 여성지원 네트워크
비가시화	파편화의 심화	가정 폭력의 증가	가사 노동의 증가

영역 연결고리

영역적 측면에 있어서 팬데믹은 역설적인 상황을 연출하였다. 한편으로는 상호의존성과 불평등을 드러냈지만 다른 한편으로는 격리, 보호, 거리두기를 요구하였고 파편화를 재확인하였다.[3] 이런 의미에 있어 이 연결고리에서 강조하는 첫 번째 현상은 격리가 영역 파편화의 논리를 극단으로 몰고 갔다는 점이다. 이것이 바로 주택에서의 자가 격리다. 이러한 방식으로 기존에 존재하였던 주택 부족현상이 명확해졌고 새로운 영역적 불평등이 더해졌다.

개별적 격리로 인해 주택이 사회적 삶의 중심지로 변모하였기 때문에 주택 부족현상은 전 사회에 만연하게 된다. 많은 하위주체 부문에 있어 주택은 더 이상 잠을 자고 원기 회복을 위한 단순한 공간이 되지 못하였다. 팬데믹이 야기한 가장 민감한 부족 현상에 초점을 맞춰서 볼 때 가장 소득이 높은 최상위 계층인 5분위 가구의 4%가 위생 시절 부족 문제를 가지고 있고 3%는 상수도 이용에 문제가 있었다. 그런데 이 비율은 가장 소득이 낮은 최하위 계층인 1분위 가구에서는 각각 25%와 11%로 상승한다.[4] 다른 한편 우리는 주택 과밀화 현상에 대해 지적해야 할 것이다. 즉 5분위 가구들에 있어서 이 현상은 존재하지 않는 반면 1분위 가구들의 10%는 이 문제를 겪고 있다.[5]

물리적 격리는 인터넷이나 모바일과 같은 통신에 의해 상대화될 수 있지만

3) 3. Ramiro Segura, "Fragmentación, interdependencia y convivencia. Notas para renovar una agenda urbana en crisis (después de la crisis)", en Enrique Ortiz Flores et al., *Múltiples miradas para renovar una agenda urbana en crisis*, Clacso, Buenos Aires, 2020.

4) Gabriela Benza y Gabriel Kessler, *La ¿nueva? estructura social de América Latina. Cambios y persistencias después de la ola de gobiernos progresistas*, Siglo Veintiuno, Buenos Aires, 2020. 우리가 이용 가능한 정보들의 대부분은 수입의 차원에서 다룬다. 이런 의미에 있어 1분위 가구가 주변화의 조건 하에서 대략 하위주체 부문에 근접하게 될 것이다.

5) G. Benza y G. Kessler, *ob. cit.*, cuadro 3.3.

라틴아메리카에서 인터넷 서비스를 제공받지 못하는 가구의 절반이 소득 분포 1분위 및 2분위 가구에 해당한다는 사실을 염두에 두어야 한다.[6] 이 지점에서 주택과 지역의 연결성이 작동하는데 이는 고용 및 교육 측면에 있어 현재 팬데믹 기간 동안 매우 중요한 의미를 가지며 새로운 불평등을 표현한다.

사회적 불균형은 연결성을 제한할 뿐만 아니라 사회적 주변부 세계에 속하는 노동자들이 종사하곤 하는 일반적으로 비숙련 노동 유형을 제한하는데 있어서도 표출된다. 따라서 평균 급여의 측면에서 보았을 때 소득 1분위 가구의 근로자들은 극소수만이 원격 근무를 할 수 있지만 5분위 가구의 경우 그 수치는 70%까지 상승한다.[7] 원격 수업의 경우 여기에 수반되어야 하는 기본 요소들[8]의 라틴아메리카 10개 국가 평균값을 산출해 보면 5분위 가구의 평균값과 1분위 가구의 평균값의 격차가 우루과이는 1.6, 콜롬비아는 2.0, 페루는 2.1로써 그 분포대가 다양하게 나타난다. 조사 대상이 된 10개국을 전체적으로 보게 되면 5분위 가구의 94%가 학교 과제를 할 수 있는 컴퓨터를 가지고 있고 98%가 인터넷에 연결되어 있는 반면 1분위 가구의 경우에는 오직 24%만이 컴퓨터를 가지고 있고 45%만이 가정에서 인터넷에 접속할 수 있다.[9] 말하자면 COVID-19로 인해

6) Comisión Económica para América Latina y el Caribe (CEPAL), "Universalizar el acceso a las tecnologías digitales para enfrentar los efectos del COVID-19", *Serie Informe Especial COVID-19*, No. 7, 2020, p. 3.

7) Matías Busso y Julián Messina, "La desigualdad en tiempos de crisis: lecciones de la crisis de la COVID-19", en M. Busso y J. Messina (eds.), *La crisis de la desigualdad. América Latina y el Caribe en la encrucijada*, BID, Washington, DC, 2020; Jürgen Weller et al., "El impacto de la crisis sanitaria del COVID-19 en los mercados laborales latinoamericanos,, LC/TS. 2020/90, CEPAL, Santiago de Chile, 2020.

8) 책상, 학생이 단독으로 사용할 수 있는 방, 조용히 학습할 수 있는 공간, 학교 숙제를 하기 위한 컴퓨터, 인터넷 연결 그리고 과제를 하기 위해 참고할 수 있는 책들과 같은 것들을 기본 요소로 상정하여 평균값을 산출하였다.

9) Julián Cristia y Xiomara Pulido, "La educación en América Latina y el Caribe: segregada y desigual", en M. Busso y J. Messina (eds.), *ob. cit.*, gráficos B7.1.2 y B7.1.3.

디지털 불평등과 노동 및 교육 불평등이 결합되고 상호 강화 되고 있음을 우리는 목도할 수 있는 것이다.

영역 연결고리와 관련된 또 다른 문제는 국가의 개입과 관련되어 있다. 우리는 이 사회적 세계가 국가의 주변부에 위치해 있다는 사실을 상기해야 한다. 국가의 존재가 약화된다면 어떤 경우에 있어서는 특정 폭력 행위자가 나타나 이 주변부 영역을 통제하고 국가가 수립한 법체계와는 무관하게 자신의 명령을 법으로 포장하여 이 영역에 속한 사람들에게 부과하며 사회 생활을 위한 필수품들의 독점적 공급을 통해 이를 적법화하는 데 용이한 상황이 만들어질 수 있다. 우리는 어떤 특정 폭력 행위자의 이와 같은 필수품의 독점적 공급 행위가 격리와 팬데믹에 대처하기 위한 지원의 제공으로까지 확대되었는지 살펴보아야 할 것이다. 만일 그렇다면, 비록 이러한 맥락에서 시민 사회 조직의 존재를 망각해서는 안 되지만, 국가가 이 영역에서 자신의 역할을 회복할 수 있는 가능성은 훨씬 더 어려워질 것이다.

한편 라틴아메리카 각국 정부들은 가장 취약한 계층을 보호하기 위한 일련의 조치들을 취하였다. 주택 월세 체납으로 인한 기본 주택 서비스의 단절을 금지하거나 임대료 지불 조건 혹은 식량 분배에 대해 재검토를 하는 등과 같은 몇몇 조치들은 사회적 주변화의 세계에서 국가의 존재를 의미하였다. 그러나 이 영역적 연결은 일차적으로 중요한 연결은 아니었다. 이에 반해 현금 지급을 통한 통화 연결은 조건적 이체 프로그램에 의해 기존에 형성되어있던 제도적 사회간접자본 시설을 활용해 저소득층이 기본적인 소비 활동을 할 수 있도록 하고 기아[10]와 같은 극단적 상황을 극복할 수 있도록 하는 방안을 모색하였기에 긍정적이며 우

10) 코넬 대학교와 미주개발은행이 2020년 4월 말에 라틴아메리카와 카리브해 지역 17개 국가를 대상으로 실시한 온라인 설문조사에 따르면 저소득층의 40% 이상이 기아를 경험하였다. Nicolas Bottan, Bridget Hoffmann y Diego A. Vera-Cossio, *La desigual carga de la pandemia: por qué las consecuencias de la COVID-19 afectan más a los pobres*, BID, Washington, DC, 2020, p. 36

호적인 평가를 받았다.

라틴아메리카카리브경제위원회(ECLAC)는 국가로부터 가장 보호를 받지 못하는 부문을 대상으로 이들의 수요를 충족시키고 소비를 지속할 수 있도록 하는 최소 소득의 도입을 기획하였다.[11] 조건부 현금 지급의 경우에서와 마찬가지로 ECLAC이 제시한 최소 소득의 도입과 같은 전면적 현금 지급이 보편적 기본 소득의 확립을 향한 첫 번째 단계를 상징하지 않는다면 이것은 결코 권리의 수립, 따라서 시민권, 특히 사회적 시민권의 강화를 의미하게 되지는 않을 것이다.[12] 만약 이러한 유형의 시민 소득이 현실화 된다면 사회적 시민의 기반에 대한 심오한 재정의가 이루어지겠지만 팬데믹 이후에도 그럴 가능성은 없어 보인다.

이러한 불평등의 연결고리의 핵심은 팬데믹이 도시 영역 간의 분열을 더욱 심화시켰고 이 현상에 또 다른 새로운 것들을 가중시켰다는 점이다. 그리고 이것은 사회의 다른 부문에 있어 사회적 주변화의 세계가 잘 보이지 않도록 하는 비가시화 현상을 촉진시켰다. 부수적으로 특정 중상류층은 격리 정책을 통해 이전의 격리 전략을 확인하였다. 세계화에 의해 부과된 삶의 리듬이 가져 온 현기증에 대한 저항은 언젠가부터 자신의 주거지, 즉 자신의 집에서의 격리를 강조하는 근접 전략을 상정하였다. 이를 위해서는 사회적 리듬에 지치고 파편화된 개인과, 다른 한편으로는 주택이라는 고도의 연결성을 가진 두 요소를 결합시켜야

11) CEPAL, "El desafío social en tiempos del COVID-19", *Serie Informe Especial COVID-19*, No 3, 2020.

12) 지구적 북반구 국가들에서 보편적 기본소득에 대한 논의는 학계에서만 이루어지는 토론의 단계를 넘어 정책 분야의 세계로 진입하게 되었다. 이렇게 보편적 기본 소득이 정책적 수단으로 간주되게 된 데에는 COVID-19로 인한 팬데믹이 자연스럽게 이 정책의 실험의 장을 제공하였기 때문이다. Ricardo Dudda, "La Gran Reclusión y el futuro del capitalismo", en *Nueva Sociedad*, No. 287, mayo-junio de2020, disponible en 〈www.nuso.org〉.

했다.[13] 여기에 현재의 위기로 인해 가사 서비스 근로자와의 고용 관계의 단절을 추가해야 한다. 이들의 부재는 이들을 고용했던 가정들이 하위 계층 내부에서 팬데믹에 어떻게 대항하고 있는지를 알지 못하게 한다는 의미를 내포한다. 이것은 최상의 경우 사회적 주변화의 세계를 계속 무시하거나 이미 알려진 편견과 오래된 낙인을 조장하는 것을 의미한다.

젠더 연결고리

젠더 연결고리에는 단단하게 고정되어 있는 닻이 하나 있다는 사실을 상기하는 것이 중요하다. 이것은 바로 다름 아닌 여성이 가장인 가구의 취약성이다. 이런 유형의 가족은 사회적 주변화 세계에서 상당히 의미 있는 부분을 차지한다. 실제로 최근 수십 년 동안 가족 구성 유형 측면에 있어 가장 중요한 변화 중의 하나는 한 부모 가정의 증가이며 이 가정들 중 대부분이 여성 혼자 자녀를 키우고 있는 가정이다. 그런데 이는 저소득층에서 두드러지게 나타나는 현상이다. 반면 고소득층에서는 1인 가구의 증가 현상이 두드러지게 나타나고 있다.[14] 팬데믹으로 인한 격리는 가사 노동을 남성과 여성에게 균등하게 배분되지 않고 여성에게 더 많이 전가되었음을 의미한다. 즉 팬데믹이라는 상황에 의해 기존의 가사 노동 외에 새로운 가사 노동이 추가되면서 남녀 간 성적 분업이 더욱 심화되었는데 이것이 젠더 연결고리의 일차적 차원이다.

얼마 전부터 돌봄 문제가 가지게 된 최고의 중요성이란 틀 속에서 가사 노동의 가시화가 더욱 선명하게 되었다. 이것은 젠더 연결고리에 대한 분석에서 우리

13) Alicia Lindón, "Cotidianidades territorializadas entre la proxemia y la diastemia: ritmos espacio-temporales en un contexto de aceleración", en *Educación Física y Ciencia*, No. 13, 2011.

14) G. Benza y G. Kessler, ob. cit., pp. 37-39.

가 매우 중요하게 간주하는 가사 노동의 개념보다 더욱 그 폭이 넓다는 의미를 포함하고 있다. 이렇게 라틴아메리카 지역의 여성들은 남성들에 비해 가사 노동에 세 배나 많은 시간을 보내지만 이러한 성의 불평등은 계급과 밀접한 관련을 맺고 있다. 왜냐하면 1분위 가구 여성들은 5분위 가구 여성들보다 39% 더 많은 시간을 일해야 하기 때문이다.[15] 이러한 현실 뒤에는 가사 서비스 고용 문제가 존재한다. 하지만 현재의 위기로 인해 이 상황은 바뀌었다. 즉 고소득 가구에 속한 여성들 역시 격리 정책으로 인한 가사 노동의 증가로 고통을 받고 있다.

팬데믹으로 인한 격리로 인해 미성년자들, 특히 5세 미만의 아이들이 집에 머물기 때문에 가사 노동이 증가하였다.[16] 환언하면 현 상황에서 돌봄의 위기[17]가 극명하게 드러난 것이다. 그리고 하위 계층에서 이 돌봄의 위기로 인해 더욱 많은 고통을 받고 있다. 아르헨티나의 사례가 잘 보여주고 있듯이 보육에 대한 높은 수요, 혹은 매우 높은 수요는 1인당 소득이 가장 낮은 1분위와 2분위 가구에게 있어서 매우 두드러진 현상인 반면 1인당 소득이 가장 높은 5분위 가구에서 이 문제는 그 중요도가 훨씬 떨어진다.[18]

가정과 가족의 공간을 넘어 지역 사회에 투영되는 가사 노동의 또 다른 차원은 비금전적 지원 네트워크에 여성이 참여하는 것이다. 이러한 네트워크는 사회적 주변화의 문맥에 있어, 특히 현재와 같은 위기 상황에 매우 중요한 역할을 수행한다. 하지만 이것은 어떤 특정한 상대를 가지고 있음에도 불구하고 공동체

15) Rosa Cañete Alonso, "Las desigualdades de género en el centro de la solución a la pandemia de la COVID-19 y sus crisis en América Latina y el Caribe", en *Análisis Carolina 20/20*, Fundación Carolina, Madrid, 2020, pp. 4-5.

16) Ibid.

17) Karina Batthyány, "La pandemia evidencia y potencia la crisis de los cuidados", *Serie Pensar la pandemia. Observatorio Social del Coronavirus*, No. 1, Clacso, Buenos Aires, 2020.

18) Camila Arza, "Familias, cuidado y desigualdad", en CEPAL, *Cuidados y mujeres en tiempos de COVID-19. La experiencia en la Argentina*, LC/TS.2020/153, CEPAL, Santiago de Chile, 2020, gráfico 7.

차원에서 남녀 간 성 구분을 재생산 하면서 가사 노동을 더욱 가중시켰다는 것을 상정하였다. 이와 같은 여성의 주도적 역할은 "모성화"와 대중성을 융합하며, 어떤 특정 형태의 "모성화"는 생존을 위한 노력이 어떤 집단적 차원을 획득할 때 여성의 권한을 더욱 강화시킬 수 있다는 역설을 명확히 한다.

아르헨티나의 부에노스 아이레스 수도권에서는 검역 이후 지역 사회 조직들의 중요한 재활성화가 발생하였다는 증거가 있다.[19] 이와 관련하여 세 개의 현상이 특히 두드러졌다. 첫째는 규제의 상황 속에서도 지역 사회 차원에서 공공 정책의 영향력을 향상시킨 정치 제도적, 정치 영역적, 개인적 네트워크와 같은 다양한 네트워크의 활성화다. 둘째, 기아의 위협에 직면하여 음식을 보장하고 조직들의 교육 및 문화 업무를 유지하는 것이 가능하였다. 마지막으로, 건강관리, 특히 노년층들의 건강관리는 사회공동체적 실천의 핵심 축으로 부상하였다. 다시 말해 "돌봄의 영역적 기반시설"로써 평가되는 것은, 즉 가족에 대한 지원 및 돌봄의 조직 구조를 표현하는 이것은 그 정치 조직적 가치, 자제의 가치 그리고 지역 사회 건강의 가치에 의해 두드러졌던 것이다.[20]

영역 연결고리로부터 제기되는 또 다른 의문점은 가정 내 폭력에 관한 문제다. 자가격리로 인해 이 현상은 놀랄 정도로 증가하였는데[21] 여기에는 공간적 격리와 연관된 두 개의 요소가 자리를 잡고 있을 것이다. 즉 한편으로는 주거 공간의 과밀화는 혼자 차분히 휴식할 수 있는 공간의 부재를 초래하였기에 일상적

19) Pablo Vommaro, "Juventudes, barrios populares y desigualdades en tiempos de pandemia", en Enrique Ortiz Flores et al., ob. cit.

20) Anaïs Roig, "Enlazar cuidados en tiempos de pandemia. Organizar vida en barrios populares del amba", en CEPAL, *Cuidados y mujeres en tiempos de COVID-19. La experiencia en la Argentina*, cit.

21) 즉 가정 내 학대에 대한 신고가 칠레에서는 100%, 멕시코에서는 60%, 아르헨티나에서는 40%, 콜롬비아에서는 90% 증가하였다. 특히 콜롬비아에서는 여성 살해사건이 3배 증가하였다. Carmen Pagés et al., *Del confinamiento a la reapertura. Consideraciones estratégicas para el reinicio de las actividades en América Latina y el Caribe en el marco de la COVID-19*, BID, Washington, DC, 2020, p. 15.

교제에 있어 불화의 분위기를 조성한다. 다른 한편으로는 팬데믹으로 인해 공공장소에 자주 드나들 수 없다는 것은 공공장소에서의 사회생활에 대부분 익숙한 남성들에게는 더 동화되기 어려운 박탈감을 형성한다.[22)]

가정 폭력은 사적 공간으로서의 집이 부여하는 비가시성으로 인해 보다 용이해진다. 이것은 사회 전반에 걸쳐 나타나는 현상이다. 하지만 사회적 주변화의 맥락에서 이 비가시성은 사회적 주변화 세계에 여러 영향을 미치고 이 세계의 근원적 차원 중 하나를 구성하는 "은폐"로 인해 더욱 불투명해진다.

하지만 이러한 유형의 폭력을 주변화되고 소외된 부문에서 상대화할 수 있는 세 가지 요소를 고려해야 한다. 첫째, 사회적 주변화와 연관된 현상인 여성 가장 가구가 증가하고 있다는 점이다. 이것은 남성의 여성에 대한, 일반적으로는 미성년 아동에 대한 폭력의 행사가 존재하지 않는다는 것을 보장하지는 않는다. 하지만 부정할 수 없는 사실은 가정 폭력을 감소시킨다는 점이다.

둘째, 우리가 앞에서 지적한 바와 같이, 자신이 정한 규칙을 부과하는 폭력 행위자들에 의해 통제되는 영역에서 이들은 공동체적 재화를 제공함으로써 스스로를 합법화하려는 경향이 있는데 그 중에는 가족 내 갈등 그리고, 혹은 이웃 간 갈등의 통제도 포함된다. 우리는 지금 폭력 행위자들의 이타적 행위에 대해서 말하는 것이 아니다. 이와 같은 유형의 갈등을 유발할 수 있는 공공 기관들의 영역에 있어서 이들이 갈등 해결을 회피하려는 것에 대해 말하는 것이다.[23)]

셋째, 팬데믹 상황 속에서 파국적이며 심지어는 거의 종말론적인 묵시적 의미로 인해 종교성의 발전과 심화에 호의적인 종교적 요인을 고려해야 한다. 이와 같은 상황에 대해 라틴아메리카 지역의 사회적 주변화 세계에서

22) R. Cañete Alonso, ob. cit., p. 9.

23) 폭력 집단이 통제하는 영역에서 젊은 여성은 다른 영역의 젊은 남성과의 관계를 구축할 수 없기 때문에 이들 여성들은 "영역적으로 납치된 상태"에 있다는 사실을 잊어서는 안 된다.

(신)오순절주의[24]가 상당한 비중을 차지하고 있다는 사실을 언급하는 것이 적절하다. 파블로 세만(Pablo Semán)은 이와 같은 유형의 종교가 확장되고 있는 이유 중 하나는 가족생활의 재구성, 약물 및 음주 문제 극복, 젊은 층의 폭력적 행위 감소와 같은 "기적"을 촉진하기 때문이라고 주장하였다. 즉, 기존의 힘들었던 일상생활에서 가시적인 향상이 있었기에 (신)오순절주의가 확장되고 있다고 보고 있는 것이다.[25] 이런 의미에 있어 앞에서 우리가 언급했던 가정 내 폭력의 증가와 같은 문제에 직면하여 이러한 "기적"의 역학이 현재 상황에서 어떻게 작동하고 있는지를 살펴보아야 할 것이다.

이러한 젠더 불평등 연결고리의 핵심은 여성을 팬데믹이 부과한 재생산의 영역 내부에 새롭게 감금하는 것이다. 이런 의미에서 "제2의 페미니즘 물결"로 명명되는 표현 중의 하나인 "대중 페미니즘"의 출현에 의문을 제기할 수도 있을 것이다. 이것은 하위 주체 여성들에 의해 발전된 재생산 행위 전체를 의미하고 있는데 이미 사적 영역을 넘어 공적 영역에 자리매김을 하였다.[26] 이 점에 관해서는 1980년대 위기 이후부터 여성이 획득한 노동의 역할이 특히 두드러진다. 즉 여성은 남성 고용의 위기가 도래하였던 노동 시장에서 형식적 고용의 중심성이 상실되자 적극적으로 고용 시장에 진출하게 된 것이다.

이와는 반대로 COVID-19로 촉발된 팬데믹은 노동 시장 진입이라는 측면에 있어 남성과 여성 모두에게 심각한 영향을 미쳤지만 다음과 같은 세 가지 이유

24) 초기 오순절에 성령의 역사가 이루어졌던 것과 마찬가지로 현대에도 동일한 성령의 역사가 이루어질 것이라고 주장하는 신학 사상으로써 성경에 대한 신뢰 및 그리스도에 대한 신앙을 통해 개인의 삶의 변혁을 지향하는 복음주의 신앙(역주).

25) P. Semán, "Pentecostalismo y desigualdades sociales en América Latina", en *Encartes* Vol. II, No. 4, 2019-2020.

26) Elizabeth Maier, "Acomodando lo privado en lo público: experiencias y legados de décadas pasadas", en Nathalie Lebon y E. Maier (coords.), *De lo privado a lo público. 30 años de lucha ciudadana de las mujeres en América Latina*, Siglo Veintiuno/ UNIFEM/ LASA, Ciudad de México, 2006.

로 여성에게 더욱 가혹한 결과를 초래하였다. 첫째, 남성과 여성 모두 노동참가율의 감소는 유사할지라도 상대적인 측면에 있어 여성에게 더 큰 영향을 미쳤다. 둘째, 2015년 이후로 노동 시장의 여성화가 목도되었지만 팬데믹으로 인해 이 현상은 중단된 상태다. 셋째, 가장 중요한 사항으로 돌봄 서비스 및 학교의 대면 수업으로의 복귀라는 측면에서 구체적인 해결책이 제시되지 않는다면 여성의 노동 시장으로의 재진입은 많은 장애물에 직면하게 될 것이다.[27] 팬데믹 이후 여성 유급 고용이 얼마나 회복될지 우리는 지켜봐야 할 것이다.

노동 연결고리

젠더 연결고리에서 고려되는 가사 노동의 증가와 함께 팬데믹으로 인해 촉발된 노동 연결고리를 형성하는데 결정적인 역할을 한 노동 시장의 변화에 대한 세 가지 의문점이 존재한다. 첫째, 임금 노동의 수가 감소하였음에도 불구하고 그 구조적 동력인 불안정성의 동력에 의문이 제기되었다고는 말할 수 없다. 따라서 원격 근무가 새로운 현상은 아니지만 팬데믹은 여기에 전대미문의 어떤 특성을 부여하였다.

그런데 이것은 결코 자발적 조정이 아니다. 풀타임 근무를 상정하며 오히려 근무 시간은 더 늘어났다. 필요한 노동 자원 사용에 대한 계획도 부재하며 여성이 더 많은 가족에 대한 책임을 떠맡게 되는 현상과 결부된다.[28] 그러므로 원격 근무는 팬데믹과 봉쇄 정책의 결과로 생긴 하나의 아웃소싱이라고 평가할 수 있으며 따라서 우리는 새로운 급여 불안이라는 표현 앞에 노출되어 있는 것이다. 거시적 측면에서 우리가 할 수 있는 질문은 팬데믹 이후 이중적 의미에서 무슨

27) OIT, *Panorama laboral* 2020, OIT, Lima, 2020, pp. 36–37.

28) Ibid., p. 88.

일이 발생할 것이냐는 점이다. 즉 한편으로는 얼마나 많은 원격 근무가 지속될 것이냐는 것이며 또 다른 하나는 근무 조건이 어떻게 재정의될 것이냐는 점이다.

고용 관계를 유지하기 위해 여러 국가들에서 급여 보조금, 일시적 실업 기간 동안 지급하는 실업 보험 수당 지급, 근로시간 단축 및 실업자를 위한 다양한 대책 마련, 근로자 재고용 및 계약 보조금 등과 같은 다양한 조치가 취해졌다는 사실을 우리는 언급해야 한다.[29] 이런 의미에서 경제 재활성화가 공고하게 이루어지면 노동의 완전한 회복이 이전 근로 조건을 유지할지 아니면 이 조건들이 악화되고 그 불안정성이 심화될지 우리는 또한 지켜봐야 한다.

환언하면 현재 우리는 임금 근로직의 감소가 정규직 고용 위기를 수반하였고 결국에는 노동 시장의 중심성이 상실되어 버렸던 1980년대와는 매우 다른 상황에 직면해 있다. 실제로 팬데믹으로 인해 발생한 급여 세계에 있어 불안정화 과정의 심화는 근로자들의 권리 약화로 인해 가치 목표에 가장 적합한 노동력의 이용을 미래 축적 전략의 일환으로 제공한다고 말할 수 있다.[30]

두 번째 현상은 실업의 증가로 팬데믹 이전보다 취업 시장 상황이 더욱 심각하다는 점이다. 다양한 분야의 근로자들 중 특히 두 그룹이 눈에 띈다. 한편으로는 우리가 앞에서 언급했던 가사 노동자들이다. 2019년 1월부터 9월까지 그리고 2020년 1월부터 9월까지의 기간 동안 업데이트된 자료를 제공한 7개 국가들 중 5개 국가가 가사 서비스에 의한 직업 변동에 관한 데이터를 제공한다. 모든 직업의 범주 중 가사 서비스업의 실업률이 가장 높았는데 도미니카 공화국의 경

29) Ibid.

30) 이와 관련해 우리는 특정 유형의 플랫폼에 대해 생각해 볼 수 있다. 이 (플랫폼) 자본주의는 신국가 개입주의와 함께 보다 더 국가주의적인 경향을 보여주고 있는데 팬데믹으로부터 출현한 사회 질서의 핵심적 요소가 될 것이다.

우 16.1%에서 칠레의 34.6%까지 그 범위가 다양하였다.[31)]

다른 한편으로는 청년층이 있다. 정보 접근이 가능한 이 지역의 9개 국가 중 도미니카 공화국을 제외한 모든 국가에서 청년 실업률이 증가하였다. 그런데 그 범위의 폭이 매우 넓다. 2020년 1, 2, 3분기 멕시코의 청년 실업률은 8%였던 반면 코스타리카의 경우에는 그 수치가 42.1%까지 상승하였다.[32)]

이렇게 높은 실업률에 직면하여, 특히 새롭게 노동 시장에 진입한 사람들에게 있어 폭력이 하나의 대안으로 등장하였다. 구체적으로 달하자면 소위 조직범죄는 일부 젊은이들에게 매력적이라고 느낄 활동의 틀 안에서 영구적인 일자리를 제공해 준다. 조직범죄 집단으로부터의 이 같은 제안은 합법적인 청년 고용 옵션이 제한되는 경우 더욱 힘을 얻을 것이고 청년층의 많은 관심을 끌 수 있다. 이와 관련하여 팬데믹의 영향이라는 측면에 있어 조직범죄 집단이 이번 위기의 승자로서 부상하였다는 사실을 고려해야 한다. 이들 집단은 불법의 세계에서 활동해야 하는 핵심적 특성을 지닌 기업적 활동 행위자인 것이다. 이런 의미에서 조직범죄 집단은 격리와 결부된 제약을 피하고 팬데믹으로 유발된 위기로 인해 부과된 제한에 적응하는데 있어서 그 누구보다도 탁월한 능력을 발휘한다.

마지막 문제는 자영업의 위기다. 데이터 접근이 가능한 7개 국가에서 자영업은 평균 8.9% 감소했는데 도미니카 공화국의 경우에는 4.8%, 칠레의 경우에는 22.5% 감소하는 등 국가 별로 큰 편차를 보여준다. 그런데 특이하게도 파라과이의 경우에는 7.2% 성장하였다는 점을 언급할 필요가 있다.[33)] 지역 경제를 형성하는 예외적인 경우들을 제외하고 거의 대부분의 자영업은 도시의 공공장소에서 이루어진다. 격리 및 이동 제한 조치는 이러한 유형의 직업에 직접적인 영향을

31) OIT, ob. cit., cuadro 3.2.

32) Ibid., cuadro 2.5 y gráfico 2.5

33) Ibid., cuadro 3.2.

주었다.

지금까지 언급한 세 가지 문제점들 중 한계 노동력에 가장 큰 영향을 미치는 것은 실업, 특히 무엇보다 자영업의 위기다. 우리가 판단하기에는 바로 이 자영업의 위기가 노동 연결고리에 있어 핵심이다. 자영업이 가지는 중요성은 이것이 노동력의 구조적 잉여를 구성하는 주요 요소라는 사실과 연관되어 있다. 즉 역사적으로 자영업은 자본이 임금 관계를 보편화할 수 있는 능력이 없었을 때 도시 지역의 자기 발생 고용을 반영하였다. 이런 의미에서 1980년대 위기와 현 상황을 비교하는 것은 적절하다. 1980년에 있어서는 두 가지 노동 현상을 강조할 필요가 있다. 한편으로는 인기 직종에 근무하는 여성들을 노동 시장에 통합하여 이 시장의 여성화를 유발시켰는데 이 현상은 이후 10년 동안 지속되었다. 다른 한편으로는 지역 노동 시장의 이질성의 지속현상을 보여주는 비공식 부문, 특히 자영업의 성장이다.

하지만 이 두 현상은 현재의 위기 상황과는 모두 관련이 없어 보인다. 여성들은 다시 가정 영역으로 부분적으로 강등되었는데 이것은 노동 시장의 탈여성화를 암시한다. 자영업 또한 임금 근로직과 마찬가지로 감소하였다. 실업이 두드러진 현상처럼 보이지만 이 현상의 공개적인 표현에서뿐만 아니라 처음에는 격리로 인한 이동 제한으로 구직을 하지 못했고 이후에는 경제가 회복될 기미가 보이지 않아 구직을 하지 못한 사람들의 잠재적 표명에서도 나타난다. 우리는 펜데믹 이후 자영업이 노동 시장에서 역사적 기능을 수복할 것인지,[34] 혹은 공개된 표명에서건 비공개된 표명에서건 임시 고용과 실업 간 전환의 간헐성으로 대체될 지 지켜보아야 할 것이다.

34) 세만(Semán)은 “번영 신학”이 운명론과 자존감의 저하에 대항하는 일상적 생존의 친숙한 윤리로써 대중 부문에 의해 전유된다고 주장하였다. 이것은 사회적 이동을 통한 상승에 대한 환상을 언급하는 것이 아니라 작은 승리의 성취와 일상적 투쟁을 위한 격려에 대한 것이다(P. Semán, ob. cit). 팬데믹 이후 이러한 행동의 효과는 특히 자영업 활동의 (재)발명에서 확인해야 할 것이다.

연결고리들이 풀릴 수 있을까?

이 세 개의 불평등의 연결고리들의 형상은 COVID-19로 인해 유발된 현재의 위기가 사회적 주변화의 세계에 미친 영향을 보여준다. 그리고 이 세계는 우리가 도시 영역 분열의 심화, 재생산 영역으로의 여성의 새로운 감금, 노동 시장 조정 과정에서 노동력의 구조적 잉여가 지닌 중요성 상실 등으로 구분하였던 세 가지 핵심으로 종합된다. 우리가 자문해야 할 것은 팬데믹 이후 이 과정들에서 어떤 일들이 발생할 지이다. 약화될 것인가 아니면 강화될 것인가? 모든 것은 이들 상황에 대처하기 위해 수행되는 행동에 달려있다. 응답은 두 층위에서 나올 수 있다.

첫 번째는 공공정책의 층위다. 팬데믹은 이 위기를 탈출하는 방법과 세계를 재고하는 방법에 대한 많은 제안과 함께 상이한 이념적 지평으로부터 유래한 반성적 도취의 순간을 상정하였다. 하지만 문제는 제안이 아니라 실행이다. 즉 여러 제안들을 실질적으로 실행하기 위해서는 정치적 의지를 지닌 권력을 가진 주체가 필요하다. 이러한 존재는 (신)자유주의 질서가 지배적이었던 기간 동안 버려지고 무시되었던 사회적 주변화의 세계와의 관련 하에서는 발견하기가 쉽지 않다. 2000년대 초반 원자재 붐이 한창이었을 때 진보 지향적인 특정 정부에서만 이 부문을 포함하고자 하는 정책이 존재하였다.

이것은 우리를 응답의 두 번째 층위로 이끈다. 비록 사회적 주변화는 심대한 권한 상실로 특징 지워지지만 완전한 권한 상실로까지 나아가지는 않기에 상실된 권한의 회복을 추구하면서 권한 상실에 대하여 저항을 할 가능성이 있다. 수십 년 전부터 사회적 주변화 세계로부터 폭력, 이민, 종교 그리고 집단행동 등의 네 가지 유형의 대응이 실행되어 왔다.[35] 우리는 앞에서 이러한 대응들 중 일부가

35) J. P. Pérez Sáinz, ob. cit.

현재의 상황에 어떻게 영향을 미쳤는지, 가까운 미래에 대해 어떤 잠재력을 가지고 있는지를 살펴 볼 수 있었다.[36)]

발생하는 대응 유형에 따라 펜데믹 이후 세 개의 시나리오를 생각해 볼 수 있다.[37)] 첫 번째는 낙관주의로 표방할 수 있는 것으로써 기존의 사회 질서를 어느 정도까지는 재정의할 수 있는 조건이 만들어지고, 따라서 우리가 앞에서 제기하였던 세 개의 문제들에 대해 적어도 부분적으로 해결할 수 있는 해결책들을 발견할 수 있다. 그 결과 우리가 확인하였던 세 개의 연결고리들을 느슨하게 풀 수 있을 것이다. 두 번째 시나리오는 현재의 상황이 지속되고 그 결과 역시 우리가 이미 알고 있던 것처럼 주변화를 심화시키는 것이다. 그런데 이러한 심화 현상이 일어날 뿐만 아니라 사회적 주변화의 세계의 변형이 발생할 수 있는 세 번째 시나리오도 존재할 수 있을 것이다. 이것은 새로운 시나리오가 될 것이다. 다시 말해 연결 고리들은 우리가 탐색하고 발견해야 할 지역에서 사회적 주변화라는 건축물의 새로운 기둥을 구성하게 될 것이다. 현실이 어느 방향으로 나아갈지는 시간이 우리에게 말해 줄 것이다.

정동희 옮김

36) 네 개의 대응 중 이민은 국경에서의 격리 및 제한에 의해 직접적인 영향을 받기 때문에 언급되지 않았다. 대부분 이민의 흐름, 특히 미국으로 향하는 이민의 흐름은 은밀한 방식으로 이루어지고 있기 때문에, 특히 인신매매집단에 의해 실행될 때 이 흐름이 중단되지 않기를 기대한다. 그런데 가장 두드러진 문제는 환승 지역에 갇혀 버린 이민자들의 상황이다.

37) 연속적 성격을 가지는 네 번째 시나리오도 존재 가능하다. 이는 위기가 지나간 후 위기 이전 상황으로 회귀할 수 있음을 의미한다. 하지만 명백하게도 이것은 매우 가능성이 희박한 시나리오다.

팬데믹 시기의 이주: 불평등의 새롭고 오래된 형태

히오콘다 에레라

에콰도르 라틴아메리카사회과학원(FLACSO) 사회학과 교수

원제와 출처: Gioconda Herrera, "Migraciones en pandemia: nuevas y viejas formas de desigualdad", *Nueva Sociedad,* No. 293, mayo-junio de 2021, pp. 106-116.

핵심어: COVID-19, 불평등, 이주, 라틴아메리카

라틴아메리카의 이주 파노라마는 지난 5년 동안 이주자의 증가와 이주 현상의 유형에서 중요한 변화를 보여주었다. 전자와 관련해 500만 명이 넘는 베네수엘라인의 탈출은 의심할 여지없이 전례 없는 역사적 사건을 의미한다. 무엇보다도 남아메리카로의 이주, 특히 안데스 국가로의 이주는 역사적으로 인구 유입이 없었던 소지역으로 이동하는 것이다. 물론 멕시코인의 미국 이민이 정체된 것처럼 보였던 시기에도 중앙아메리카 시민들, 특히 온두라스 사람들은 북쪽으로 끊임없이 이동하고 있다. 또한, 니카라과에서 코스타리카로, 아이티에서 대륙 전체로 이동하듯이 국가 간 혹은 지역 간 흐름이 두드러지기도 한다.

라틴아메리카카리브경제위원회(ECLAC)는 2020년 라틴아메리카에 1,190만 명의 이민자가 있고 전 세계적으로 4,000만 명의 라틴아메리카 출신 이민자가 있을 것으로 추정한다. 이러한 이주의 특성을 보면, 경제적 요소에 더해 사회적 폭력, 치안 불안, 공공 서비스 붕괴, 그리고 일반적으로 무력감과 가까운 미래 앞의 절망감 같은 요인이 점점 더 늘어나는 것을 알 수 있다. 아이티, 베네수엘라, 온두라스는 인구 재생산에서 심각한 위기를 겪고 있다. 여기에는 경제적, 사회적, 생태적, 정치적 요인이 얽혀 있어 이들은 강제 이주에 가까운 구조적 과정에 직면해 있다고 할 수 있다.

이 외에 최근 몇 년 동안 가시화된 사안으로 더 많은 관심을 쏟아야 하는 점은 멕시코와 미국 같은 대륙의 북쪽 국가뿐 아니라, 보통 브라질 혹은 칠레 같은 남쪽 국가로도 다양한 국적의 이주자가 장기간 이동한다는 사실이다. 통행이 생활로 변한 이런 긴 여행을 하는 세 상징적 인구는 전 대륙을 가로지르며 움직이는 아이티인, 미국으로 건너갈 수 없어 멕시코에 장기간 체류하는 중앙아메리카인, 그리고 베네수엘라인이다. 우리는 다양한 연구를 통해 안데스 도시를 거쳐 이동하는 그들이 사회 적응이라는 어려운 조건으로 인해 반드시 최종 목적지일 필요가 없는 장소에 정착한다는 것을 알게 된다.[1] 이런 긴 통행 기간은 새로운 역학, 즉 한 국가를 떠나 특정 목적지에 정착하는 단선적 과정으로서의 이주에 관한 가장 고전적인 개념을 깨뜨린다.

마지막으로, 이러한 역학 관계는 한편으로 2000년에서 2015년 사이 남아메리카 지역을 특징짓는 이주 흐름 속에서, 개방적인 이주 정책 의제와 자유로운 순환 이주로부터 점점 멀어지는 듯한 혼란스러운 정치 환경에서 발생한다. 여러 국

1) G. Herrera y Gabriela Cabezas Gálvez: 《Ecuador: de la recepción a la disuasión. Políticas frente a la población venezolana y experiencia migratoria 2015-2018》 en Luciana Gandini, Fernando Lozano Ascencio y Victoria Prieto (coords.): *Crisis y migración de población venezolana. Entre la desprotección y seguridad jurídica en ciudades latinoamericanas*, UNAM, Ciudad de México, 2020.

가에서 국가 안보 및 주권에 대한 국가주의적 관점을 국경 폐쇄라는 탈국가적 집행에 접목시키는 정책을 채택하기 시작했으며, 이는 전세계적으로 생겨나는 이주 통제라는 국가 간 프로젝트와 매우 관련이 깊다. 이것들은 역으로 중앙아메리카와 멕시코, 미국의 이민 정책의 의제를 지배했다. 다른 한편으로 이러한 이동은 2014년 이후부터 이 지역을 강타한 경기 침체 상황에서 발생하며, 따라서 이민자들의 정착 및 경유는 취약한 노동 시장, 증가하는 외국인 혐오증과 인종 차별의 사회적 환경으로 특징지워진다.

이러한 맥락에서 코로나의 대유행은 최근 몇 년 동안 사회적 재생산의 불안정에 영향을 받은 이주 인구의 사회적 불평등을 악화시킨다. 그런데 불평등의 다른 분열이 생겨나면서 새로운 형태의 배제로 드러나는 예상치 못한 결과도 나타난다. 첫 번째 분열은 계속 이주하는 사람들과 움직이지 않는 사람들 사이에서 생겨난 것이다. 여기서 볼 수 있듯이 이동성/불안정성은 이주 인구의 삶의 전략에 불균형한 영향을 미치며 인류학자 비아오 씨앙(Biao Xiang)이 위험과 개인 안전 사이의 간극이라고 명명한 현상을 드러낸다.[2] 여기에 두 번째 차별화 요소가 추가되는데, 이는 감염된 이민자를 파악하는 일과 관련해 외국인 혐오의 새로운 징후가 등장한 것이다. 이것은 정치 공동체의 합법적인 구성원으로 보는 사람들과 외국인이라는 이유로 보호 혜택을 누릴 수 없는 사람들 사이에서 분열을 만든다. 마지막으로, 팬데믹의 또 다른 예상치 못한 결과는 이민자 송금에 미친 영향이다. 사회적 불평등이 심화되는 이런 상황 속에서 온갖 역경에도 불구하고 미국과 유럽에 거주하는 라틴아메리카 이민자들의 송금액이 증가하고 있으며, 이는 다시 한번 국가의 부재 앞에서 출신국 가족들이 겪는 위기 상황을 완화하는 데 기여하고 있다. 이 글은 2020년 두 지역 연구 그룹이 활발히 진행한 전염병

2) Biao Xiang y Ninna Nyberg Sørensen:《Shock Mobilities: Long Term Impacts of the covid-19 Pandemic and Lock-Down》, informe de políticas, Danish Institute for International Studies, 13/8/2020.

영향에 대한 증거 생성 및 관찰을 기반으로 한다. 첫 번째는 아메리카 대륙의 국제 '이주 및 실향에 관한 비교 분석' 그룹으로, 전염병에 대한 여러 국가들의 대응을 조사하는 다양한 공동 연구를 수행했다. 두 번째는 '아메리카의 (비)이동성' 그룹으로, 2020년 동안 이주 인구의 상황을 지리적으로 파악하고 대륙 전체에 걸쳐 드러난 인권 침해 과정에 대해 의미있는 경고를 담은 연구 성과를 도출했다.[3)]

불평등의 악화

2015년에서 2020년 사이 특히 베네수엘라 및 중앙아메리카 인구와 관련된 최근 이주 과정을 조사하는 일련의 연구가 이 지역에서 나왔다. 문헌목록은 네 가지 공통된 내용을 보여준다고 할 수 있다. 우선, 최저임금보다 낮은 보수를 받고 비공식 경제 부분에 대다수 들어간 이 새로운 이주 인구가 경제 유입 시 불안정한 조건을 지니며, 특히 베네수엘라의 경우, 그들의 문화적 자본과 고용 유형 사이에 큰 격차가 유지된다는 점을 보여준다. 둘째, 과밀화되기 쉬운 이주민 거주 주택이 처한 어려운 여건을 드러낸다. 셋째, 이들이 정규직에 접근하는 데 존재하는 많은 장애물과 어려움을 드러낸다. 마지막으로 이주 인구를 수용하는 측의 외국인 혐오 반응 증가를 보여준다.[4)] 이 네 가지 요인의 조합은 국내 인구에

3) 카미나르 그룹은 라틴아메리카의 여러 국가 출신의 12명의 학자로 구성되어있다. 더 많은 정보는 다음 사이트를 참조하시오. 〈www.caminaramericas.org〉. '아메리카의 (비)이동성'은 솔레닫 알바레스(Soledad Álvarez)와 울라 베르그(Ulla Berg)가 조직했으며 캐나다, 미국, 라틴아메리카의 여러 국가 출신의 30명 이상의 학자들이 합류하였다. 더 많은 정보는 다음 사이트를 참조하시오. 〈www.inmovilidadamericas.org〉.

4) Julieta Bengochea et al.: 《Covid-19 y población migrante y refugiada. Análisis de las respuestas político-institucionales en ciudades》 en Felipe Vera y Verónica Adler (eds.): *Inmigrando. Fortalecer ciudades destino* vol. 2, bid, Buenos Aires, en prensa.

비해 이민자 인구에 불평등한 영향을 주는 조건이 되면서 특히 전염병 앞에서 이주민들을 더욱 취약하게 만들고 있다.

ECLAC에 따르면 특히 이주 인구는 2014년부터 이미 진행 중이었던 경기 침체와 일자리 파괴에 영향을 받았다.[5] 또한 이 보고서는 이주자와 내국민 간의 빈곤 발생률의 중요한 차이를 강조한다. 칠레, 콜롬비아, 코스타리카와 같은 국가에서 이민자들은 내국인에 비해 상대적 빈곤 수준이 높다. 페루와 에콰도르의 경우, 세계은행도 비슷한 상황을 보고했다. 또한 이주민 인구가 내국민에 비해 노동시장에서 더 불안정한 부문을 차지하고, 이는 노동시장이 크게 악화된 국가일수록 그렇다는 점을 지적한다. 예를 들어 콜롬비아에 이어 베네수엘라 인구가 두 번째로 많은 페루의 경우, 2018년 12월 비공식 부문에서 일하는 페루인이 72.5%에 이른 반면, 베네수엘라인은 88.5%에 달했다. 또한 이민자 인구는 페루 인구보다 수입이 35% 적다.[6] 엔포베(ENPOVE) 조사에 따르면 페루에 거주하는 베네수엘라 인구의 대다수는 비공식적 일자리(계약이나 노동 혜택 없이)에 배치돼 소규모 회사(1명에서 10명 사이)에서 일한다. 또한 응답자의 약 50%가 국적을 이유로 직장에서 차별을 받았다고 응답한 것으로 나타났다.

에콰도르의 경우, 이주 인구의 거의 60%가 비공식 부문에서 일하고 84%만이 합의된 급여를 받고 있다.[7] 또한 이주민은 에콰도르인보다 주당 더 많은 시간을 일하지만 월 평균 급여는 더 낮다.

5) Cepal: 《The Impact of covid-19: An Opportunity to Reaffirm the Central Role of Migrant's Human Rights in Sustainable Development》, Informe Covid No. 32, 13/11/2020.

6) Martha Guerrero Ble, Izza Leghtas y Jimmy Graham: 《From Displacement to Development: How Peru Can Turn Venezuelan Displacement into a Development Opportunity》, Refugees International / Center for Global Development, 2020, p. 51.

7) Banco Mundial: *Retos y oportunidades de la migración venezolana en Ecuador*, Banco Mundial, Washington, dc, 2020, p. 26.

연구에 따르면, 페루, 콜롬비아, 에콰도르에서 이주 인구 역시 공식적 일자리에 '비공식적으로' 삽입되지만, 여기서 특정 노동 기준을 충족하는 일은 일어나지 않는다.[8]

이주민과 내국민 사이의 현저한 불평등의 시나리오에서 이주민이 전염병의 발발로 영향을 받게 될 것으로 예상했다. 왜냐하면 그들이 길거리 영업이나 대면 서비스 제공과 관련된 분야에서 과잉 대표되고 있기 때문이다. 처음에 이들은 일반화된 격리로 인해 생계 수단을 상실하게 되었다. 노점상은 금지되거나 처벌받았다. 유급 가사 노동 및 돌봄 서비스가 일시적으로 폐지되었으며, 이주 노동력에 많이 의존하는 모든 영역, 판매상, 유흥업 및 식당업이 마비되었다.[9] 2014년 이후 경제 침체와 함께 찾아온 노동의 불안정은 봉쇄와 함께 심화되었고, 이미 심각한 타격을 입은 이주 인구에서 급격한 빈곤화 과정이 나타나고 있다. 노동 불안정성은 그들을 거리로 내몰면서 생존의 문제로 바뀌었다. 그럼에도 시간이 지남에 따라 이주 노동자들은 '아메리카의 (비)운동성' 그룹이 "필수적이지만 일회성" 노동이라고 부른 일을 맡아왔다. 이 연구 그룹은 팬데믹 기간 동안 라틴아메리카 이주 노동자의 손에 미국의 식량 생산이 달려 있고, 남아메리카에서는 소위 '필수 직업' 관련된 수많은 활동을 이민 인구가 수행한다고 보고했다. 예를 들어, 다양한 디지털 플랫폼을 통한 가정 배달음식 서비스는 모든 라틴아메리카 도시에서 증가했다.

주택과 관련하여 카미나르(Caminar) 그룹은 공동 주택 및 캠프(예: 브라질의 호라이마(Roraima) 지역)에서 드러나는 과밀화가 어떻게 이주 인구에게 특히 전염되기 쉬운 공간을 만드는 지를 보여주었다. 이외에도 여러 도시에서 제기된 이

8) G. Herrera y G. Cabezas Gálvez: ob. cit.

9) Cepal: ob. cit.

주 가족의 퇴거 및 퇴거 지역에 대한 고발 사항이 있었다.[10)]

또한 격리로 인해 진행 중에 있던 이주 인구의 합법화 및 망명 신청 처리 과정이 마비되었고, 국경은 폐쇄되거나 일부 경우 심지어 군사화되었다. 이러한 조치는 많은 수의 비합법적 이주민을 무방비 상태로 만들었고 국제적인 보호를 필요하게 했다. 연구에 따르면 2018년 이후 칠레, 에콰도르, 페루와 같은 국가들에서는 비자를 요구했고, 멕시코 및 기타 중앙아메리카 국가에서는 도널드 트럼프 정부가 요청한 망명 신청자들을 위한 '안전한 제3국'이라는 범주를 수용하는 정책을 채택하였다.[11)] 따라서 국경 폐쇄는 이미 지역 내 국경 통제 체제를 수립해 온 현 추세와 남아메리카 이민 정책을 점진적으로 식민화해 온 억제 조치에서 한 걸음 더 나간 것이다.[12)] 또한 국경 폐쇄로 인해 많은 수의 이주민이 여러 차단된 국경 지역에서 인도적 위기에 처하는 상황이 발생한다. 그들의 건강이 위험에 놓일 뿐만 아니라 전염병의 확산 속에서 인신매매 조직이 더욱 활발해 지면서 비합법적 이주가 늘어난다.

마지막으로, 라틴아메리카 사회의 외국인 혐오증이 증가하고 있다. 수많은 연구는 보건 및 교육 시스템의 제도적 인종차별 현상을 보고했다.[13)] 또한 이주 인구를 내국민 고용에 대한 위협으로 낙인찍는 과정, 즉 이들을 저임금, 높은

10) J. Bengochea et al.: ob. cit.

11) L. Gandini, F. Lozano Ascencio y V. Prieto (coords.): ob. cit.

12) Eduardo E. Domenech: 《Las políticas de migración en Sudamérica: elementos para el análisis crítico del control migratorio y fronterizo》 en *Terceiro Milênio. Revista Crítica de Sociología e Política* vol. 8 No. 1, 1–6/2017; G. Herrera y G. Cabezas: ob. cit.

13) María Emilia Tijoux e Iván Trujillo: 《Racialización, ficción, animalización》 en M.E. Tijoux (ed.): *Racismo en Chile: la piel como marca de la inmigración*, Editorial Universitaria, Santiago de Chile, 2016; Nanette Liberona Concha y Miguel Ángel Mansilla: 《Pacientes ilegítimos. Acceso a la salud de inmigrantes indocumentados en Chile》 en *Salud Colectiva* vol. 13 No. 3, 2017.

세금의 부담이나 불안정의 상승 원인으로 간주하는 현상을 기록했다.[14] 팬데믹은 이러한 외국인 혐오 감정을 악화시켰으며, 이와 함께 가시화되는 추가 요소는 미래에 연구될 필요가 있다.[15] 바로 이주민 인구를 전염병으로 잘못 식별하는 것이다. 그 증거로는 페루와 에콰도르 국경을 군사화하여 감염 확산을 방지한다는 목적으로 이민자의 통행을 금지한 것을 들 수 있다.

요컨대, 대유행은 기존의 불평등을 악화시켰다. 주거와 노동의 유형, 유용한 법적 지위가 노동, 건강, 교육과 같은 기본권에 대한 접근에 영향을 미칠 뿐만 아니라 이주 인구의 생존에도 매우 중요한 사안이 되었다. 여기에 더해 라틴아메리카 사회에 이미 존재하는 외국인 혐오증이 증가하는데, 이후 확인할 수 있듯이, 팬데믹 대응을 위해 이주민 인구를 배제하는 경향을 지닌 민족주의적 정책을 펼친 국가에서 이는 가속화된다.

불평등의 새로운 분열?

두 번째 부분에서는 전염병이 가져온 예기치 않은 현상과 결과, 그리고 이민자 인구의 불평등 악화와의 관계에 대해 살펴보고자 한다. 전염병으로 인해 사람들의 이동이 급격한 변화를 가졌고 이와 관계된 서로 다른 이동성의 현상이 생겨났다.[16] 이를 고찰하기 위해 충격 모빌리티(shock mobilities) 개념을 중심으로 씨앙(Xiang)과 니베르크 쇠렌센(Nyberg Sørensen)이 개발한 아이디어를 다시 언급하고자 한다. 이 저자들에 기대면 충격 모빌리티는 다양한 움직임의 연결 또

14) Oxfam: 《'Sí, pero no aquí'. Percepciones de xenofobia y discriminación hacia migrantes de Venezuela en Colombia, Ecuador y Perú》, informe de investigación, 2019.

15) 에콰도르 라틴아메리카사회과학원(FLACSO)의 타니아 보니야(Tania Bonilla)의 사회학 박사 학위 논문 중 진행 중인 연구가 있다.

16) 이런 현상들을 카미나르 그룹이 "비이동성 상태의 이동성"이라고 명명했다. J. Bengochea et al.: *ob. cit.*

는 모빌리티의 집합으로 이해된다. 특히 이것은 국내외 이주자가 그들의 공동체와 출신국으로 귀환하거나, 혹은 지속적인 이동이 필요한 직업에 이주자가 집중되는 것처럼, 이 지역에서 확인된 다양한 흐름을 포착하는 것과 관련이 있다.

실제로, 코로나가 대륙의 이주에 미치는 예상치 못한 영향 중 하나는 이 지역의 거의 모든 국가에서 시행한 국경 제한 및 폐쇄에도 불구하고 사람들이 이동하는 것이다. 팬데믹 처음 몇 달 동안 고지대에 있는 마을로 이주한 페루의 리마, 에콰도르의 과야킬 주민들처럼 국내 이주자들이 대도시를 떠나 고향 마을과 공동체로 돌아왔다. 볼리비아 이민자들 역시 아르헨티나와 칠레 국경을 넘어 고향 도시와 마을로 돌아왔다. 그 이유는 일반적으로 직업과 생계 수단의 상실, 주택 상실 또는 코로나의 확산을 피해 안전한 곳을 찾았기 때문이다. 그럼에도 가장 충격적인 일은 아마도 베네수엘라 사람들이 페루, 에콰도르, 특히 콜롬비아와 같은 국가에서 본국으로 되돌아갔다는 사실일 것이다. 이는 생존 수단을 찾을 수 없다는 절망감, 이민자에 대한 국가의 보호 정책의 부재 및 차별이 증가하는 과정에 직면하여 발생한 현상이다. 교통수단의 운행이 중단되면서 이 귀환은 종종 도보로 이루어지며 국경의 군사화, 비합법적 이동 및 악천후라는 위험에 직면한다. 귀국 움직임은 라틴아메리카뿐만 아니라 인도 등 세계 각지에서도 발생하고 있으며, 위험과 안전으로 사람을 분류하는 가상적 프레임과 함께 일반적으로 국경지대나 공원, 광장 등의 공공장소를 이동 시 인파로 인한 감염 및 두려움도 관계된다.

모든 도시에서 나타난 두 번째 현상은 비아오 씨앙이 대체 이동이라고 부르는 것이다. 즉, 다른 사람들이 집에서 움직이지 않고 음식을 먹고 안전하게 지내기 위해서 일부 근로자가 어떻게 활동하는가 하는 문제로, 이는 전염병 대유행 속에서 위험 대 개인 안전의 개념을 중심으로 자본주의가 재구성됨을 드러낸다. 이미 언급했듯이 디지털 플랫폼은 팬데믹 기간 동안 가장 빠르게 성장하는 분야

중 하나가 되었다. 우버이츠(Uber Eats), 글로보(Glovo), 라삐(Rappi) 및 카비파이(Cabify)와 같은 초국적 기업은 지난 5년 동안 실질적으로 라틴아메리카의 모든 도시에 진출했으며 많은 경우 노동자들 중에서도 이주 노동력에 의존하였다. 여러 연구에 따르면 팬데믹 기간 동안 이러한 회사는 기하급수적으로 확장되었지만 이것이 반드시 직원 수입의 증가를 의미하지는 않았다.[17] 게다가 노동자들은 적절한 보건 안전 조치 없이 감염의 최전선에 서 있으며, 그들의 활동은 오랜 시간 동안 길거리의 수많은 사람들 사이에서, 공급자와 고객 사이의 상호 작용을 통해서 이뤄지기 때문에 매우 위험하다. 이런 노동자들은 사회 보장 제도의 적용을 받지 못하기 때문에 모든 위험에 노출되어 있고, 이민자들의 경우, 더욱 취약하다. 이러한 대체 이동성은 위험 노출에 기반한 새로운 형태의 불평등을 반영하지만, 자율성, 이동의 자유, 기업가 정신에 대한 담론으로 덮이고 만다.[18]

마지막으로, 또 다른 예상치 못한 결과는 송금액이 극적으로 감소할 것이라는 예측에도 불구하고, 2020년 12월 데이터에 따르면 미국으로 간 이주자가 실질적으로 증가한 모든 라틴아메리카 국가에서 송금액이 증가했다는 점이다.[19] 마누엘 오로스코(Manuel Orozco)에 따르면 미국에서 라틴아메리카로의 가족 송금액은 1억 1,400만 달러로서 전체 송금액의 약 70%를 차지한다. 예를 들어 미국뿐 아니라 유럽에서도 인구가 많은 에콰도르의 경우, 송금액이 33억 3,800만 달러에 달해 글로벌 금융위기 이전 최고치인 2007년을 훨씬 웃돌았다.[20]

17) Carolina Salazar Daza y Kruskaya Hidalgo Cordero: 《La aplicación te precariza. Experiencias de personas repartidoras y conductoras en Ecuador》 en C. Salazar Carolina y K. Hidalgo (eds.): *Precarización laboral en plataformas digitales. Una mirada desde América Latina*, Fundación Friedrich Ebert (fes), Quito, 2021; Luis Beccaria, Elva López Mourelo, Raúl Mercer y Pablo Vinocur: 《Delivery en pandemia: el trabajo en las plataformas digitales de reparto en Argentina》, nota técnica, OIT, 12/2020.

18) C. Salazar y K. Hidalgo: ob. cit.

19) Cepal: ob. cit.

20) 《Las remesas a Ecuador batieron récord en 2020 pese a la pandemia》 en *Agencia EFE*, 1/4/2021.

이는 미국 내 라틴아메리카 이민자들이 담당하는 최전선 및 '필수' 노동의 위치에 대해 앞서 언급한 내용을 뒷받침한다. 전염병 초기에 이런 일자리 수요가 감소했지만 곧 회복되었다. 한편, 이주민들은 팬데믹으로 인한 위기에 대처하기 위해 가족에게 더 많은 금액을 보냈고 사회 보장 프로그램이 없는 상황에서 중요한 지원이 되었음을 보여준다. 지역 내 송금에서, 특히 베네수엘라의 경우, 이와 같은 일이 발생하지 않았다. 이 송금이 상당히 감소하여 인구의 사회적 재생산을 위한 어려운 조건을 더욱 악화시킨다.[21)]

간단히 말해서, '비이동성 상태에서 이동성'이라는 다양한 조합은 생존 및 건강 측면에서 이주자 인구의 취약성을 증가시키는 새로운 움직임에 대해 알려준다. 또한 외국인 혐오감으로 인해 위험과 개인 안전 사이의 축에서 이민자와 국민을 다르게 위치시키는 새로운 불평등의 출현을 보여주고 있다. 그러나 송금을 통해 이민자를 가족과 연결하는 초국가적 경제 유대와 같은 움직임은 기존 불평등을 완화함으로써 위기 시기에 이민자의 행동 능력을 다시 한 번 드러낸다.

종결하며

팬데믹은 계급, 인종 또는 젠더 불평등의 맥락만으로는 읽히지 않는 새롭고 낡은 조합의 이동성 패턴을 재구성했다. 비이동성 상태의 이동성은 이주 조건 자체가 라틴아메리카의 빈곤 인구에 차별적 영향을 미치는 불평등의 다양한 맥락 내에 속해 있음을 명확히 보여준다. 이러한 의미에서 이주 조건은 기존의 불평등을 강화하고 악화시키는 차원이 된다. 마찬가지로, 위험과 전염에 가장 가까운 사람들과, 주거와 재택근무라는 개인적 안전이 보장된 사람들을 구분 짓는,

21) Manuel Orozco y Jessica Spanswick: 《Pese a la pandemia, remesas siguen llegado a América Latina y el Caribe, y preparan terreno para reactivación》 en *Portal Findev*, 23/3/2021.

팬데믹이 가져온 새로운 형태의 차별화를 고려할 필요가 있다.

앞서 살펴보았듯이, 이러한 차이는 필수적이지만 처분 가능한 근로자, 즉, 최전선에 있지만 가장 보호받지 못하는 근로자라는 역설에 의해 강화된다. 끝으로, 이러한 모든 성찰을 더 깊이 있게 발전시키는 비교 연구를 촉진하는 것이 필요하다. 우리의 지역적 이주를 살펴보고 이주자의 순환 흐름을 따라가면서, 국경을 이들 앞에 놓인 한계가 아닌 투쟁과 저항의 공간으로 이해하는 것이 필요하다.[22] 이러한 지역적, 비교적 관점에서 현재 이 지역을 특징짓는 이주의 특수성을 포함해야 한다. 위기의 자리를 떠나 또 다른 위기로 옮겨간다는 것은 무엇을 의미하는가? 이주자와 비이주자가 불안정과 배제를 공유하면 어떤 일이 벌어지는가? 인종 차별주의와 외국인 혐오증은 역사적으로 권력의 식민주의에 의해 영향을 받은 지역에서 어떤 역할을 하는가? 우리 사회처럼 고도로 위계적인 사회에서 어떻게 비합법성의 조건이 다른 배제의 축과 연결된 불평등의 차원으로 바뀌는가? 이 모든 질문은 팬데믹 속 이동 과정을 살펴보면서 생겨나는데, 앞서 언급했듯이 이에 대해 자세히 연구할 필요가 있다.

이은아 옮김

22) Sandro Mezzadra y Brett Neilson: *Border as Method or the Multiplication of Labor*, Duke up, 2013.

격변하는 시대의 학교
: 과학기술, 교수법, 그리고 불평등

이네스 두셀

멕시코 국립폴리텍연구소 수석연구원

원제와 출처: Inés Dussel, "Escuelas en tiempos alterados: Tecnologías, pedagogías y desigualdades", *Nueva Sociedad*, No. 293, mayo–junio de 2021, pp. 130–141.

핵심어: 인터넷 접속, 불평등, 교육, 과학기술, 라틴아메리카

2020년 3월 코로나 팬데믹이 시작된 직후 미국의 저명한 잡지에 실린 글에서 세계적인 전염병의 위기가 온라인 교육의 대규모 실험을 실현하기 위한 기회라고 지적했다.[1] 유명한 교육 역사학자인 그 저자에게 전 세계 상당수 학교의 폐쇄는 가상교육의 장점에 대한 몇 가지 가설을 시험해보고 이를 오프라인 대면 교육의 성과와 비교해볼 수 있는 이례적인 기회로 보였던 것이다. 이러한 예측이 있은 지 1년 이상 지난 지금에 와서, 통제된 실험이라는 아이디어는 2020년에 제공된

1) Jonathan Zimmerman, "Coronavirus and the Great Online-Learning Experiment", *Chronicle of Higher Education*, 10/3/2020.

소박한 교육 이면의 억누를 수 없는 오만으로 비칠 뿐 아니라 개념적, 정치적 몰상식으로 보인다. 예측이 실패했다는 점 이상으로 문제가 되는 것은 마치 교육을 개별적이고 통제 가능한 변수들의 결과물인 것처럼 생각하고, 교육 과학기술을 인간과 기계 사이의 상호작용에 한정된다는 듯이 생각하는 사고방식, 곧 관리하려는 방식의 결함에 있다. 인간과 기계의 상호작용은 한 공간에서 다른 공간으로 이동할 수 있는 것이다. 오히려, 이 팬데믹 시기를 통해 배운 게 있다면 교육은 복합적이고 이질적인 현상이라는 점이다. 그리고 그 안에서 시간과 공간, 신체와 지식의 물적인 조직화가 근본적이다. 아마도 그 어느 때보다 분명해진 사실은 교육 과정에서 공적 인프라 정책, 개인 간의 상호작용, 시간, 다양한 종류의 기기들, 지리적 위치, 정서적 지지, 사용되는 교수법 등이 중요하다는 점이다. 또한 과학기술 구매력이 높은 국가라 하더라도 그 접근성이 모두에게 보장되는 것이 아니라는 점도 생생히 알게 되었다. 그뿐 아니라 세계 대부분의 지역은 '가상교육'이라는 것을 왓츠앱(WhatsApp)이나 페이스북(Facebook) 같은 플랫폼과, 교육용 텔레비전, 교재, 인쇄물 자료 등 훨씬 더 오래된 도구들의 낯선 결합인 '원격 교육'으로 해석했다는 점도 그대로 목격되었다.

한편, 이야기와 상상은 여전히 학교에서 이루어지고 또 기대되는 것 중에서 비중이 매우 크다는 점도 분명해졌다. 거대한 실험이라는 아이디어로 돌아가 생각해보면, 어쩌면 COVID-19 위기의 영향으로 학교 대면 수업을 더 강조하게 되었다는 점도 역설적이다. 대면 교육은 이전부터 포위 공격을 받았으나 그럼에도 불구하고 오늘날 청소년과 성인 모두 재평가하는 시공간으로 등장하고 있다. 팬데믹이 시작될 무렵에는 많은 청소년들이 학교 건물의 폐쇄를 방학이 일찍 시작된 것처럼 여겨 환호했다. 몇 개월 후 선생님들이 보고 싶어 교실로 돌아가게 해달라고 요청하게 될 줄은 생각조차 하지 못했을 것이다. 여전히 예측이 불가능한 점은 2021년 초에 교실 수업이 제공될 새로운 방향이 잡혀있을지 하는 것이다. 교실 수업은 선거 투쟁의 깃발이 되어 있으며, 한때 '전통적인' 학교에 대한 강경한 비판자이자 교육 시스템 디지털화의 옹호론자였던 세계은행과 같은 의심의 여지없는 동맹세력들도 지금은 지지하고 있는 방식이다.[2)]

겨우 몇 년 전까지 상상도 할 수 없던 이토록 복합적이고 낯선 상황들을 어떻게 생각할 것인가? 학교를 둘러싼 이러한 새로운 상황들은 과거의 학교는 무엇이었는지, 그리고 앞으로는 무엇이 될 수 있을지에 대해 어떤 답을 제시하고 있는가? 이 글에서는 아르헨티나와 멕시코 교육 시스템에서 일어난 팬데믹 경험에 대해 특히 불평등, 과학기술, 교수법의 관계에 중점을 두고 몇 가지 성찰을 제시해 보고자 한다. 이들의 관계는 사실 일정 정도는 새로울 것도 없다. 학교는 늘 수업용 도구들 및 과학기술을 인간의 행동과 고유의 방식으로 접합하는 사회기술 환경이었기 때문이다. 칠판, 노트, 연필이든, 건물이든 디지털 기기든 마찬가지다. 예를 들어 창문과 칠판이 딸린 강의실로 구성된 '현대식' 학교 건물은 일정한 형태의 단체 활동이나 말의 집중 및 순환의 구조화를 가능하게 한다. 공간이나 시설이 별로 구분되어 있지 않던 18세기 학교에서는 이러한 구조화가 어려웠다. 이렇게 역사적인 관점에서 생각해보면 팬데믹은 학교를 가정으로, 그리고 컴퓨터 화면으로 옮김으로써 이 사회기술적 환경에 대해 급격한 변화를 의미했다. 그런데 컴퓨터 화면으로의 이동이 전적으로 효과적인 것은 아니었다. 학교가 교사나 학생의 방이나 거실, 심지어 욕실에 느닷없이 배치되기도 한 것은 라틴아메리카의 항구적인 불평등이 관통하는 지점이다. 이는 사유와 규명이 필요한 또 다른 경험의 여지를 남겨주었다. 따라서 팬데믹에서 무언가 교육적 실험이 존재해왔다면 그것은 가상성(virtualidad)의 실험이 아니라 학교 활동을 다른 영토

2) Banco Mundial, "Actuemos ya para proteger el capital humano de nuestros niños. Los costos y la respuesta ante el impacto de la pandemia de covid-19 en el sector educativo de América Latina y el Caribe", Washington, DC, 2021.

들로 옮겨 배치하는 실험으로 여길 수 있다. 그리고 이 영토들은 가상교육의 도구들에 접근성이 있는지 배제되는지 그 이분법 이상의 훨씬 더 이질적인 실험이고, 공공 정책에 더욱 복잡한 도전을 제기하는 실험이라고 할 수 있다.

과학기술 인프라의 불평등

앞에서 언급한 바와 같이 팬데믹 초기에는 디지털화를 통해 효과적이고 접근 가능한 방식으로 가정에서 교육의 연속성이 유지될 수 있다는 믿음이 있었다. 라틴아메리카에서 보편적인 과학기술 설비 프로그램에 10년 이상의 시간이 투자되었기 때문에, 팬데믹이라는 새로운 상황에 맞게 각국이 적절히 대응하리라고 기대하는 것은 당연한 듯했다. 소득 수준이 높은 많은 국가들은 학교 건물의 폐쇄가 디지털 플랫폼으로의 즉각적인 이동, 그리고 그에 따른 교육적 상호작용 데이터의 사유화와 상업화의 문제를 의미하는 것이었다.[3] 그러나 라틴아메리카에서는 그러한 전환이 소수 국가에 그쳤고, 특정 그룹의 우발적인 탈학교화에서부터 왓츠앱이나 SNS의 집중적인 사용을 망라하는 대안들이 시작되었다. 디지털화의 불완전한 접근성을 인식한 대부분의 라틴아메리카 정부들은 디지털 플랫폼, TV 프로그램, 인쇄물 등의 방법을 포함하는 다중 전략을 취하기로 했다.

이렇게 다중적인 전략을 취했음에도 불구하고 2020년 내내 과학기술 인프라는 불충분했고 불평등했으며, 많은 경우 진부했다. 심지어 텔레비전의 경우에도 디지털화된 코드를 받을 수 없었고, 이는 교육의 연속성이라는 계획에 영향을

3) 이러한 나라들은 접근성의 불평등도 존재했다. 특히 도시 빈곤층의 경우 그렇다. 유럽의 경험을 다룬 참고자료들은 다음과 같다. Niels Kerssens y José van Dijck, "The Platformization of Primary Education in The Netherlands", Learning, Media and Technology, 2021; Ben Williamson y Anna Hogan, *Commercialisation and Privatisation in/of Education in the Context of Covid-19, Education International*, Bruselas, 2020.

주었다. 가용한 과학기술 기기의 유형이나 인터넷 연결이 중요한 요소가 되었고, 이 기기들을 수업 활동에 사용할 수 있는지 여부가 매우 불균등한 상황이었다. 디지털 불평등은 전적인 접근이 가능한 사람들과 완전히 배제된 사람들을 따로 배치시키는 식의 선명하고 명확한 분리의 간극이 분명 아니었고, 이는 지금도 마찬가지다. 디지털 불평등이란 오히려 구불구불하고 다층위적인 과정이고 밀도가 매우 큰 지형도로 이루어져 있다.[4)]

팬데믹 시대의 교육 시스템을 다룬 연구들을 살펴보면, 라틴아메리카의 과학기술 인프라의 불평등 지형도에 대해 그 배경을 몇 가지로 규정할 수 있다. 멕시코의 경우 2020년 11~12월 국립통계지리연구소(INEGI, Instituto Nacional de Estad stica y Geografía)가 실시한 설문조사가 이를 매우 잘 보여주고 있다. 설문에서는 학령기 인구 가정에서 과학기술의 가용성에 대해 조사했다. 2020~2021 학년도의 자료를 보면 사용되는 기술 기기의 다양성이 확인된다. 초중등 교육에서는 스마트폰의 우위가 독보적이다. 그리고 교육 레벨이 올라감에 따라 컴퓨터(PC든 노트북이든)의 비중이 증가한다. 초등학생은 6.7%만 주요 수단으로 디지털 TV를 사용하는데, 이는 교육 연속성을 위한 멕시코 정부의 근본적인 전략인 텔레비전으로 방영되는 "집에서 배워요"(Aprende en casa)라는 프로그램이 갖는 한계를 보여주는 점이기도 하다.

이 설문조사에서 보여주는 또 다른 놀라운 정보는 이러한 장치의 소유권과 독점적 사용이다. 즉, 초등학교에 다니는 사람의 74.6%는 다른 가족 구성원과 장치를 공유하는데 이는 학생의 나이를 고려할 때 예상되는 일이다. 그런데 상위 레벨에서는 이런 상황이 역전되어 67.7%의 학생이 기기를 독점적으로 사용한다는 점이다. 팬데믹 때문에 학교 등록을 하지 않기로 결정한 학생(전체 230만 명)

4) Jenna Burrell, *Invisible Users: Youth in the Internet Cafés of Urban Ghana*, The MIT Press, Cambridge, 2012.

중 비중이 제일 큰 그룹은 13세에서 18세 사이의 청소년이다. 이 연령은 대다수 휴대폰으로 수업을 듣는다. PC나 노트북을 사용하는 비율은 중고등학생의 25.5%였고, 중상류층 중고등학생의 경우에는 44%에 이른다.[5] 원격 접속이나 원격 학교 활동의 가능성이 기기의 접근성의 불평등이나, 휴대폰에 대한 큰 의존도에 크게 좌우된다는 것은 의심의 여지가 없다. 휴대폰은 컴퓨터에 비하면 사용의 불평등과 텍스트의 자율적인 생산과 관리 가능성이 적은 기기여서 그렇다.

이 설문조사는 데이터의 가용성에 대해서는 묻고 있지 않다. 그러나 질적 연구에서 보면 데이터 가용성이 다양한 형태의 교육적 연속성에 포함되기 위한 또 하나의 근본적인 제약임을 알 수 있다. 멕시코에서 특히 복잡한 경우는 시골 학교들의 경우다. 이들은 지리적 고립 정도나 사회적 배제의 정도가 다양하기 때문이다. 팬데믹 기간의 교육 경험에 대한 진행 중인 어느 연구를 보면,[6] 시골 고등학교 교장이 학교 인구의 과학기술 인프라를 다음과 같이 설명하는 인터뷰가 있다.

> [이 마을은] 수신되는 TV 신호가 기본적으로 없습니다. 위성 TV로만 접근할 수 있는데 4~5개 가구만 위성 TV가 있지요. 인터넷은 개인이 판매하며, 토큰 형태로

5) INEGI, *Encuesta para la medición del impacto covid-19 en la educación* (Ecovid-Ed) 2020, 〈www.inegi.org.mx/contenidos/investigacion/ecovided/2020/doc/ecovid_ed_2020_presentacion_resultados.pdf〉.

6) 프로젝트 제목은 "Recepción, experiencias y prácticas de la estrategia 'Aprende en casa' en la emergencia covid-19. Un estudio desde la heterogeneidad"로, 로사 마리아 토레스(Rosa María Torres)가 연구책임자이다. 이 연구는 멕시코국립교육대학(Universidad Pedagógica Nacional), 국립폴리텍연구소 산하기관(DIE-CINVESTAV), 멕시코 메트로폴리탄자치대학 소치밀코 캠퍼스(Universidad Autónoma Metropolitana Unidad Xochimilco), 멕시코 FLACSO 등이 함께 한 공동연구 프로젝트이며, 프로젝트의 인터뷰들은 유리 파에스(Yuri Paéz)와 본 연구자가 수행했다.

> 만 살 수 있습니다. (…) 토큰은 시간당 20페소(미화 1달러에 해당함)지요. (…)[7] 인터넷이 들어오고 더 큰 안테나를 설치했더라면면 좋았을 테지요. 위성 인터넷이 있고 토큰값을 낼 수 있는 사람들이 학생들을 위해 두 시간 동안 열어둘 수도 있겠지만 그런 일은 일어나지 않았습니다.[8]

접속을 어렵게 만드는 '유일한' 것이 너무 많은 상황에서 이 학교의 교사들은 학생들을 만날 수 있는 다양한 방법을 모색했다. 어떤 교사들은 2~3주에 한 번씩 마을을 방문하며 인쇄물을 갖다주기도 하는데, 교사가 감염상태일 경우 학교 교직원이나 지역 사회 사이에 큰 여파를 미칠 수도 있다. 또 어떤 교사들은 인터넷 수신이 되는 학생과 일정을 정해 왓츠앱으로 통화를 하지만 가족들이 감당할 높은 비용을 고려해서 짧게 통화를 하게 된다. 이 학교의 한 어머니는 인터뷰에서 딸이 수업을 들을 수 있도록 정부가 "토큰을 나눠달라"고 요청했다. 어떠한 경우든 분명한 사실은 인터넷 연결과 플랫폼의 불안정성이 존재하고, 연결 비용을 교사나 가정에게 전이하고 있다는 점인데, 이로 인해 상황은 이미 매우 악화되고 있다.

접속의 불안정성은 도시 환경에서도 분명히 존재한다. 멕시코시티와 톨루카에서 인터뷰한 교사들은 100% 왓츠앱을 사용하지만, 페이스북, 구글미트(GoogleMeet), 구글클래스룸(GoogleClassroom), 무료 버전의 줌(Zoom), 패들렛(Padlet), 에드모도(Edmodo), 카훗(Kahoot)과 같은 플랫폼도 사용한다고 했다. 이러한 플랫폼의 다양성은 교사가 글자 그대로 학생들을 만나기 위해 이동하는

7) 커뮤니티의 한 교사가 학생 가정의 평균 수입을 계산한 것을 보면 월 소득 3,000페소 (150달러)인데, 이를 하나의 매개변수로 잡을 수 있다. 2021년 3월 12일 멕시코 게레로 주 농촌의 공립 원격중학교 교사의 인터뷰 자료다.

8) 2021년 3월 22일 멕시코 게레로 주 농촌의 공립 원격중학교 교장의 인터뷰 자료.

다양한 지원수단들에서 상호작동을 수행하는 주체가 되어야 함을 의미한다. 예를 들어, 게레로의 시골 중등학교 교사는 왓츠앱에서 매주 15명의 학생들로부터 숙제가 포함된 50~80장의 사진을 받고 컴퓨터에 다운로드하고 정리하고 수정한 다음 교육 업무 수행의 '증거'로 학교장에게 보내야 한다고 말한다. 이러한 플랫폼과 지원매체에서 이루어지는 상호작동성은 아르헨티나 교육부가 학교 관리자를 대상으로 실시한 설문조사 결과에서도 확인할 수 있다. 설문에서는 이 학교들의 절반 이상은 평균 5개의 플랫폼을 이용해 학생들을 만나고 있다. 어떤 학생들은 한 개 소셜네트워크에 접속하고 또 어떤 학생은 세 개에 접속하는가 하면 하나도 접속하지 못하는 학생도 있다. 그런 경우 교사는 승용차나 자전거를 타고, 또는 대중교통을 이용해 찾아가 인쇄물을 교환한다.[9)]

이 모든 경우에 학습 활동의 체계성을 부여하고 다음 과정을 제공하기 위해 모든 기록을 복구하고 재구성하는 작업을 해야 하는 사람도 교사다. 이 작업은 학교 근무 시간을 초과하여 24시에서 7시까지 일하는 방식이 된다. 이는 교사의 휴식이나 한계를 인정하지 않는 연속 업무 시간제라고 할 수 있다.[10)]

다른 한편, 아르헨티나에서 수행된 동일한 연구에서 이러한 이질성이 교수법적 상호작용을 조건화함을 알 수 있다. 설문에 응한 아르헨티나 교사의 대다수는 학생들과의 주요 의사소통 수단이 왓츠앱이라고 말했다. 왓츠앱은 초등학생의 89%, 중고등학생의 75%가 사용하며 이메일도 포함한 수치다. 한편, 초등학교 교사의 27%와 중등학교 교사의 38%는 줌이나 구글미트를 통해 학생들과 동시 접속 수업을 한다고 말한다. 이 플랫폼들의 교수법적 가능성은 무엇인가?

9) Ministerio de Educación de Argentina, Secretaría de Evaluación e Investigación Educativa, "Informe preliminar. Encuesta a docentes. Continuidad pedagógica en el marco del aislamiento por covid-19", 8/2020, 〈www.argentina.gob.ar/sites/default/files/informe_preliminar_encuesta_a_docentes_enpcp.pdf〉.

10) Jonathan Crary, 24/7. *El capitalismo tardío y el fin del sueño*, Paidós, Buenos Aires, 2014.

왓츠앱은 일상적인 연락을 허용하고 오디오 메시지, 문자 메시지, 이미지 메시지 등을 보내는 것도 가능하며, 과제 인쇄본이나 연습용 교재의 사진도 보낼 수 있다. 그러나 교육의 순서를 개발한다거나 그룹 상호활동을 조직하는 데는 적당하지 않다. 이러한 경우에 왓츠앱을 쓰면 시작도 끝도 명확하지 않은 대화가 무질서하고 다중적이며 자유분방하게 일어난다. 그에 반해 줌이나 구글미트와 같은 동시적 회의 플랫폼은 상호작용을 지시할 수 있고 소그룹을 구성하며, 동일한 화면에 콘텐츠를 공유함으로써 동일한 텍스트에 학생들의 주의를 집중시킬 수 있다. 대신 휴대전화에 비해 큰 화면과 광대역 수신이 필요하다. 한편 줌과 같은 플랫폼은 다른 플랫폼에 비해 개인 공간이 더 필요하고 개별적인 학습수행이 더 요구되며, 훨씬 더 많은 데이터가 필요하다.[11)]

아르헨티나에서 수행된 연구를 보면 공립학교와 사립학교, 농촌학교와 도시학교 간에 이러한 다양한 플랫폼과 기기의 사용이 불평등하게 분포되어 있음을 알 수 있다. 동시 회의 플랫폼의 경우 사립 중등학교 교사는 70%가 지원하지만 공립학교에서 일하는 교사는 34%가 사용하며, 그에 비해 농촌 지역의 경우에는 31%로 떨어진다. 초등학교의 경우 격차가 훨씬 더 크다. 사립 초등학교 교사의 72%는 줌, 구글미트 등의 플랫폼 방식으로 회의를 진행하지만 공립학교 교사는 20%, 시골학교 교사는 10%만 이 방식으로 학생들과 만남을 가질 수 있다. 왓츠앱이나 그 밖의 앱 메신저 네트워크는 공립 중등학교 교사의 78%, 시골학교 교사의 96%가 사용하는 반면, 사립 중등학교 교사는 43%만이 자주 사용한다.

이상의 파노라마식 고찰에 따르면, 기존의 불평등이 더 강화될 뿐만 아니라 몇 가지 미래의 흐름을 예측할 수 있게 된다. 데이터에 대한 접근성, 동시 회의에 대한 접근성은 일반적으로 특권층에 제한되며, 이미 주장되기 시작한 대로

11) Geert Lotvink, "The Anatomy of Zoom Fatigue", *Eurozine*, 2/11/2020.

공공 데이터 보급 정책이 없을 경우 이들만 디지털 연결에 지리적으로 통합된다. 그러나 역설이 있다는 점을 주목해야 한다. 제나 버렐(Jenna Burrell)이 '완전히 연결되지는 않은 사용자'라고 부르기도 하는 '보이지 않는 사용자'는 '데이터 정부'(gobierno por los datos) 및 감시 자본주의에 잘 통합되지 않는다는 점에서 이점이 있다.[12] 어떠한 경우든 통합은 이분법적 대립의 긍정적인 측면이 아니라 복잡한 권력 네트워크에 가입하는 것이다.

불평등이 드러나는 방식과 관련하여 짚어볼 만한 또 다른 측면은 일부 정책에서 예상되는 것처럼 디지털 장치에 대한 접근성이 충분하지 않고, 오히려 사용 조건(독점인지 공유인지)과 활용 가능성을 고려해야 한다는 점이다. 예를 들어 문서 텍스트나 시청각 텍스트의 제작과 처리를 위한 가능성을 들 수 있다. 과학기술과 교수법 간의 이러한 결합은 사회경제적으로 가장 배제된 계층의 경우 학습 활동으로 제시되는 다양한 수준의 콘텐츠에 접근하고, 이를 왓츠앱이나 인쇄물 방식을 통해 전송하는 것을 '원격 교육'으로 이해한다는 점을 내포하고 있다. 이들은 동시 회의에 참가하여 주어진 시간 안에 이루어지는 그룹 대화를 함께할 가능성이 거의 없다. 이러한 상황을 고려할 때, 대면 교육에 대한 열망이 있는 것은 놀라운 일이 아니다. 물리적 공간의 부재는 교실이 많은 결핍과 어려움을 갖고 있다 하더라도, 엄청나게 불평등한 과학기술 인프라가 유발하는 것에 비하면 더 평등한 조건에서 교육적 만남을 조직해왔다. 과학기술 인프라를 통해서는 시간적 공간적 범위를 넘어서는 작업이 연속적으로 가능하지만, 교사와 가정이 대단히 이질적인 지형도 안에서 상호접속하고 학습을 운영하는 비용을 떠안아야 한다.

12) 각주 4)에서 인용한 버렐의 책 외에 이 주제를 다룬 참고자료로 에브게니 모로조프의 뛰어난 연구를 참조할 수 있다. Evgeny Morozov, "Capitalism's New Clothes", *The Baffler*, 4/2/2019.

팬데믹 시대의 교수법[13]: 자율성의 여지

서두에 지적했듯이 학교 건물이 폐쇄되자 새로운 교육 형태를 시도하고 연습 활동의 레퍼토리를 확장하고 발명할 수밖에 없었다. 기존의 경험에서는 의지할 수 있는 방식이 없었기 때문이다. 이는 네 벽이 없는 학교란 무엇인지, 교실에 앉아 있는 시간으로 측정되지 않는 학교란 무엇인지 증명하는 것이었다. 자율성을 장려하고 활용하는 다양한 방법이 실험되었고, 디지털화의 효과와 범위가 논의되었다. 이는 앞 장에서 언급한 대로 이질성 그 자체였다. 멕시코시티의 한 교사는 인터넷에서 검색한 아르헨티나의 독서 장려 프로그램으로 수업을 진행했다. 게레로 주의 어느 교사는 미초아칸 주의 프로그램을 사용했다. 이 경우 과학기술 인프라 덕분에 다른 교육 시스템들과의 연계가 가능했고, 활동의 여지나 연합 프로그램, 교육 전략 등에서도 확장을 시도할 수가 있었다.

아마도 가장 흥미로운 시도는 팬데믹의 특수 조건으로 인해 학교가 성적평가를 하지 않고 자동으로 학년이 올라가고, '팬데믹 시기의 학습 손실'이라고 부르는 것에 대해 나중에 보충하는 전략을 설계하기로 결정한 상태에서 어떤 일이 발생하는지 조사하는 것이었다. 아마도 학교의 평가 패러다임이 철회되면 무엇을 배웠는지, 어떤 새로운 지식이나 연습 활동이 있었는지 살펴볼 가능성은 차단될 것이다. 특별한 상황으로 인해 성적평가를 하지 말라는 요구에 직면하여 많은 교사들은 여러 다른 형태의 성취 기록방식을 개발했고, 이메일이나 가상수업을 통해 과제를 검토하는 식의 더 원활한 의사소통을 도모했으며, 학생 스스로 평가를 해보게 하는 자가 진단평가나 가족과 함께해보는 평가 등의 방식을

13) Ben Williamson, Rebecca Eynon y John Potter, "Pandemic Politics, Pedagogies and Practices: Digital Technologies and Distance Education during the Coronavirus Emergency", *Learning, Media and Technology*, Vol. 45 No 2, 2020.

사용하기도 했다. 특히 초등학교 수준에서는 자가진단이나 가족과 함께하는 평가 방식을 활용했는데, 이 경우 부모의 참여가 중요했다.

일반적으로 말하자면, 무엇보다도 더 지역적이고 임시적이며 즉흥적인 '처리방식'이 있었다고 할 수 있다. 이는 평소보다 훨씬 더 융통성이 요구되었고, 가족들과의 유대관계도 더 필요했다. 멕시코시티의 어느 초등학교 5학년 교사는 이렇게 말한다.

> 한 번도 줌에 들어온 적이 없는 아이가 있는데, 그의 어머니는 다음과 같이 설명하더군요. 제가 회사에 가지고 다니는 기기 한 대밖에 없습니다. 선생님께서 활동 과제를 보내주시면 일주일마다 제출할게요 (...) 첫 학기에는 단 한 번도 제출하지 않았고, 이번 2학기에는 이제 아이의 참여가 더 많아졌지요. 그런데, 아무튼 좋습니다, 제출하는 과제도 있고 제출하지 않는 과제도 있으니 참여가 좋아진 거지요. 그러나 이런 상황은 아이의 현실 환경 때문이었지요. 엄마는 그냥 엄마일 뿐이거든요.[14)]

이러한 지역적 배치는 사회경제적 문제뿐만 아니라 교육 주체가 취할 수 있는 자율성의 여지에 있어서 다양한 형태의 불평등이 존재함을 드러낸다. 이는 학교 시스템 내의 교육 전통이나 정치적 관계, 특히 학교의 다소 위계적인 관계 및 확립된 통제 형태와 관련이 있다.

교수법적 전통의 측면에서 보면, 초기의 시도는 이미 수행되고 있던 흔적을 따른 것이었지만 몇 가지 새로운 점이 나타나기 시작했다. 팬데믹의 처음 몇 달

14) 2021년 3월 26일 실시한 멕시코시티의 공립 초등학교 5학년 담임교사의 인터뷰.

은 숙제를 많이 내주는 사람이 좋은 교사라는 확신에 기초하여 과제 제출에 시간을 쓰던 시기였다.[15] 그러나 곧 팬데믹 상황은 감정과 정서적 표현이 가능하도록 개인적인 글쓰기를 도입하게 만들었다. 멕시코에서는 학생들이 교사에게 편지를 쓰고, 교사들은 비교과 지식이지만 학생들의 삶에서 소중한 지식에 주의를 기울이도록 하는 교육 방식이 시작되었다. 예를 들어 게레로 주의 한 교사는 다음과 같은 경험을 말해주었다.

> 나는 아이들이 수업에서 뭘 배우는지 그 과제 활동을 할 거라고 생각했지요. 예를 들어 펩시콜라, 콜라를 많이 마시죠. 그래서 일주일 동안 청량음료나 가당 주스를 마시지 말라고 제안했어요. 물을 마실 것과 마시는 물이 몇 잔인지 세어 보는 활동을 부과했지요. 또 다른 과제는 관찰 활동입니다. 건강하거나 아픈 사람을 보면 그림으로 그려보고, 관찰하고, 코멘트를 다는 거지요. 또 자신이 가진 신체에 대해서, 키우는 동물이나 식물에 대해 관찰하는 활동도 부과합니다. (...) 아이들이 보내온 편지에서는 밭을 갈러 갔다는 등의 이야기도 합니다. "나는 가축을 몰아 풀을 뜯게 하러 데려갔습니다". 여자들은 이런 이야기를 하지요. "나는 일찍 일어나 난로에 불을 켜고, 커피를 만들고, 가족들과 밥을 먹었어요. 청소를 하고, 과제를 하고, 다시 맷돌을 돌려 토르티야를 만들었습니다." 오후가 되면 그들은 자리를 잡고 앉아 커피를 마십니다. 그들은 가족의 유대를 더 중요하게 보지요.[16]

멕시코에서는 지역적인 지식과 관행이 더 많이 도입되었다면, 아르헨티나에서는 그림, 만화, 사진 같은 다양한 자원을 활용한 팬데딕 일기 쓰기 활동이 장려

15) Patrick Rayou (dir.), *Faire ses devoirs: enjeux cognitifs et sociaux d'une pratique ordinaire,* Presses Universitaires de Rennes, Rennes, 2010.

16) 2021년 3월 12일 실시한 게레로 주 농촌 공립 원격중학교 교사의 인터뷰.

되었다. 부에노스아이레스시 변두리 지역에 있는 공립 중등학교의 교육 고문은 세 명의 문학예술 담당 교사가 개발한 경험을 설명했다. 이들은 4학년 학생들에게 전염병에 대한 일기를 쓰자고 제안했다. 교사들은 교실에 답장을 게시했고 그러자 학생들의 글이 속속 도착했다. 매우 사적인 내용의 과제 활동에 대해 어떻게 피드백을 해줄지가 문제였다. 교사들은 공동 교육을 해본 것이 처음이었는데, 청소년들이 학교와 더 잘 연결될 수 있도록 유대관계에 집중하는 것이 매우 좋다는 사실을 깨달았다. 교사들이 답장을 쓰는 데 하루 이상 걸리지 않음에도 불구하고, 학생들은 자기 일기를 받았다는 선생님의 확인 답이 없으면 불안해하는 것이 관찰되었다. 교사들은 불안정한 균형 상태에서 일을 해야 했고, 따라서 다른 때보다 더 관심을 기울이고 집중이 필요했다.

새로운 형태를 시도하고 교육 시스템 내에서 다양한 정치적 관계를 촉진하기 위한 자율성의 여지와 관련하여 아르헨티나와 멕시코의 경험은 서로 다른 길을 가고 있는 것 같다. 부에노스아이레스시의 한 교사는 최근 인터뷰에서 이미 하이브리드 교육 상황에 있고 출석 수업은 간헐적이라고 말했다. "우리는 종이 없는 교육을 계획하고 있습니다." "종이 없는"(sin papeles)은 통제가 매우 어려운 상황에서 교육 계획의 형식에 제약을 없앤다는 의미이기도 하고, 즉석에서 만든 기준과 결정들을 말로 표현하는 데 어려움이 있음을 보여주는 것이기도 하다.

아르헨티나에서는 국가 규제가 약하고 당국에 대한 두려움이 권위주의적인 것으로 간주되지만 멕시코 학교의 경우 상황이 다르고 자율성의 관행은 잘 확립된 관료적 형태에서 구체적인 한계를 찾는다. 엔리케 페냐 니에토 정부에서 교사의 직무에 대한 국가의 의심 관계는 2013년부터 교사 평가가 설치된 이후 임계점에 도달했지만, 현 정부에 와서는 법안 폐지에도 불구하고 여전히 의구심이 유지되고 있다.

따라서 많은 멕시코 교사들은 당국에 의해 교사 평가의 시대에 행해진 것처럼 자신의 교육 업무의 샘플로 학생들의 학습 활동에 대한 '증거'를 수합하도록 강요받고 있다. 이 증거들로는 교육 수행 사진들이 있는데, 학생 수와 활동 개수가 많으니 사진 숫자가 몇 배로 많아져 비대한 관료적 파일이 되었다. 이러한 일은 교사가 해당 업무들을 수행했음을 보겠다는 교사의 기록 외에는 다른 목적이 없다고 의심된다. 동시에, 학생들의 학습 과정과 '증거'의 관계는 약하고 문제를 삼는 경우는 거의 없다. 학생과 교사의 관계를 위해서든 교사와 당국의 관계를 위해서든 중요한 것은 무엇을 했고 어떤 부분이 더 개선될 수 있는지 피드백을 의미하는 교육적 작업 과정을 기록하지 않은 채, 학생들에게 과제를 보내고 수행하게 하는 것이다. 더 나쁜 상황은 '증거'가 교사와 학생 또는 학부모의 관계에서 마치 교환 화폐처럼 통용된다는 점이다. 증거가 될 과제를 제출하지 않았다는 이유로 부모에게 불평하거나 부모에 대해 불평하는 교사의 소리를 듣는 것도 흔한 일이고, 자신의 일을 정당화하려는 일만 신경 쓰는 '게으름뱅이'라고 교사에 대해 불평하는 부모의 말을 듣는 것도 흔한 일이다.

이러한 방식은 학교장과 교사의 관계에서도 재생산된다. 팬데믹 상황에서 직접 만나는 것이 어려운 상황에서 왓츠앱이나 그 외 소셜네트워크를 통해 업무를 하는 커뮤니케이션 시스템이 구축되었다. 얼마나 일을 하며 어떻게 하고 있는지에 대한 불신은 또 다른 서식의 '상황 보고서' 제출 의무로 이어졌다. 이 보고서는 근무 시간에 교사의 의사소통이 없을 때마다 학교장이 해당 서식을 업로드할 수 있다.

이러한 팬데믹 시기의 교수법들에는 모순적인 요소들이 보인다. 새로운 교수법을 만들어낼 가능성은 그 정도 차이가 서로 너무 컸다. 이미 기존에 쓰던 수단이나 자원에 따라 달라지기도 했고, 각 교육 시스템에서 사용할 수 있는 권한이나 의지에 따라 달라지기도 했다. 사회 공학적인 상황은 특정한 교차방식이나 개방, 접합은 가능하게 하면서 또 다른 방식들은 제한하기도 했고, 어떤 경우에는 최고 수준의 저장기록을 위해 관료주의적 열성이 확장되기도 했다. 논쟁의 여지가 없어 보이는 것은 팬데믹은 입장을 변경하고 정확성이라는 것을 재검토해야 하는 시대라는 점이다. 불평등이 더욱 명백해지고 문제 상황으로 출현하며, 이러한 새로운 도전에 비추어 교수법을 수정해야 하는 시기였다.

팬데믹이 지나가면 이 모든 것 중 무엇이 남을까? 이미 초기 예측이 완전히 실패한 것으로 확인되었으므로 이러한 경험을 반복해서는 안 된다. 그러나 역사를 살펴보면 이 에피소드를 장기적인 차원에서 볼 수 있게 해주는 몇 가지 시각들을 얻을 수 있다. 역사가 엠마누엘 생 퓌시앙(Emmanuel Saint–Fuscien)에 따르면, 1차 세계 대전이 끝날 무렵의 프랑스 교육 시스템에서는 전쟁 당시에 있었던 많은 변화(관리직에 더 많은 여성이 자리 잡은 일, 학교 공동체에 더 많은 자율성과 단체 활동이 보장된 일, 새로운 커리큘럼 내용에 대한 개방)는 더 이상 유지될 수 없었다. 그러나 어떤 변화들은 유지되었다. 가령 1919년에는 남녀 교사의 급여가 동일해졌고, 1921년에는 '새로운 학교를 위한 국제연맹'(Liga Internacional para la Escuela Nueva)이 창설되었으며, 1923년에는 초등학교 계획안에 어린이 자치제가 도입되었고, 나아가 통합 중등학교라는 개념이 도입되었다. "남자들이 같은 참호에서 싸웠다면 아이들은 같은 학교 벤치에 앉아야 했다".[17] 허약하고 취약한 상황을 겪은 경험, 더 나은 공공 기반 시설의 필요성을 경험한 일, 불평등의 영향에 대해 우려한 경험, 일시적이기는 하지만 이동성 학교를 시험해 본 경험, 그리고 보다 참여적이고 지적인 도전의 교육 방식에 대한 관료적 통제와 규정 준수에 대한 우려의 경험에 이르기까지 이 많은 경험들이 지속적인 흔적을 남기게 될지는 알 수 없다. 지금으로서는 이를 알 수 없지만 공공 정책, 연구 작업, 교원 연수 등을 통해 시도를 할 수는 있다. 그리고 이러한

17) Annie Tobaty, "L'école face à l'épreuve: quelle histoire?", entrevista a Emmanuel Saint–Fuscien en Administration et Éducation No. 169, 2021, p. 20.

시도들 가운데 라틴아메리카의 학교들을 위한 구체적인 가능성을 명확히 찾아 낼 수 있게 될 터이다.

조영실 옮김

팬데믹, 젠더 평등을 위한 교차점

콘스탄사 타부시

유엔여성(UN Women) 연구원
아르헨티나 국립과학기술연구소(CONICET) 및 부에노스아이레스대학 겸임 연구원

원제와 출처: Constanza Tabbush, "La pandemia, una encrucijada para la igualdad de género", *Nueva Sociedad*, No. 293, mayo–junio de 2021, pp. 93–105.

핵심어: 불평등, 여성, 팬데믹, 라틴아메리카

역사적으로 남성과 여성의 기회와 권리에 있어서의 간극을 해소하는 일은 장기간에 걸친 험난한 과제였다. 코로나가 세상을 강타하기 전 25년 간, 여성운동에 힘입어 이 과제를 달성하기 위한 중요한 성과들을 거두었고, 그 결과 오늘날 여자 아이들의 삶과 기대는 여러 의미에서 그들의 어머니나 할머니들에 비해 보다 개선되었다. 전 세계적으로 여성과 여아들의 보건 상태와 교육 수준 지표에서는 최근 수십 년 간 중대한 성과가 나타났다. 라틴아메리카는 시급한 대응이 요구되는 극심한 사회적 불평등에 시달리고 있지만, 그럼에도 1990년대 중반부터 여성의 경제적 자립도는 강화되었다. 또한 젠더폭력을 예방하고 척결하기

위한 법률 제정에도 지속적인 성과가 있었으며, 국회 여성 의원들의 비중도 두 배로 늘어났다. 그럼에도 2020년 세계 여성의 날에서 3일이 경과한 3월 11일 세계보건기구(WHO)가 선언한 팬데믹은 이런 성과를 퇴보시킬 수 있는 분기점이 되었다.

무엇보다도 전 세계적으로 3백만 명 이상의 생명을 앗아갔고, 그 과정에 경제를 악화시켰던 위생학적 위기가 여성들에게 상당히 부정적인 영향을 미쳐왔으며, 기존의 젠더 불평등을 심화시켰다. 일반적으로 남성들은 여성들보다 코로나 감염으로 인한 입원율과 치명률에 있어 더 높은 비율을 보여 왔다. 하지만 여성들은 시장과 가정에서 상대적으로 불리한 처지에 놓여있기 때문에 코로나로 인한 경제적, 사회적 여파에 더욱 시달려왔다. 전 세계에서 일차적인 보건 방역 부문에 투입된 인력의 70%는 여성이다. 전 지구적 남부의 수많은 국가들에서 공식부분에 비해 비공식 경제(수많은 여성들이 종사하는)는 지원과 관심이 상대적으로 부족한 실정이다. 여성들은 팬데믹 이전에도 남성들에 비해 세 배의 시간을 무임금 가사 노동과 돌봄 노동에 쓰고 있었으며, 학교 폐쇄와 보건서비스의 포화는 코로나로 영향을 받은 가족 돌봄과 아동 양육의 주책임자인 여성들에게 특히 심각한 영향을 끼쳤다. 다른 한 편으로는 사회적 거리두기 조치로 젠더에 기반을 둔 폭력의 위험이 명백하게 증가했고, 그 결과 수많은 여성들은 폭력의 가해자들과 한 집에 갇혀 지내야 했다.[1)]

단기적인 영향을 넘어서 보다 근본적이고 장기적으로 이러한 교차점이 젠더 평등의 향후 전개와 요구에 어떠한 변화를 가져올 것인지는 더 불확실하다. 여러 질문들 가운데 일부를 들자면, 궁극적으로 팬데믹은 이미 오래 전부터 수많

1) ONU Mujeres: 《From Insights to Action: Gender Equality in the Wake of covid-19》, 2020, disponible en 〈www.unwomen.org/en/digital-library/publications/2020/09/gender-equality-in-the-wake-of-covid-19〉.

은 페미니스트 경제학자들이 주장해왔듯이 돌봄 경제의 중요성을 인식하고, 재난 극복의 공공 정책에서 이를 중점과제로 설정하는 계기가 될 것인가? 여성의 경제적 자유를 우선시하는 보다 단결된 사회 건설을 위해 공공 서비스와 보편적 사회 보호의 필요성에 대한 경각심을 높이는데 기여하게 될 것인가? 정치적 혁신과 상상력의 원천으로서 페미니스트 운동의 중요성을 부각시키게 될 것인가? 던컨 그린(Duncan Green)은 최근의 역사가 모순된 경로를 거쳐 왔다고 주장하는데, 예를 들어 1차 세계대전은 유럽에서 여성 해방의 확대로 이어진 반면에 2차 세계대전 종전은 여성들이 다시 일터에서 밀려나서 시민이자 가정주부로서의 전통적 역할로 회귀하게 되는 결과로 이어졌다는 것이다. 게다가 2차 세계대전 종전 이후 대폭적인 군비 감축과 복지국가 등장이 잇따랐다.[2] 그렇다면 이번의 위기는 어떤 경로를 향할 것인가?

기존 결함의 증폭기로서의 위기인가 아니면 구조적 변화의 기회로서의 위기인가?

발생 1년이 경과한 시점에 팬데믹은 가정 내 남성과 여성 간의 불균등한 노동 분업을 증폭시키고, 노동시장에서 여성의 입지를 더욱 위태롭게 만들었다. 이는 여성들의 경제적 자율성에 상당한 훼손을 의미했다. 특히 여성들의 몫이 된 돌봄 노동의 너무도 과중한 무게 때문에 가장 비관적인 시각에서는 팬데믹이 "페미니즘에 진정한 재앙"[3]이 되었다는 주장도 터져 나왔다. 그렇지만 모든 여성들이 똑같은 강도의 부담에 시달리고 있는 것은 아니다.

2) D. Green: 《COVID-19 as a Critical Juncture and the Implications for Advocacy》 en Global Policy Journal, 23/4/2020.

3) Helen Lewis: 《The Coronavirus Is a Disaster for Feminism》 en The Atlantic, 19/3/2020.

여성들은 남성들보다 빠른 속도로 유급 노동 종사 시간이 줄어들고 있으며, 일자리를 잃고 있다. 이는 위기 전에도 이미 취약했던 여성들의 경제적 안전에 부정적인 영향을 끼치고 있다. 세계의 55개 중·저소득 국가들에서 25세 이상의 2,940만 명 여성들이 팬데믹 초기 단계에 직장을 잃었다.[4] 라틴아메리카에서 지난 1년 간 발생한 실직은 사회안전망에서 배제된 비공식 노동과 상업, 제조업, 관광산업, 가사도우미업종에 집중되어 있는데, 바로 여성들과 특히 그 중에서도 젊은 층이 과다 분포되어 있는 업종들이다.[5] 이런 정황은 남성 대비 여성들의 높은 실업률로 이어졌다. 게다가 유급 가사노동에 종사하는 여성들의 노동환경도 현저히 악화되었는데, 이들 가운데 76%는 선제적 지원의 대상이 아니다.[6]

이런 위기가 여성들의 소득에 미친 영향이 심각하고 장기적일 것이라는 점은 충분히 예상이 가능하다. 예를 들어 지난 위기들을 겪은 후 여성들의 고용과 소득이 회복되기까지는 남성들의 경우보다 훨씬 오랜 시간이 소요됐다. 유엔여성의 전망에 따르면 팬데믹의 결과로 빈곤이 상당히 증가할 뿐만 아니라 젠더격차도 심화될 것으로 우려된다. 보다 구체적으로 유엔여성의 예측에 따르면, 2021년 전 세계에서 4억 3,500만 명의 여성과 여아들이 하루 1.9달러 미만으로 생활하게 될 것으로 보이며, 팬데믹의 결과로 4,700만 명이 빈곤층으로 추락했고 이 가운데 310만 명은 라틴아메리카에 거주하고 있다.[7]

코로나가 여성의 경제적 자율성에 미친 영향의 심각성은 팬데믹으로 상당수

4) ONU Mujeres: 《Fallout of COVID-19: Working Moms are Being Squeezed Out of the Labour Force》, 2020, disponible en 〈https://data.unwomen.org/features/fallout-covid-19-working-moms-are-being-squeezed-out-labour-force〉.

5) Comisión Económica para América Latina y el Caribe (Cepal): Panorama social de América Latina 2020, lc/pub.2021/2-P/Rev.1, Naciones Unidas, Santiago de Chile, 2020.

6) Ibid.

7) ONU Mujeres: 《COVID-19 Is Driving Women and Girls Deeper into Poverty》, 2020, disponible en 〈https://data.unwomen.org/features/covid-19-driving-women-and-girls-deeper-poverty〉.

의 여성들이 노동시장에서 퇴출되었다는 사실과 일정 부분 연관이 있는데, 남성들의 경우 이 현상은 여성들만큼 현저하게 나타나지 않았다. 최근 30년 간 역내 여성들의 노동시장 참여는 급격히 증가했는데, 1998년부터 2018년까지 생산연령(25세~54세) 여성들 가운데 취업자 비율은 56.9%에서 66.8%로 증가했다.[8] 하지만 팬데믹의 영향은 그 전에도 이미 불완전하고 불균등했던 여성들의 노동시장 참여에 적어도 10년의 후퇴를 의미할 수 있을 것이다.[9]

노동시장에서 상당수 여성들의 퇴출은 가정 내부와 돌봄의 사회조직에서 젠더 역할과 분명 긴밀히 연관되어 있다. 팬데믹 확산이 초래한 의료체계 포화, 새로운 예방수칙, 학교와 어린이집 대면수업 중단 등은 가정 내 돌봄과 가사노동 수요 증가로 이어졌고, 그 부담은 과도하게 여성에게 지어졌다. 남성 대비 훨씬 많은 비중의 여성들이 청소, 요리, 돌봄, 학교 및 기타 돌봄 기관들의 봉쇄에 대한 대응책으로서 자녀의 재택 학습 보조에 할애하는 시간이 증가했다고 답변했다. 반면 유급 가사 도우미나 조부모, 삼촌이나 이모 등 비동거 가족들의 도움 등 다른 선택의 여지는 거의 없었다.[10]

이 같은 상황은 특히 자녀를 둔 여성들의 경우에는 유급 노동에서 퇴출되는 결과로 이어진다. 예를 들어 라틴아메리카에서 6세 미만 자녀들을 둔 여성들이 노동시장 참여에서 가장 급격한 감소율을 보인다는 사실은 우연이 아니다. 그리고

8) ONU, Consejo Económico y Social: 《Examen y evaluación de la aplicación de la Declaración y Plataforma de Acción de Beijing y de los resultados del vigésimo tercer periodo extraordinario de sesiones de la Asamblea General. Informe del Secretario General》, e/cn.6/2020/3, 13/12/2019, disponible en 〈https://undocs.org/es/e/cn.6/2020/3〉.

9) Cepal: Panorama social de América Latina 2020, cit.; Fernando Filgueira y Juliana Martínez Franzoni: 《Growth to Limits of Female Labor Participation in Latin America's Unequal Care Regime》 en Social Politics vol. 26 No 2, 2019.

10) ONU Mujeres: 《Whose Time to Care: Unpaid Care and Domestic Work during covid-19》, 25/11/2020, disponible en 〈https://data.unwomen.org/publications/whose-time-care-unpaid-care-and-domestic-work-during-covid-19〉.

이런 상황은 취약한 가정일수록 더욱 심각하다. 이미 2019년 소득 1분위 가구의 경우, 20세~59세 연령대 여성들 가운데 세 명 중 한 명은 가족에 대한 책임을 다하기 위해 노동시장을 떠나 있었다.[11)]

실제로 위기에 직면해 여성들 내부의 불평등 역시 확대되고 있다. 특히 라틴아메리카처럼 계층화된 지역에서는 팬데믹 전부터 사회경제적으로 상이한 집단에 속한 여성들은 서로 매우 다른 노동시장과 가정의 현실에 속해 있었으며, 돌봄 수요의 증가와 경제 침체는 이를 더욱 부추길 뿐이었다.[12)] 사실 팬데믹 전에 가족의 의무를 충족시키면서도 소득을 창출하는 다양한 방법들의 결과로 여성의 경제적 역량강화는 다음과 같이 세 가지 상이한 유형으로 전개되었고, 각각의 유형들은 사회경제적 수준에 따라 여성들의 출산, 노동시장 참여, 무보수 돌봄노동 할애 시간에 얼마나 큰 간극이 존재하는가를 드러낸다. 첫 번째 유형은 고소득 여성들에 해당하는데, 이들은 자신들의 교육적 자산을 활용해 노동시장에서 보다 좋은 기회를 잡을 수 있는 여건이 되지만 '유리천장'으로 한계를 경험하고, 결국 가정 내 돌봄 노동으로 재분배 하지 못한 경우이다. 두 번째 유형은 '부서진 계단'에 해당하는데, 중저소득 가정의 여성들의 상황과 관련이 있다. 이 여성들은 일정 수준의 교육을 받고 노동시장에 진출하지만, 대부분 위태로운 고용조건이나 저급한 일자리 그리고 낮은 사회적 이동성에 시달린다. 종종 이 여성들은 이용이 가능하고 신뢰할 수 있는 돌봄 서비스가 부족하기 때문에 더 저급한 일자리나 비공식 노동을 선택해야 하며, 일부는 그 대안으로 딸이나 조모 등 가족의 도움에 의존한다. 세 번째 '끈적한 바닥' 유형은 가장 낮은 소득과

11) Cepal: Panorama social de América Latina 2020, cit.

12) Cepal: Cuidados y mujeres en tiempos de covid-19. La experiencia en la Argentina, documento de proyecto, lc/bue/ts.2020/3, Naciones Unidas, Santiago de Chile, 2020.

낮은 교육 수준의 여성들에 해당하는데, 이들은 가족에 대한 의무와 이른 나이의 결혼과 출산으로 노동 시장 진입에 가장 큰 어려움을 겪는다.[13)]

팬데믹의 영향과 이와 결부된 사회경제적 위기는 이 세 유형들에서 동질적으로 나타나지 않는다. 각 유형의 여성들은 사회적 거리두기 조치의 산물인 돌봄 노동 수요 증가 그리고 경제 침체가 가족과 경제적 안전에 미치는 부정적 여파에 대응하기 위해 서로 다른 전략들을 수립한다. 앞으로 살펴볼 것처럼 자원이 부족한 여성들일수록 더욱 부정적이고 지속적인 영향에 노출되게 되리라고 예측할 수 있다.

경제적 자율성에 미치는 영향 이외에도 코로나 팬데믹은 우리 사회에서 돌봄 노동(유급이든 무급이든)이 갖는 절대적 중심성을 드러내고, 그 정치화와 가치 산출의 기회를 제시한다. 갑작스럽게 우리 사회는 환자 간병, 아동과 고령층과 장애인에 대한 돌봄을 '본질적' 노동으로 간주하기 시작했다. 오랜 동안 이런 종류의 일들은 시장에서 저평가 받고, 부족한 정부 보조금에 시달려왔다.[14)] 수많은 페미니스트 경제학자들은 이런 인식에서 힘겨운 여정의 끝을 밝히는 한 줄기 빛을 보려 하는데, 부의 축적과 경제 성장 보다는 국민에게 복지와 돌봄을 제공하고 환경지속성에 주안점을 두는 방식으로 경제모델을 재고하는 계기로서 비극이 기회가 될 수 있다는 설명이다.[15)] 시민사회를 중심으로 팬데믹에 맞서 페미니스트 운동, 여성 운동, 토지기반 조직들의 강력하고 조직화된 대응은 구조적

13) ONU Mujeres: 《El progreso de las mujeres en América Latina y el Caribe 2017. Transformar las economías para realizar los derechos》, Panamá, 2017.

14) Mariana Mazzucato: 《Re-Empowering Governments for Green, Equitable and Resilient Development》 en Comité de Políticas de Desarrollo: Development Policy and Multilateralism After COVID, Naciones Unidas, 2020, disponible en 〈www.un-ilibrary.org/content/books/9789210051828c005〉.

15) ONU Mujeres: 《Beyond COVID-19: The Feminist Plan for Sustainability and Social Justice》, 2021, disponible en 〈www.unwomen.org/en/digital-library/publications/2021/06/feminist-plan〉.

변화를 추동하기 위한 기회로서 현 위기를 보는 시각에 설득력을 부여한다.[16] 지방, 지역, 국제적 단위의 캠페인, 청원, 시위들의 요구 사항들은 인프라와 양질의 서비스에 대한 접근성 개선, 증가하는 젠더 폭력 방지를 위한 대책 마련에서부터 전 지구적 남반구 국가들을 위한 즉각적인 백신 보급과 국제적 재정 지원 확대들에 이른다. 또한 이들은 국제기구, 정부와 유관 기관들에게 여성들이 직면한 도전들에 대한 답변을 제시하도록 압력을 가하고 있다.[17]

페미니스트 요구에서 정부의 응답까지

그렇다면 돌봄을 '본질적' 노동으로 인정하라는 페미니스트들의 주장은 팬데믹에 대한 정부의 대응에 반영되었는가? 안타깝게도 위기를 변화의 기회로 보는 기대 섞인 가정은 비록 긍정적인 일부 사례들에도 불구하고 아직은 라틴아메리카나 다른 지역 정부들의 응답에 의미있게 반영되지는 않은 듯하다.

유엔여성과 유엔개발계획(UNDP)은 전 세계 각국이 경제, 고용과 사회보호 부문에서 팬데믹에 대응하기 위해 취한 조치들을 2020년 9월부터 조사해왔는데, 이를 참고로 앞서 제시한 질문과 관련된 다음의 두 가지 사항을 분석할 수 있다. 먼저 각 정부의 정책들에 여성의 경제적 불안 감소가 얼마나 중요한 목표로 설정되어 있는가의 문제이다(예를 들어. 여성들에 대한 보조금 지급이나 경제에서 여성화된 부문에 대한 지원 등과 관련 있다). 다음으로는 무급 돌봄에 어떠한 지원 조치들이 취해졌는가의 문제이다(예를 들어, 가족 책임 노동에 종사

16) C. Tabbush y Elisabeth Jay Friedman: 《Feminist Activism Confronts COVID-19》 en Feminist Studies vol. 46 No 3, 2021.

17) ONU Mujeres: 《COVID-19 and Women's Rights Organizations: Bridging Response Gaps and Demanding a More Just Future》, Policy Brief No 20, 2021, disponible en 〈www.unwomen.org/en/digital-library/publications/2021/03/policy-brief-covid-19-and-womens-rights-organizations〉.

하는 노동자들에게 휴가를 허용하거나, 봉쇄 기간 유아 돌봄 서비스를 지속적으로 제공했는가의 방식을 살펴볼 수 있다).[18] 결과는 우려할 만하며, 특히 무급 돌봄과 관련해서 더욱 그렇다.

전 세계에서 44개의 라틴아메리카 조사 대상 국가들에서는 사회보호와 고용 부문 396개 조치들 가운데 약 20.5%가 여성의 경제적 안전을 지원하는 목적을 가지고 있었다. 이는 분명히 충분하지 않은 수치이지만 그럼에도 세계 평균 13%보다는 높은 수준을 보이며, 다른 지역 대다수에 비해 이 주제에서 라틴아메리카는 보다 향상된 성과를 나타내고 있다는 의미이다. 이 결과는 결코 우연의 일치가 아니다. 이보다는 지난 20년 간 사회보호 체계 강화를 위해 지역 전반에서 기울여온 노력에 바탕을 두고 있다고 봐야 한다. 하지만 이런 조치들의 상당수는 사회보장보다는 혜택이 훨씬 적은 사회적 지원에 치중하고 있음을 지적할 필요가 있다. 지역에서 보다 일반적인 조치는 현금이전사업이나 식량보급사업의 확대나 신규 시행이라는 방식으로 추진되었다(21개국에서 41개 조치가 이에 해당한다). 팬데믹 전부터 이런 사업에 이미 자금을 투입하고 있던 국가들의 경우에는 상대적으로 보다 신속하게 취약계층에게 지원을 확대할 수 있었다. 예를 들어 수혜 대상이었던 여성들에게 추가 보조금을 지원하거나(콜롬비아의 Familias en Acción이 여기에 해당), 비공식 부문 노동자들을 포함해 수혜 대상을 신규로 확대 편입(특히 아르헨티나와 브라질)시키는 방식이 있었다. 여성들의 경제적 안전 지원에 보다 적절한 조치들로 구성된 두 번째 유형은 고용에 초점을 두고 있으며, 창업주 여성들과 자영업 및 비공식 노동에 보다 집중적인 지원을 제공했다(12개국에서 32개 조치가 이에 해당한다). 예를 들어 아르헨티나, 볼리비아, 코스타리카, 에콰도르, 페루는 공공캠페인을 활용했고, 가사 노동 종사자들의

18) Para más detalles, v. nota metodológica en PNUD: 《COVID-19 Global Gender Response Tracker》, 〈https://data.undp.org/gendertracker/〉.

권리 보호를 목적으로 하는 법률안 개정을 단행했다.[19] 여성들의 복직을 지원하고 고용 기회를 제공하는 사업을 시행한 국가들은 라틴아메리카뿐만 아니라 전 세계적으로도 많지 않았는데, 호주, 칠레, 콜롬비아, 한국이 이들 소수 국가들에 해당한다.[20]

이와는 대조적으로 무급 노동은 전 세계적으로 가장 방치된 분야로 남아 있으며, 사회보호와 고용 조치의 단지 11%가 이와 관련된 문제를 다루고 있다. 라틴아메리카는 유럽 및 북아메리카 지역에 이어 두 번째로 많은 조치들을 시행한 지역이라는 점에서 그 외의 지역들에 비해 상황이 양호한 편이지만, 그럼에도 그 비중은 단지 6.8%에 불과하다는 점에서 세계 평균에 미치지 못한다. 지역 내에서 이와 관련해 대응 조치를 취한 국가는 3분의 1(45개국 가운데 12개국)에 불과했다. 사회적 지원에 집중된 경제적 보조 조치들과는 달리 비공식 부문 종사자들에게 주로 혜택을 제공하는 조치들은 포괄적으로는 다음의 세 범주로 나눌 수 있다.

범주 1) 사회보호(사회보장과 사회적 지원) 조치들 가운데 돌봄 책임을 지고 있는 피고용자를 대상으로 하는 가족휴가의 확대가 두드러진다(6개국에서 6가지 조치들이 시행). 예를 들어 트리니다드토바고는 소위 '팬데믹 휴가'라고 불리는 새로운 유형의 유급 휴가를 도입했는데, 특히 학교 폐쇄 기간 공공부문에 종사하는 부모들을 대상으로 시행되었고 민간 부문에는 유사한 조치를 시행하도록 권고했다.

19) ONU Mujeres, OIT y Cepal: 《Trabajadoras remuneradas del hogar en América Latina y el Caribe frente a la crisis del covid-19》, 2020, disponible en 〈https://lac.unwomen.org/es/digiteca/publicaciones/2020/06/trabajadoras-del-hogar-frente-a-la-crisis-por-covid-19〉.

20) 칠레는 '복귀'와 '채용'이라는 두 가지 방식으로 지원하는데, 먼저 계약이 중단된 노동자들이 직장에 복귀하고, 동시에 각 기업들이 최대 6개월 간 정부고용지원금을 통해 새로운 인력을 고용할 수 있게 하는 목적이다. 이 과정에서 여성, 청년, 장애인에게 더 큰 혜택을 제공해 이들을 우대한다.

범주 2) 팬데믹 상황에서도 돌봄 서비스가 원활하게 제공될 수 있도록 지원하는 조치들(7개국에서 12가지 조치들이 시행) 가운데 유아 돌봄 서비스에 대한 정부의 지원은 부족한 상황이었으며, 이는 학교 폐쇄로 인해 돌봄 업무가 급증했음을 감안할 때 특히 그렇다. 이와 관련해 지역에서는 5개 국가들이 일정한 조치를 취했다. 코스타리카는 대표적인 예외 사례였는데, 사회적 자가 격리 상황에서도 의료진과 그 외 필수 노동자들의 자녀들에 대해서는 공공 보육 시설을 계속 개방하도록 했기 때문이다. 보다 최근에 가이아나는 필수 노동자들의 자녀들을 대상으로 무상 유아 돌봄 서비스를 제공하는 특별 사업에 착수했다. 또한 확산세가 감소함에 따라 일부 국가들은 학교 재개방을 위한 안전 계획들을 수립했다.

범주 3) 고용과 관련해 각 국 정부는 돌봄 노동 책임을 지고 있는 피고용주들을 대상으로 노동 시간을 감축시키거나 원격 근무를 허용하기 위한 조치들을 취했으며, 이런 방식으로 부모들의 소득을 보조하고자 했다(5개국에서 6가지 조치들이 시행). 예를 들어 아르헨티나와 볼리비아는 코로나 관련 가족 돌봄을 위해 부모들의 근무 시간 단축을 허용했다. 쿠바는 팬데믹 동안 가족 중 환자가 있는 경우 이들을 간병해야 하는 부모들의 임금을 보조하기 위한 지원금을 신설했다.

이런 조치들은 무급 돌봄 책임에 대한 인식에 중요한 진전이 있었음을 의미한다. 그럼에도 특히 비공식 노동이 일반화된 국가들에서 그 성과는 여전히 제한적이다.

분산된 대응이 여성들 간의 불평등을 심화시킨다.

팬데믹 이전에 존재하던 역량강화의 세 유형을 고려하면 우리는 이처럼 정부의 분산된 대응책들이 미칠 상이한 영향들에 대해 짐작할 수 있는데, 공식 부문에 종사하는 여성들은 사회 안전 강화 조치들과 고용 보조금을 활용하는 반면 노동시장에서 보다 취약한 위치에 놓이고 빈곤한 가정에 속한 여성들의 경우에는 사회보장에 의존하게 되는 것이다. 현재 지체되고 있는 시급한 과제는 양질의 공공서비스와 인프라 구축을 위한 투자로서 이를 통해 사회적 집단들과 여성들 간의 간극을 해소하고, 가족 돌봄의 부담을 줄이며, 새로운 세대의 성장을 도모하고, 경제 촉진을 통해 양질의 고용을 창출할 수 있을 것이다.

공식 부문 여성들의 경우에는 비록 '유리천장'에 시달려왔지만 그럼에도 보다 많은 혜택을 제공하는 다양한 고용과 사회 안전에 접근할 수 있었을 터이며, 일정 부분 가족 돌봄의 부담에 대응할 수 있었을 것이다. 수많은 경우에 그들은 원격 근무 형식으로 계속 일할 수 있었고, 임신, 질병, 자녀나 필요한 경우 가까운 친척들을 돌보기 위해 휴가(종종 유급으로)를 신청할 수 있었다. 팬데믹의 예방적 조치로서 사회적 격리가 시행된 기간에 그들은 노동자이자 돌봄 제공자이자 보조 교사로서 삼중의 역할을 수행하기 위해 여러 업무들을 곡예하듯이 병행하며 더 많은 스트레스에 시달렸을테고, 이와 동시에 그들의 노동 시간 총량도 증가했다. 이 집단의 여성들은 팬데믹으로 그들의 시간과 소득에 가해지는 이중의 압박을 헤쳐가기 위해 정부에서 가장 많은 지원을 받는 이들이다.

실제 정부의 대응책들이 분산되어 있는 상황에서 '유리천장' 유형의 여성들과 다른 두 유형들, 즉 '부서진 계단'와 '끈적한 바닥' 여성들 간의 간극은 확대되었다. 그리고 빈곤화 과정, 식량불안, 사회적 하향이동성은 이 두 유형들에 가장 강도 높게 작용했다.

다시 비유로 돌아가서, 중간 유형에 속하는 '부서진 계단'은 평평해져서 결국 '아래로 향하는 미끄럼틀'이 될 수 있다. 풀어 설명하면, 비공식 부문에서 더 두드러진 고용 감소와 사회적 안전망에 대한 접근이 차단된 이들에게 제한되어 있는 사회보호책들로 인해 채무가 증가하고 결국 다시는 사회적 계층 상승을 꿈

꿀 수 없게 되는 것이다. 팬데믹의 상황에서 긴급 조치로 취해졌던 비공식 부문에 대한 일시적 지원 확대, 예컨대 현금이전사업과 소득 지원금 또는 휴가는 사회보호 제도에서 중요한 혁신을 의미했고, 여성들에게 직간접적으로 혜택을 제공했다. 취약 계층 대상 현금지원사업의 지원금 확대가 일련의 지원 조치들과 결합되어 제공되었을 때 이 조치들은 팬데믹의 결과로 심화되었던 빈곤과 불평등 문제를 일부 완화시키는 데 효과적이었다. 브라질과 아르헨티나와 같은 국가들에서 이런 사업들이 가져온 긍정적인 효과들은 사회보호 사업을 비공식 부문에 영속적이고 장기적으로 확대해야 한다는 필요성을 보여준다.[21] 그럼에도 이런 조치들은 매우 단기간 지속되었다(평균 3.3개월 지속).[22] 이전에는 돌봄과 유급 노동 사이에서의 곡예로 이 집단이 위태로운 상황에 놓였다면, 위기와 더불어 이제는 심각한 퇴보를 겪게 될 위험이 매우 크다. 이를 방지하기 위한 일차적인 단계로 비공식 부문에 사회보호 조치들을 영속적으로 확대 시행할 필요가 있다. 그 다음으로는 이 집단의 재기를 위해 보다 집중적인 고용 정책이 필수적일 것이며, 이와 더불어 돌봄 서비스에 대한 투자가 이루어져야 할 것이다.

'끈적한 바닥' 유형의 여성들에게 가해지는 압력은 이보다도 더 심하다. 공공과 민간의 돌봄 서비스에 대한 접근성 부족과 이미 낮았던 임금과 저조한 노동 활동에 가해진 충격에 위태로운 주거 환경 그리고 기본 인프라 시설 접근성 부족이 더해지면서 이 여성들은 가사 노동과 돌봄에 시간을 할애하기에 한계점에 봉착하게 된다. 이에 더해 그들이 공중보건 지침을 준수하기는 거의 불가능해

21) Merike Blofield, Nora Lustig y Mart Trasberg: 《Social Protection in Argentina, Brazil, Colombia, and Mexico During the Pandemic》, Center for Global Development, 2021, disponible en 〈www.cgdev.org/blog/social-protection-argentina-brazil-colombia-and-mexico-during-pandemic〉.

22) Ugo Gentilini, Mohamed Bubaker Alsafi Almenfi y Pamela Dale: 《Social Protection and Jobs Responses to COVID-19: A Real-Time Review of Country Measures》, COVID Living Paper, Banco Mundial, Washington, DC, 11/12/2020.

지고, 결국 비공식 주거지에서 코로나 확산율은 더욱 증가하게 된다. 비유로 다시 돌아가서, 소득 1분위 여성들에 해당하는 '끈적한 바닥' 유형은 이렇게 일종의 '헤어나기 힘든 바닥'이 된다. 인프라와 서비스 접근성 부족은 이 유형의 여성들과 그들의 가정이 처한 보건, 돌봄, 소득 위기를 심화시키고, 식량안보에 있어 심각한 퇴보를 가져오며, 결국 세대 간 빈곤의 계승 현상은 더욱 확대되는 것이다. 이런 맥락에서 다양한 여성 운동과 토지기반 운동들은 정부가 접근하지 못하는 곳에 접근해 앞서 언급한 삼중 충격의 비공식적 완화제로서 기능하며, 빈약한 사회적 지원을 보상하는 역할을 한다. 빈곤 여성들과 변두리의 여성들 그리고 아프리카후손 여성들이 주도한 공동체 활동에 상당 부분 힘입어 무료 급식소와 공동체 돌봄 서비스가 조직되고 있으며, 젠더 폭력 희생자들을 지원하고, 정보 부족을 보완하고, 일부는 국가의 결핍을 보상하고, 일부는 젠더 정의와 사회적 정의 그리고 인종 정의 구현을 주창한다. 하지만 이 같은 비공식적 보호망은 취약하며, 공공정책의 부재에 대한 보완책이 될 수 없다. 팬데믹이 진정으로 변동의 새로운 기회가 되기 위해서는 사회적으로 활동적인 국가 건설에 있어 이들의 목소리에 귀를 기울여야 한다.

결론

역사에서 배우지 못하는 자들은 다시 과거를 반복하게 된다는 말이 있다. 현재 위기의 나머지 과정과 향후 다가올 일들에서 우리는 이 말이 라틴아메리카의 운명이 되지 않기를 바란다. 이 지역은 경제 위기와 사회적 불평등에 낯설지 않은 곳이며, 따라서 이 경험이 소중한 자산으로 활용되게 할 수 있을 것이다. 2020년 이후 우리는 여성들에게 유독 과도한 영향을 미치는 예기치 못한 상황에 직면해왔으며, 지난 수십 년 간 우리가 거둔 성과들이 훼손될 위험에 처해있다. 우리가 즉각적인 행동을 취하지 않는다면 팬데믹은 여성과 남성 간에, 그리고 서로 다른 여성 집단들 간에 간극을 철저하고도 지속적으로 확대시킬 것이다.

장기적 추세를 연구하는 이들은 젠더 평등에 있어 진보는 단선적이지 않다고 말하며, 진보와 퇴보를 함께 언급한다. 일견 양 방향의 운동, 즉 진보와 퇴보 모두가 서로 유사하며, 똑같은 시간과 노력이 투입되었다고 생각될 것이다. 하지만 이는 전혀 사실이 아니다. 진보에 항상 더 많은 시간과 노력이 투입된다. 라틴아메리카에서 본인 수입이 없는 출생가능연령(25세~34세) 여성의 비율은 1990년 47%에서 2014년 30%로 감소했는데, 이 25년의 시간은 보다 평등한 사회를 구축하기 위해 필요한 총체적인 노력들을 보여주는 명백한 사례이다.[23] 반대로 퇴보하는 데는 그다지 많이 필요하지 않다. 팬데믹으로 2021년 불과 1년 만에 빈곤층으로 전락하게 될 지역 내 310만 명의 여성들은 우리의 성취가 얼마나 취약한 것인지를 보여주는 안타까운 사례이다. 이런 이유로 위기에 맞서 우리들이 거두었던 성과들을 관리하는 것이 절실하다.

페미니스트들과 사회운동 세력들의 요구와 정치적 상상력은 보다 정당한 사회 질서와 보다 평등한 사회적 계약을 촉진시킨다. 위기에서 벗어나게 될 때 마침내 그들의 요구를 수용하여 변화를 위한 이런 잠재력이 구현되기를 희망한다.

강정원 옮김

23) F. Filgueira y J. Martínez Franzoni: 《The Divergence in Women's Economic Empowerment: Class and Gender under the Pink Tide》 en Social Politics: International Studies in Gender, State & Society vol. 24 No 4, 2017.

제2부 정치

라틴아메리카의 시위, 불만 그리고 민주주의

마리아 빅토리아 무리요

마드리드자치대학교 정치학과 교수

원제와 출처: María Victoria Murillo, "Protestas, descontento y democracia en América Latina", *Nueva Sociedad*, No. 294, julio–agosto de 2021, pp. 1–13.

핵심어: 민주주의, 불평등, 시위, 라틴아메리카

라틴아메리카에서 2019년은 사회적 불만이 폭발했던 해로 기억될 것이다. 2019년 마지막 세 달 동안 에콰도르, 칠레, 볼리비아, 콜롬비아에서 시위가 벌어졌다. 2020년 이 지역에 팬데믹이 나타나면서 COVID-19 확산에 대한 두려움으로 시위가 종식되는 것처럼 보였다. 팬데믹에도 불구하고 감염에 대한 두려움보다 불만이 더 컸던 볼리비아와 콜롬비아에서는 사람들이 거리로 나왔다.[1)]

1) 볼리비아의 경우 2019년과 2020년의 시위는 각각 정치적 성격이 달랐다. 2019년의 경우 에보 모랄레스 정권에 반대하는 시위였고, 2020년의 경우 아르헨티나로 망명한 전직 대통령을 지지하는 군부가 헤아니네 아녜스(Jeanine Áñez) 정부를 반대하는 것이었다.

2019년 제도적인 위기를 경험했던 페루와 파라과이에서도 2020년 말과 2021년 초에 각각 시위가 분출했다. 보건과 경제 위기의 와중에 벌어진 시민들의 시위는 무엇을 의미하는가? 그리고 시위의 부재는 우리들에게 무엇을 말하는가? 이 글에서는 사회적 불만이 갖는 의미를 몇 가지 시나리오를 통해 개략적으로 설명하고자 한다. 이 시나리오들은 이 지역의 정치 제도 상황에서 가능한 것들로, 사회적 불만이 소통되는 다양한 방식들을 반영하고 우리들에게 민주적 이행이라는 미완의 약속에 대해 말해 줄 것이다.

라틴아메리카에서 1980년대 민주적 이행은 심각한 경제 위기를 배경으로 진행되었다. 라틴아메리카의 "잃어버린 10년"이라고 부를 정도로 큰 불황을 유발했던 외채위기가 그것이다. 이 위기는 권위주의 정부의 무능력을 드러내는 지표가 되었고 이 지역에서 민주화를 추동하는 계기가 되었다. 이행기 동안 정치학자들은 두 종류의 두려움에 우려를 표명했다. 일부 학자들은 유산으로 물려받은 가난과 불평등으로 인해 신생 민주주의가 지탱될 수 없을 것이라고 두려워했다. 그간 배제되었지만 이제 정치적으로 자신들의 의사를 표현할 권리를 획득한 사람들이 다양한 요구들을 제기하지만, 재정위기로 인해 이를 충족시킬 만한 여력이 없다는 이유였다. 다른 학자들은 이들 다수 국민들의 요구가 억제되지 않는다면 군부 쿠데타를 지원했던 엘리트들이 이 이행 과정을 가로막을 것이라고 두려워했다.[2)]

민주주의가 회복되었지만 정치적 권리를 획득한 대다수 국민들을 위한 재분배 정책이 실시되기 보다는, 오히려 베를린 장벽 붕괴가 공산주의 이상향의 종말을 선언하면서 불가피한 것으로 보였던 시장 개혁과 경제 조정 과정이 진행되

2) 미국 정치학에서 Stephan Haggard y Robert Kaufman: The Political Economy of Democratic Transitions (Princeton up, Princeton, 1995)가 첫 번째 그룹의 예고, Guillermo O'Donnell y Philippe Schmitter: Transitions from Authoritarian Rule. Tentative Conclusions About Uncertain Democracies (Johns Hopkins up, Baltimore, 1986)가 두 번째 그룹의 예다.

었다. 경제 엘리트들은 민주주의를 두려워하지 않게 되었고, 지난 시기의 탄압에 대한 두려움이든지 혹은 경제적 생존을 위한 힘겨움 때문이든지 간에 1990년대 들어 빈곤과 비공식부문의 증가와 함께 사회적 평화가 유지되었다. 정치 엘리트들이 워싱턴 컨센서스(민영화, 탈규제, 그리고 자유무역을 포함한 개혁조치)에 동의하면서 빈곤에 빠진 민중 계급의 저항이 나타나기 시작했고, 20세기 마지막 5년을 특징짓는 경제 위기로 인해 저항은 더욱 거세졌다. 베네수엘라의 카라카소(Caracazo)나 볼리비아의 이른바 가스와 물 "전쟁"과 같이 사회적 불만이 거리를 휩쓸었지만, 주로 민주주의가 열어준 정치적 채널들을 사용하면서 표현되었다. 이 과정에서 시장 정책을 추진했던 정당들을 버리고 다른 대안들을 모색했던 것이다. 이 민주적 전략은 새로운 선택지들을 찾는 과정에서 선거 변동성의 증가를 가져왔고, 베네수엘라, 에콰도르, 볼리비아에서 정당 체제를 전면적으로 그리고 아르헨티나와 우루과이에서는 부분적으로 재구성하는 결과로 이어졌다.[3] 브라질처럼 지배 세력에 대안을 제공하는 정당이 존재했던 경우도 있다. 그러나 브라질에서는 정당제도의 재구성이 이뤄지지 않았고, 노동자당(PT)이 한 번도 다수당을 차지하지 못했기 때문에 연합정권에 의존해야만 했다.[4] 이 모든 경우들에서 새로운 정치적 상황은 정당들을 양극화했다.(브라질의 경우도 PT 지지와 반PT로 분열)

2000년대가 되면서 아시아의 수요로 인해 원자재 가격이 뛰었고 세계 지정학에 변화를 가져왔다. 자연자원에 대한 의존도가 높은 남아메리카에 있어, 마치

3) 아르헨티나에서는 급진주의를 버린 야당과 페론주의 정당이 분열되어, 새로운 정당들이 출현했다. 우르과이에서는 광역전선(Frente Amplio)의 등장으로 Partido Nacional과 Partido Colorado의 양당제가 종식되었다. 페론주의의 키프치네르 분파뿐만 아니라 광역전선은 선거 양극화에서 새로운 축이 되었다.

4) Kenneth M. Roberts: *Changing Course in Latin America: Party Systems in the Neoliberal Era*, Cambridge up, Cambridge, 2014; David J. Samuels y César Zucco: *Partisans, Anti-Partisans, and Non Partisans:* Voting Behavior in Brazil, Cambridge up, Cambridge, 2018.

만나가 하늘에서 떨어진 것과 같았다. 원자재 수출로 얻은 재정 자원들은 부의 증가와 노동 시장으로의 전이 이외에도, 사회적 상승을 희망하는 신흥 중산 계층의 출현, 교육의 확대, 빈곤과 불평등의 축소를 가능하게 할 분배 정책들을 가능하게 했다. 저축 부족으로 인해 사소한 충격에도 여전히 취약하고, 높은 수준의 사회 및 공공 서비스는 정부에 의존하고 있을지라도 말이다.5) 그럼에도 불구하고 민주주의는 1980년대에 자신들을 공포에 몰아넣었던 군사 쿠데타로 회귀하지 않고, 민주적 이행을 주장했던 정치학자들이 체제 전환의 논리적 결과로 상상했던 재분배의 약속을 처음으로 준수하는 것처럼 보였다. 민중 계층이 자신들의 사회적 기대들을 확대하고 정치가 이러한 기대들을 충족시켜 줄 것을 기대하는 동안, 엘리트들은 민주주의와 공화국 사이에서 등장하는 긴장에 주목했다. 그럼에도 불구하고, 주로 농촌과 도시 부문의 취약 계층이 감내해야 할 환경 분야의 비용을 심각하게 고려하지도 또 고용 요구를 해결하지도 않은 채 재정 자원들을 지출하는 채광 기획들을 반복하는 개발 모델, 그리고 질보다는 양적으로 확대되는 교육 부문을 통해 이뤄지는 것처럼 보이는 이러한 약속들이 갖는 한계들을 모두들 간과하고 있는 것처럼 보였다. 노동 시장에서의 일부 개선에도 불구하고, 노동시장은 여전히 비공식부문에 의해 분열되어 있었고 높은 수준으로 배타적이었다. 이것이 종족, 인종, 젠더라는 다른 차이들 보다 더 사회적 불평등을 강화했다.

2014년 원자재 붐이 끝나면서 그간 불평등과 빈곤 분야에서 이뤄졌던 사회적 성취가 퇴행하기 시작했다. 신흥 중산층의 열망이었던 교육을 통한 사회적 이동

5) M.V. Murillo, Virginia Oliveros y Milan Vaishnav: 《Voting for the Left or Governing on the Left?》 en S. Levitsky y K. Roberts (eds.): *Latin American Left Turn*, Johns Hopkins up, Baltimore, 2011; Nora Lustig: 《Desigualdad y política social en América Latina》 en Corporación Andina de Fomento (caf): *El desafío del desarrollo in América Latina. Políticas para una región más productiva, integrada e inclusiva*, caf, Caracas, 2020.

성은 점점 더 기대하기 어려워졌다.[6] 게다가, 이 신흥 중산층은 일자리들이 태생, 지리, 종족, 인종, 비공식부문, 젠더에 따른 사회적 거리들에 따라 정해진 사회에서, 자신이 충격이나 공공 서비스의 부재 혹은 부족한 상황에 얼마나 취약한 지를 깨닫기 시작했다. 경기 침체에 더해 시민들의 불안이 커져 갔는데, 여기에는 국가의 무능과 조직범죄에 대한 비호가 영향을 끼쳤다. 그리고 사회적 성취가 둔화되는 양상에 대통령, 부통령, 공무원들이 사법적 심판을 받게 된 부패 스캔들이 더해졌다. 이렇게 "경제적 침체와 위기(vacas flacas)", 그리고 국가가 시장의 한계를 보정할 능력이 없는 무기력한 상황에서 2019년이 되었다. 지출을 통해 공공부문이 재활성화 되기보다는 재정 조정의 길을 걷고 있다. 이러한 경제적 조정은 에콰도르, 칠레, 콜롬비아에서 시위의 도화선에 불을 붙였다. 볼리비아에서는 정치적 정당성의 위기였다.[7] 페루와 파라과이 또한 2019년에 제도적 위기를 겪었다(그러나 이것들은 팬데믹에 따른 보건 위기가 종식될 때 까지 시위로 등장하지는 않을 것이다). 경제 악화와 그에 따른 부정적인 결과들이 항상 시위로 표출된 것은 아니지만, 때로는 2019년 대선들에서 벌어졌던 것처럼 여당을 심판하는 선거 결과로 나타났다. 이 선거 결과로 아르헨티나(우파 패배)와 우루과이(좌파 패배)에서 여당이 교체되었다.

2020년 팬데믹이 도래했다. 시위의 원인들이 더욱 악화되어 갔지만 검역과 두려움으로 시위는 벌어지지 않았다. 라틴아메리카는 이 지역에서 확산되었던 질병의 영향으로 고통 받았을 뿐만 아니라 불경기에 접어들었다. 2020년 〈라틴아

6) N. Lustig: ob. cit.

7) 볼리비아에서 벌어진 시위는 선거 과정에 대한 불신과 관련이 있다. 에보 모랄레스(Evo Morales) 대통령이 국민투표에서 부결되었음에도 불구하고 재선 금지를 무시했기 때문이다. 경찰 소요와 함께 벌어진 선거 후의 시위는 군이 대통령직 사퇴를 '권고'하고 비제도적 승계 절차를 시작하는 것으로 이어졌다. 새로운 시위는 선거 정상화를 요구하면서 군부의 탄압에 맞섰고, 팬데믹에도 불구하고 새로운 대선이 실시될 때까지 시위를 계속했다. 이 선거에서 모랄레스는 후보가 아니었지만 루이스 아르체 카타코라(Luis Arce Catacora) 전 장관이 이끄는 그의 당은 55%의 득표율을 기록했다.

메리카카리브경제위원회(ECLAC)〉에 따르면 라틴아메리카 경제는 7.7% 감소했다.[8] 이 감소로 인한 영향은 원격으로 일할 수 있는 사람들과 음식을 구할 가능성도 없이 하루를 버텨야 하는 많은 비공식부문 노동자들 사이에 서로 달랐다. 또한 등교 수업일이 계속 축소되면서 원격 교육 기술에 접근할 수 있는 사람들과 그렇지 못한 사람들 사이의 불평등이 심화되었다. 빈곤과 실업이 증가했고 부패로 인해 팬데믹 관리가 어려워졌으며, 많은 경우 정치 엘리트들은 점점 더 고통이 심해지고 있는 국민들을 고려하지 않는 태도를 지속적으로 보여주었다.

불만이 폭발하게 되었고 청년들이 탄압과 팬데믹에도 불구하고 시위를 주도하기 시작했다. 볼리비아에서는 대통령 선거가 공고될 때까지 시위가 간헐적으로 계속되었지만, 페루에서는 폭발의 형태를 취했다. 그 이유는 (적법성을 거의 갖지 못한) 의회가 인기 있는 마르틴 비스카라(Martin Vizcarra) 임시 대통령의 탄핵을 선언했기 때문이다.(2016년에 선출된 페드로 파블로 쿠진스키(Pedro Pablo Kuczynski) 대통령이 이와 같은 탄핵을 피하기 위해 2018년에 사임했다.) 시민들의 분노에 찬 시위로 의회가 임명한 대통령이 사임해야만 했다. 이어 2021년 3월 파라과이에서 시위가 벌어졌고, 5월 콜롬비아에서는 조세 개혁으로 시위가 폭발하여 사상자와 실종자가 발생할 정도로 가혹한 탄압에도 불구하고 시위는 한 달간 계속되었다. 시민들의 시위 참여는 사회적 불만을 반영하는데, 이것은 민주주의가 극심한 불평등이나 빈곤과 공존하는 것을 우려했던 '이행학자들(transitologos)'의 두려움을 상기시킨다. 이 점에서 우리는 지금의 높은 불평등 수준뿐만 아니라 지난 2000년대 중반까지 감소하는 것처럼 보였던 불평등의 궤적에 대해서도 생각해야 한다. 불평등의 정치화는 불평등 완화가 멈추고 이로 인해 사회적 이동성이나 적어도 복지 분야에서의 개선이 불가능할 것이라는 생각

8) Cepal: *Panorama social de Am rica Latina 2020, Naciones Unidas*, Santiago de Chile, 2021.

하는 절망의 순간에 온다. 신세대들은 더 이상 불평등을 당연하게 받아들이지 않고 정치적으로 자신들의 불만을 표출한다.(비록 이 글에서 다루는 것을 넘어서는 다른 방법들을 포함할지라도 말이다.) 이런 사회적 불만이라는 맥락에서 각 나라들의 상황들을 개략적으로 이해하기 위해서 적어도 세 가지 가능한 정치적 시나리오들을 생각할 수 있다.(물론 이것들의 다양한 특수성들 역시 가능하다)

첫 번째는 정치 엘리트들에 대한 대중의 불만이 거리에서 표출되고 선거를 통해 해결책을 찾지 못하는 정치적 분열이나 붕괴의 시나리오이다. 이 시나리오는 강력한 경제 엘리트들이 존재하고 있으며, 거시경제의 안정이 유지되고 원자재 붐에 의한 물질적 상징적 재분배과정이 감동적이지는 않지만 유지되고 있는 정치 체제에서 나타난다. 칠레가 대표적인 사례이다. 2019년 폭발해 국민 20%가 시위에 참여했던 "칠레의 10월"은 신헌법 제정 가부를 묻는 국민투표를 강제해냈다. 2020년 투표 결과는 80%의 지지로 제헌의회가 소집됨으로써 국민들의 분노를 확인시켜 주었다.(소집 반대에 엄청나게 많은 선거자금이 지원되었음에도 불구하고 말이다.) 2021년 5월 진행된 제헌의회 선거에서 무소속 후보가 전체 의석의 3분의 1을 차지하면서 전통적인 정당에 대한 국민들의 불만을 다시 한 번 부각시켰다. 페루에서는 당면한 보건과 경제 위기를 해결하는 것보다는 정쟁에 치우치는 것에 불만을 가진 청년들이 팬데믹에도 불구하고 2020년 시위를 벌이기 시작했다. 국민들의 고통에 아랑곳하지 않은 정치인들에 대한 분노로 인해, 18%에 달했던 공표와 무효표는 최다 득표 후보자와 거의 비슷했고 두 번째 후보가 13%를 차지할 정도였다. 페드로 카스티요(Pedro Castillo)와 게이코 후지모리(Keiko Fujimori)가 격돌한 2차 투표에서는 페드로 카스티요가 이기면 공산주의 세상이 될 것 것이라는 선동적인 선거운동이 펼쳐졌고, 결과는 사회적 계층과 지리적 요인에 따라 분열되었다. 카스티요가 1퍼센트 포인트 미만의 차이로 승리했다.[9] 수 년 간의 무력 충돌의 유산인 잔혹한 탄압으로 인해 오랫동안 시위가 억제되어 온 콜롬비아에서도 2019년의 시위가 재개되면서 시민들이 거리로 나왔다. 그럼에도 불구하고 이러한 시위가 선거에 가져올 결과를 정의하기에는 아직 이르다.

칠레, 페루, 콜롬비아에서는 청년들이 시위를 주도했는데, 시민 사회가 조직적으로 결합되지 않았고 이로 인해 위기에서 벗어나기 위한 협상을 이끌 명확한 대표자들의 부재했기 때문이다. 이런 경우에서 시위를 주도하는 명확한 세력이 없었지만, 청년들은 고등 교육에 대한 불만을 공유하고 있었다. 고등 교육은 교육 확대를 통한 사회적 이동성과 양질의 일자리를 가능하게 할 기술 제공을 약속했지만 질에 비해 비용이 비쌌기 때문이다. 세 나라에서 이전의 시위들은 지리적으로나 요구 사항에 있어 부분적이었고, 정치 제도 내에서 답을 얻을 수 없었다. (때로는 탄압이 유일한 대응이었다.) 그 결과가 아직 가시화되지는 않았지만 이 새로운 시위의 물결은 전국적으로 확대되어 지금까지 별반 위기를 느끼지 못하던 정치와 경제 엘리트들을 놀라게 했다.

두 번째 시나리오는 극단적 대립이 지속되는 것이다. 이 나라들의 경우 정치 체제들은 1990년대의 시장 개혁에 대한 대응 과정에서 전통적인 정당들의 대표성 위기를 이미 겪었다. 이러한 위기들로 인해 새로운 정치 세력이 출현했는데, 특히 이들이 20세기 마지막 5년 동안의 경기침체 이후에 혁신을 약속하고 시장 개혁 정책에 반대하면서 영향력을 확대했다. 정권 교체로 등장한 좌파 정부들은 경제 성장의 혜택을 나누기 위해, 그리고 이전 정책들의 부정적인 영향들을 보정하기 위해 원자재 호황을 이용하여 사회 구조 내에서 보다 의미 있게 재원을

9) 상대적 저소득 투표자들과 내륙 지역의 투표자들이 카스티요에게 투표했고, 상대적 고소득 투표자들과 리마 지역의 투표자들이 후지모리에게 투표했다. 카스티요가 의회 의석의 28%만을 차지했기 때문에 국정운영에 어려움이 있을 것이다.

재분배할 수 있었다. 새로운 정치 세력은 경제 엘리트들의 의견과 대립하면서 공식 그리고 비공식 부문의 민중들이 요구하는 바에 따라 호황이 가져온 재정 자원을 사용하고자 했다. 보다 개인주의적 체제의 경우 권력 집중은 민주주의와 상당한 긴장을 초래했다. 이는 베네수엘라에서 벌어진 것처럼 "이행학자들"이 예측하지 못했던 방식으로 민주 체제를 약화시키는 점진적인 퇴보 또는 침식을 가져왔다.[10)]

볼리비아, 아르헨티나, 에콰도르는 이렇게 극단적인 대립이 지속되는 민주주의 시나리오를 대표한다. (비록 개인주의적인 지도자들은 없지만 우루과이도 여기에 포함될 것이다.) 원주민 운동과 청년들이 코레아 정권에 도전하고 있으며 2019년 원주민 운동의 주도 하에 시위가 격화된 에콰도르의 경우에는 극단적인 대립이 완화되고 있을지라도, 이전의 대표성 위기에서 나타났던 극단적인 대립은 여전히 그들의 정치 체제를 구성하고 있다. 이들 국가에서는 민중 부문들이 잘 조직되어 있고 구조조정에 대응해 시위가 벌어지지만, 협상을 가능하게 하고 공공 정책에 제한을 두는 사회적 리더십이 존재한다. 에콰도르의 원주민 운동과 아르헨티나의 피케테로(piquetero) 운동은[11)] 이러한 능력을 보여주는 사례들로, 에콰도르에서 2019년 사회적 시위를 끝내기 위한 협상을 가능하게 했고 아르헨티나에서는 시위를 피할 수 있게 했다. (팬데믹 동안 벌어졌던 제한적인 시위는 알베르토 페르난데스(Alberto Fernandez) 정부에 반대하는 중도 우파 세력들까지만 참여했다.) 중산층 도시 청소년들이 극단적인 시위에 참여한 이후에 제도적인 파탄이 나타난 볼리비아조차도 팬데믹 시기를 포함해 선거 일정을 복원할

10) Nancy Bermeo: "On Democratic Backsliding" en *Journal of Democracy*, vol. 27 No 1, 1/2016.

11) 피케테로 운동은 비공식 부문의 노동자들과 실업자들을 조직하기 위해 1990년대 중반에 시작되었고, 도로 봉쇄, 공동체 식당, 그리고 공동 노동 속에서 다양한 형태의 대부를 통한 급여의 재분배 등을 실시했다.

수 있게 한 핵심적인 요소는 '사회주의 운동당(MAS)'과 연계된 사회운동 세력이 조직한 시위였다. 팬데믹의 결과가 향후 극단적인 대결 양상을 바꿀 수 있지만, 이 시나리오에서 민중 부문의 조직화와 사회적, 정치적 극단적인 대립은 시위를 이해하는 데 핵심적인 요인이다.

정치 체제를 재구조화하려는 세 번째 시나리오 역시 첫 번째 시나리오와 유사하게 전통적인 정당에 대한 시민들의 불만을 반영한다. 그럼에도 불구하고, 이 불만은 거리에서 시위로 분출하는 대신에, 자신을 개혁세력으로 내세우고 정치 제도의 재구조화를 모색하는 정치 지도자에게서 대안을 모색한다. 엘살바도르와 멕시코가 대표적인 사례이다. 두 나라에서 뒤늦은 이행은 무역 통합, 이주, 송금처럼 미국 경제에 대한 심각한 의존과 결합되었다. 이와 같은 미국 의존을 통해 경제 엘리트들은 2000년대 재분배 과정의 성과를 제약하고 다른 두 시나리오에 나타난 원자재 가격 주기 따른 경제적 변동성을 완화시킨 보호 메커니즘을 가질 수 있었다.[12)]

엘살바도르와 멕시코에서는 전통적인 정당들이 시민들의 안전 요구와 포용적인 경제 모델의 필요성에 적절하게 대응할 수 없음을 보여주었을 뿐만 아니라 부패 스캔들로 오염되어 있었다. 두 나라에서 기성 정치인들에 대한 불만으로 시민들은 전통적인 정당들을 "똑같은 놈들"이라고 비난하면서 보다 나은 세상을 약속하는 지도자를 지지하기 시작했다. 지난 세기 말 시장 개혁 후에 대표성의 위기에 빠져들었던 국가들에서 일어났던 것과 마찬가지로 말이다.

멕시코의 이행에 합의했던 제도혁명당(PRI), 국민행동당(PAN), 민주혁명당(PRD)은 정치적으로 서로 별반 차이가 없었다. 2012년에 PRI의 엔리케 페냐 니에토(Enrique Peña Nieto) 대통령 재임 기간 동안 체결된 멕시코 협약(Pacto por

12) Daniela Campello y C. Zucco: The Volatility Curse, Cambridge up, Cambridge, 2020; N. Lustig: ob. cit.

México)에서 세 정당은 멕시코의 경제 성장을 위해서는 정치 개혁이 필요하다고 합의했다. 그럼에도 불구하고 경제는 나아지지 않았고, 폭력과 국가의 공모(2014년 아요치나파(Ayotzinapa)에서 벌어진 학생 실종 사건에서 명백하게 드러난)는 줄어들지 않았다. 2018년 선거에서 PRI의 이데올로기 스펙트럼의 양쪽에서 태어난 PAN과 PRD는 심지어 같은 대통령 후보를 지지했다. 이러한 상호 합의와 그 부실한 성과로 인해 기성 정치인들에 대한 안드레스 마누엘 로페스 오브라도르의 비판은 신뢰를 받았다. 그리고 그가 과거에 PRI와 PRD에 속했음에도 불구하고 혁신가처럼 보일 수 있게 해 주었다. 정당들을 오염시킨 부패 스캔들은 그의 공약을 더 매력적으로 만들었고, 대통령 선거에서 53%의 득표율을 달성하고 의회에서 과반수를 장악할 수 있게 했다. 2021년 6월 의회 선거에서 그의 연합정권은 비록 헌법 개정을 위해 필요로 했던 절대 다수 의석을 얻지는 못했지만 의회에서 다수 의석을 유지할 수 있었다.[13] 또한 자신의 지지 지역인 멕시코시티에서 상당한 패배를 당하기는 했지만, 전국 주지사 선거에서는 세력을 확장했다.

엘살바도르에서는 민족주의공화연대(ARENA)과 파라본도 마르티 민족해방전선(FMLN)이 평화협정에 서명했다. 평화협정은 민주적 이행을 가져왔고, 정부들이 교체되었지만 점증하는 폭력을 해결할 능력은 없었고 유사한 억압 정책들을 사용할 뿐이었다. 또한 부패 스캔들에 양당의 대통령들이 연루되었고, 정치와 실제 국민들의 삶 사이에 괴리가 있음을 보여주었다. 멕시코에서처럼 이 단절은 거대한 민중 시위로 이어지지는 않고, 두 전통 정당들을 비난했던 나입 부켈레(Nayib Bukele) 후보를 지지하는 것으로 이어졌다.(그는 FMLN에서 정치에 입문했다.) 부켈레는 엄청난 대중적인 지지를 받았고, 2019년 대통령 선거 투표에서 53%의 득표율을 기록했다. 그의 지지 세력은 주로 젊은 유권자들이었고,

13) 그럼에도 불구하고 여당이 패배했던 이전 중간 선거들에 비해 의석 감소폭은 상대적으로 작았고, 보건 위기 국면으로 인해 경제지표나 안전 관련 지표가 나아지지 않은 상황에서 나타난 결과였다..

37살이라는 나이로 이 지역에서 가장 젊은 대통령이 되었다. 2021년 2월 국회의원 선거에서 그의 리더십은 그의 새로운 정당에 대한 지지를 이끌어냈고, 전통적인 정당들을 누르고 의회를 통제할 수 있게 해 주었다.[14)]

로페즈 오브라도르와 부켈레의 리더십은 청년층과 고학력 유권자 층의 지지, 그리고 높은 인기를 바탕으로 한 개인적인 권력 집중 전략이라는 점에서 유사하다.[15)] 둘 다 정치 체제를 바꾸겠다고 약속했고, 개인주의적인 리더십이라는 특징을 갖는다. 이들의 권력 집중이 대의민주주의의 균형을 위협할 수 있지만, 칠레, 페루, 콜롬비아처럼 광범위한 분노가 폭발했을 때 보다는 이런 지도자들이 있을 때 경제 권력으로서는 협상이 더 쉬운 측면이 있다. 이러한 권력 집중적 리더십의 사례들이 두 번째 시나리오와 유사하다고 할지라도 경제적 맥락은 다르다. 원자재 가격이 다시 상승하고 있지만, 팬데믹 하에서 이 지역의 재정 수요를 충족시키기에 충분하지 않다. 그리고 이 지역의 높은 빈곤 수준과 비공식부문을 고려할 때, 분배할 자원이 없다면 지속적인 연합을 구축하는 것은 더 어렵다.

팬데믹은 새로운 불확실성의 시나리오를 열었다. 보수주의적인 운동과 새로운 복음주의적 운동들이 등장하면서 기존 페미니즘과 성소수자(LGBTI+) 조직들, 원주민 및 아프리카계 운동들, 그리고 생태학적 재난에 저항하는 다양한 지

14) 부켈레는 5명의 대법관을 자신의 지지 세력으로 교체하기 위해 입법부에 대한 통제력을 즉각 사용했다. 이를 통해 보다 많은 권력을 집중할 수 있었다. 이에 관해서는 다음 문헌을 참고하시오. Oscar Pocasangre: 《Why El Salvador's Multi–Party System Is on the Brink of Collapse》 en El Faro, 24/2/2021 y Jimmy Alvarado, Roxana Lazo y Sergio Arauz: 《Bukele usa a la nueva Asamblea para tomar control de la Sala de lo Constitucional y la Fiscalía》 en El Faro, 2/5/2021.

15) 이러한 데이터들은 의회 선거가 아니라 대통령 선거에 해당된다. V. 《La población salvadoreña en las elecciones presidenciales de 2019》, Documento de Trabajo No 1/2019, Fundaungo, p. 40, y 《4 datos que caracterizan a los electores que votaron por López Obrador》 en Expansión, 10/7/2018. 멕시코의 경우에 2021년 의회 선거에서 모레나(Morena)에 대한 지지는 세력은 청년층과 고학력 유권자들 사이에서 떨어졌다. 최빈층에서 지지율이 올랐지만, 여성들 사이에서는 지지가 약했다. 다음 문헌을 참고하시오. Santiago Rodríguez: 《Las grietas de Morena: jóvenes, mujeres y clases medias》 en El País, 9/6/2021.

역 조직들이 주도하던 시위의 민주적인 논리를 불확실한 것으로 만들었다면, 펜데믹은 또 다른 정치적 다양성이 등장하는 계기가 된 것이다. 시위는 정치적 변화를 추동해 내지만, 우리가 꼭 그것의 운명을 아는 것은 아니다. 왜냐하면 그것은 시위의 주기와 시위를 추동해 내는 행위자들의 다양성에 달려있기 때문이다.

사회적 시위의 불확실한 방향성은 2013년 브라질에서 벌어졌던 시위들에서 잘 드러난다. 청년 학생들이 교통요금 증가에 반대하여 시위를 시작했다. 경찰의 탄압으로 시위가 확산되었고, 점차 세계인들에 과시하기 위해 사용하려고 했던 월드컵과 올림픽 경기장 건설 대신 공공 서비스의 질 향상과 확대를 요구하는 것으로 이어졌다. 지우마 호세프(Dilma Rousseff) 대통령이 이런 요구들에 응했지만 그녀의 지지도는 영향을 받았고, 2014년에서는 어렵게 승리했다. 그럼에도 불구하고 이 시위는 경제 침체와 부패에 대한 국민적 반감(라바 자투(Lava Jato) 작전으로) 속에서 지우마 호세프에 대한 정치적 심판을 요구하는 보수파 단체들로 확대되었다. 이 시위는 집권 연정 세력의 탈퇴를 가져왔고, 소수당이 된 PT는 지우마 대통령의 탄핵을 피할 수 없었다. 이런 정치적 혼란 속에서 정치 개혁을 약속한 자이르 보우소나루(Jair Bolsonaro) 후보가 멕시코와 엘살바도르와는 달리 파편화된 브라질 정치 상황 속에서 전통적인 정당들과의 연합을 통해 정권을 잡았다. 보우소나루에 대한 엄청난 불만과 룰라 전 대통령의 석방으로 흐름은 다시 변할 수 있다. 룰라가 현재 2022년 대선 여론조사에서 선두를 유지하고 있다.[16] 즉, 시위와 국민들의 불만은 하나의 정해진 방향으로 갖는 것도, 유일한 목적지를 갖는 것도 아니라는 것이다.

경제 및 보건 위기 속에서 최근 불만이 폭발하면서 민주주의와 불평등의 어려운 공존은 더욱 불안정해졌고 살펴 본 세 가지 시나리오로 이어졌다. 이 시나

16) 정당한 절차를 밟지 않은 사법절차가 볼소나로의 출마를 막았고, 이 무효 조치로 그가 다음 선거에 출마할 수 있게 되었다는 점을 기억해야 한다.

리오들은 불안정한 균형을 정의한다. 충족되지 않은 요구를 가진 시민들이 자신들의 요구를 듣고, 관심을 기울이고, 결정이 내려지는 과정에서 체감하는 민주주의를 추구하는 것은 사실이다. 민주적 정당성에 대한 요구는 군부의 복귀를 두려워하는 "이행학자들"이 제안하는 '공공정책에 대한 제한'보다 더 중요하다. 그럼에도 불구하고 이러한 정당성이 민주주의를 유지하기 위해 필요하다고 할지라도, 미래의 보다 나은 복지에 대한 희망과 연결되지 않는다면 충분하지 않다. 그리고 불만에 의해 조직화된 요구들이 다양하기 때문에 미래의 복지에 대한 요구는 다양한 방식으로 정의될 수 있다. 라틴아메리카 민주주의는 이행기를 넘어섰지만 민주주의의 공고화는 포용과 문제해결 능력의 결합을 필요로 하며, 우리는 현재 이 지역의 다양한 시위들의 결과로 이것이 달성되기를 바란다.

이성훈 옮김

'폭발'에서 재건 프로세스까지 : 칠레 사회의 새로운 무대

마누엘 안토니오 가레톤 M.

칠레대학교 교수

원제와 출처: Manuel Antonio Garretón M., "Del "estallido" al proceso refundacional. El nuevo escenario de la sociedad chilena", VV. AA., *Universidad pública,crisis y democracia*, Santiago: Editorial Universitaria, 2021 / *Asian Journal of Latin American Studies,* Vol. 34, No. 2, 2021, pp. 39-62.

핵심어: 칠레, 재건 프로세스, 개헌 국면, 사회적 폭발, 시대 교체

초록

이 글은 사회경제적 모델의 위기, 사회 행위자와 제도 정치 간의 관계 파탄을 특징으로 하는 칠레 사례에서 소위 말하는 결정적인 정세와 재건 국면에 대해 살펴본다. 이 위기는 2019년의 이른바 사회적 폭발과 함께 분출되어, 정치 행위자들이 그 해결책으로 합의한 '개헌 국면'으로 귀결되었고, 이 국면은 국민투표로 시작되어 개헌회의 선거로 이어졌다. 개헌 국면의 가장 큰 의의는 독재정권

이후의 민주 정부들에 의해 부분적으로만 수정되었을 뿐인 피노체트 군사독재 헌법의 종식이다. 이 글은 칠레의 사회적, 정치적 위기에 대한 응답인 재건 프로세스가 과학기술 혁명, 생태 위기, 반가부장주의 및 문화 다양성을 위한 투쟁, 자유민주주의의 위기, 작금의 코로나 팬데믹 같은 세계 차원의 시대적 변화들과도 얽혀 있다고 주장한다. 비록 이러한 위기가 전 세계적으로 전개되고 있지만, 칠레 사례는 강력한 사회적 동원과 새로운 제도적 틀에 입각해 이 위기의 역사적 제 문제를 해결하고 극복할 수 있을지도 모를 만큼 특수성을 띠고 있다는 것이 이 글의 결론이다.

서론

칠레는 이미 수십 년 전부터 경제적, 사회적, 정치적 모델의 위기를 겪어 왔다. 급기야는 2019년 10월의 '사회적 폭발'(estallido social)로 위기가 최고조에 이르렀고, 그해 11월 제도적 출구 마련을 위한 정치 세력들의 합의로 개헌 프로세스가 시작되었다. 이 프로세스는 2020년 10월의 국민투표로 시작되었고, 개헌회의 주도의 신헌법 제정이 대다수의 찬성으로 결정되었다. 그러나 개헌회의 선거는 코로나 팬데믹으로 두 차례 중단되었다가, 2021년 5월에 드디어 실시되어 동년 7월에 개헌회의가 구성되었다. 2019년 사회적 폭발 때 표출된 사회적, 경제적 위기는 팬데믹이 야기한 위기와 얽혀 있지만, 양 위기는 기후 위기, 디지털 사회 혹은 통신 사회의 도래, 가부장 사회의 극복 모색, 정치 위기 등을 특징으로 하는 다차원적 시대 교체라는 공통분모를 지니고 있다. 이 모든 것이 앞서 언급한 제도적 출구에 재건 국면이라는 특징을 부여하고 있으며, 우리가 이 논문에서 다루고자 하는 바가 이것이다.

2019년 10월 사회적 폭발의 이중적 의미

2019년 10월 지하철 요금 인상으로 비롯된 일련의 군중시위가 일어나 수개월 동안 되풀이되었다. 그러는 동안에 폭력사태와 이에 대응하는 당국의 체계적인 인권 유린도 여러 차례 발생했다. 전국적으로 일상적 활동이 마비될 지경이었다. 규모, 요구의 다양성, 다양한 행동이라는 측면에서 처음으로 지지 정당이나 사회단체의 지휘에 따르지 않는 최초의 시위였다. 물론 21세기 들어 이 대규모 시위의 전례들이 있었다. 2006-2007년에는 중등교육 과정 학생들과 하청계약 근로자들의 대규모 시위가 있었다. 교육, 영토, 환경 문제로 시위가 끊이지 않았고(특히 2011-2012년의 대학생 시위가 규모가 컸다), 2018년에도 여성운동 시위가 있었다. 요컨대, 정치 성향에 따른 것이 아니라 해당 분야의 조직에 집중하는 리더십을 특징으로 한 시위들이 사회적 폭발로 이어진 것이다. 2019년의 사회적 폭발은 규모도 규모지만, 정계나 특정 사회단체를 배경으로 한 조율자가 없어서 당국이 대화 창구를 가늠하기 어려웠다는 점에서 특수성을 띤다.

민중 소요, 반란 등으로 부를 수도 있을 사회적 폭발과 그 여파에 대한 다각도의 논의와 연구로 미루어볼 때(De la Fuente-Mlynarz 2020; Ruiz Encina 2020; Mayol 2019; Araujo 2020; Alé, Duarte y Miranda 2021; Garretón 2021), 사회적 폭발과 그 결과는 이중적 의미를 띠고 있다고 볼 수 있다. 그 의미는 청년들의 욕구라든가, 상승한 기대치에 못 미치는 현실에 따른 신흥 중산층의 좌절이라든가, 반체제 집단 혹은 그저 범죄자들의 조직된 폭력 등으로 현 사태의 의미에 물타기를 하는 흔해 빠진 논평들과는 거리가 있다. 우리가 보기에, 사회적 폭발은 한편으로는 군사독재의 유산인 사회경제 모델의 정당성 위기이다. 이 모델은 중도파와 좌파 연합 민주 정부들에 의해 일부 수정되어, 다양한 사회 계층, 특히 중산층과 서민층의 물질적 조건들이 개선된 측면은 분명 있다. 그러나 배제와 불평등, 부채와 불안정, 두려움과 불확실성, 부와 경제 권력의 심각한 집중 및 정치와 다양한 사회생활에 행사하는 그 영향력이라는 대가를 치러야 했다(Garretón 2012). 또 다른 한편으로, 제도권 정치와 그 주역들의 정당성이 상실되었다. 즉 칠레 역사에서 최소한 20세기 전반기부터 국민의 요구 및 염원의 표출 통로였던 정치와 그 주역들이 더 이상 그 통로가 되지 못하게 된 것이다(Garretón 2014). 이 두 가지 측면이 전횡(abuso)에 직면해 분노와 무력감을 느낀 주체들을 형성해 왔다. 권력의 전횡이 심각하다는 일반적인 인식이 지배 엘리트에 대한 폭넓은 거부, 제도에 대한 정당성 부여 철회, '존엄성'으로 집약되는 대중의 절규로 나타났다.

2018년 3월 출범한 세바스티안 피녜라(Sebastián Piñera) 정부는 이 두 가지 위기를 극단으로 몰고 감으로써 이들을 격앙시켰다. 집권 초기 몇 달 동안 그의 담화와 조치들은, 여러 분야에서 '더 나은 시대'(tiempos mejores)[1]를 예고하는 과도한 약속을 하는 한편, 미첼 바첼레트(Michelle Bachelet) 전 정부가 칠레 모델에 도입한 부분적이지만 의미 있는 개혁들의 철회를 겨냥했다. '더 나은 시대' 공약의 불이행, 비판과 절규를 외면하고 개선장군인 양 던지는 그의 메시지는 결국 여론의 거부감을 야기했다. 이런 분위기 속에서 지하철 요금 인상이 사회적 폭발과 시위의 기폭제가 되었다. 대중교통 문제가 기폭제가 되는 일은 근래에 세계적으로 많이 있었다. 이는 아마 대중교통이 일상의 여러 문제를 공간과 직접 연계시키고, 공공재의 일상성과 정치성이 매우 높기 때문일 것이다. 칠레 경우에는 요금 상승(alza)이 사회적 폭발의 상징적 주도 동기(leitmotiv)가 될 '개찰구 뛰어넘기'(saltar el tornique)라는 권리의 '전횡'으로 비화하기까지 했다. 지하철역에 난입하고, 개찰구를 무력화시키고, 무임승차를 부추긴 청년들의 행위는 앞으로 다가

1) 피녜라의 대선 때 슬로건(역주).

올 사태의 상징적인 개막식이었다. 수 주간에 걸쳐 수도 산티아고를 비롯한 모든 지역에서 매일 시위가 벌어졌으며, 어떤 경우들은 칠레 역사상 가장 많은 시위자가 참여했고 요구 사항도 다양하기 짝이 없었다. 시민의 요구는 단순한 가두행진이 아니라 새로운 시위 형식들을 수반하며 표출되었다. 그 예로 특히 시민이 자체 소집한 의회(asamblea)와 주민회(cabildo)들을 들 수 있다.

제도권 정치와 부유층은 칠레 국민 사이에 커다란 불만이 존재하고, 그럴 만한 객관적인 원인도 있다는 점까지는 알았다. 그러나 최근 수십 년간에 걸쳐 사회 전반에 스며든 불공정과 전횡이 얼마나 심각한 것인지는 깨닫지 못하고 있었다. 그리하여 초기에 당혹해하기만 했을 뿐 특별한 조치도 취하지 않았고 반응도 제각각이었다. 그들은 파괴적인 폭력 행위들이 발발하고 나서야 응답하기 시작했다. 응답이 늦다 보니 시민은 이를 대대적으로 거부했는데, 역설적이게도 그 응답은 시민의 요구들이 수용된 것이었다. 실제로 가장 큰 폭력이 발생한 날 밤에 정치적 합의를 모색하겠다는 발표가 있었고, 2019년 11월 15일에 여권 정당들과 중도 및 좌파 정당들, 그리고 '광역 전선'(Frente Amplio) 일부가 포함된 대부분의 야권 세력 사이에 합의가 도출되었다(다만 '광범위한 전선'의 또 다른 일부와 공산당은 참여하지 않았다). '사회적 평화와 신헌법을 위한 합의'(Acuerdo por la Paz Social y Nueva Constitución)란 이름의 이 합의는(Biblioteca de Congreso Nacional 2019 참조), 비록 시위 진영의 일부 주요 세력에 의해 거부되긴 했지만, 부분적으로나마 갈등의 물길을 개헌 프로세스라는 제도적 출구로 향하게 했다.

고삐 풀린 개헌 프로세스

개혁적인 개헌을 골자로 한 상기 정치적 합의는 독재정권이 만들고 민주 정부들이 부분적으로 수정한 헌법을 대체할 새로운 헌법을 위해 먼저 '입구' 국민

투표(plebiscito "de entrada")를 계획했다. 개헌 찬반과 개헌 기구의 형식을 묻는 국민투표였다. 개헌 방식에는 '국회의원과 시민대표 혼성 회의'(Convención Mixta de parlamentarios y ciudadanos)와 사실상 제헌의회(Asamblea Constituyente)에 해당하는 것으로 전원을 새로 선출하는 '개헌회의'(Convención Constitucional) 두 가지 선택지가 있었다.[2] 이 과정을 거쳐 마련된 헌법은 의무투표[3] 방식의 '출구' 국민투표(plabiscito "de salida")를 통해 통과 여부가 결정될 예정이었다. 2019년 11월 15일 정치권의 합의 이후, 개헌 기구의 남녀 동수 구성과 선주민 의석 보장, 개헌회의 선거에서 무소속 출마와 무소속 후보자 명부 작성에 대한 편의[4] 제공이 추가되었다.

2020년 4월 첫 번째 국민투표와 더불어 시작될 예정이던 이 프로세스는 코로나 팬데믹으로 말미암아 연기되었다. 이는 두 현상의 대단히 상이한 본질, 특수성, 역학에도 불구하고, 서로 긴밀한 관계가 있다는 것을 보여준다. 1차 국민투표는 2020년 10월 25일에 실시되어 78%가 신헌법 제정, 79%가 전원을 새로 선출하는 개헌회의에 찬성하는 결과가 나왔다.

자율투표 제도 실시 이래 최고 투표율(51%)을 기록한 이 국민투표 결과는 사회적 폭발의 이중적 의미를 추인했다. 한편으로는 신헌법 제정 찬성을 통해 전횡과 불공정에 책임이 있는 현 사회경제적 질서를 거부했다는 의미를 띠고 있다. 투표 참여 동기도 대단히 다양하고, '찬성'을 찍은 모든 이가 신헌법의 의미에 일

2) 우파의 거부감 때문에 '제헌의회' 대신 '개헌회의'라는 명칭을 사용했다(역주).

3) 의무투표(voto obligatorio)는 모든 유권자가 반드시 투표하는 제도가 아니라 투표할 수 있는 제도를 말한다. 이와 대비되는 제도인 자율투표(voto voluntario)는 유권자가 선거인 명부에 자신의 이름을 등록할 것인지 말 것인지 자율적으로 결정하는 방식이다. 투표는 선거인 명부에 등록한 사람에 한해 할 수 있다. 칠레는 오랫동안 자율투표 제도를 유지해 왔다(역주).

4) 무소속 후보자가 특정 정당에 가입 없이 정당 명부에 이름을 올릴 수 있었고, 서로 뜻이 맞는 무소속 입후보자들끼리 연합하여 별도의 입후보자 명부를 만들기도 했다(역주).

체감을 느낀 것이 아닌데도 불구하고 '찬성'이 78%나 되었기 때문이다. 또 다른 한편으로, '개헌회의'에 압도적 다수가 표를 던진 것은 신헌법 제정을 제도권 정치가 아닌 시민의 과제로 인식하고 있다는 의미이다. 개헌 프로세스는 이로써 사회적 폭발의 정당성에 상응하는 제도적 정당성을 갖추게 되었다.

여름휴가가 끝나고 보건 위기도 한숨 돌린 상황이라 2021년 3월부터 시위가 재점화될 것으로 보였다. 그러나 코로나 재유행으로 그 가능성이 무산되고, 개헌 프로세스 일정도 또다시 차질을 빚었다. 광역단체장(gobernador regional), 기초단체장(alcalde), 기초의회 의원(concejal) 선거와 동시에 치러질 개헌회의 의원 투표는 5월 중순, 개헌회의 개회는 7월로 연기되었다(Biblioteca del Congreso Nacional 2021 참조).

2021년 5월 15일과 16일 양일에 걸쳐 드디어 개헌회의 의원 선거가 기초단체장, 기초의회 의원, 광역단체장 선거와 동시에 실시되었다(광역단체장 선거가 기초단체장, 기초의회 의원 선거와 함께 실시된 것은 처음이다). 투표율은 지난 2020년 10월 국민투표에 비해 유의미하게 낮은 41.51%였다.[5)] 기초단체와 광역단체 선거 결과를 여/야, 연임/교체, 우파/좌파 같은 최근 수십 년 동안의 고전적인 패러다임으로 보자면 야권의 승리, 야권 내에서는 중도파-좌파(기독민주당, 민주주의를 위한 당, 사회당, 급진당 등)의 과반, 좌파(공산당, 여러 정당으로 구성된 '광범위한 전선', 지역·녹색·사회·평등 연맹[FRVS, Federación Regionalista Verde Social e Igualdad])의 의미 있는 약진, 정부와 우파 연합 '가자 칠레'(Vamos Chile: 독립민주연합[Unión Demócrata Independiente]과 국민혁신[Renovación Nacional]으로 구성)의 패배, 극우인 공화당(Partido Republicano)의 패배로 요약할 수 있다. 그래서 다음 대선에서 현 야권이 결선 투표에서 분열되는 일이 없는

5) 자세한 내용은 다음을 참고하시오. https://www.servel.cl/servel-entrega-boletin-final-y-hace-positivo-balance-de-doble-jornada-de-elecciones/

한 우파 정부의 재집권은 어려울 전망이다.[6)]

동일한 견지에서, 즉 고전적인 정치 그룹의 견지에서 개헌회의 선거 결과를 검토하면, 우파와 정부('가자 칠레' 소속 정당들과 공화당)의 '칠레를 위해 가자'(Vamos por Chile) 명부는 비토권 행사 마지노선인 3분의 1 의석 확보를 목표로 했으나 실패했다(득표율 20.6%, 개헌회의 의석의 23.6%인 37석 획득). 좌파를 대변하는 '존엄성 승인'(Apruebo Dignidad: 공산당과 '광범위한 전선'이 주축이고, 지역·녹색·사회·평등 연맹이 참여) 명부는 개헌회의 투표에서 18%를 득표하여 28석을 차지했다. 중도파-좌파 연합(기독민주당, 사회당, 민주주의를 위한 당, 급진당이 주축이며 기타 그룹이 참여)은 일명 '승인 명부'(Lista del Apruebo)를 통해 16%의 득표율로 25석을 획득했다. 이 마지막 명부를 구성하는 주요 중도 정당인 기독민주당은 1.3%의 득표율로 단지 2석의 개헌회의 의원 확보에 그쳤다(그나마 한 사람만 당원이다). 이는 개헌회의에서 사실상 존재감이 없으리라는 것을 의미한다. 한편 '민중 명부'(Lista del Pueblo)는 26석을 차지했다. 이리하여 야권 내에서는 좌파가 중도파-좌파 연합보다 다수를 차지했다. 종합해 볼 때, 신헌법을 지지하는 존엄성 승인 명부, 승인 명부, 민중 명부와 무소속이 개헌회의 의석의 58%(96석)를 차지했다. 게다가 정당 명부에는 일부 무소속 후보도 포함되어 있으며, 선주민 대표자도 17명이 선출되었다는 점을 기억해야 한다.[7)]

그러나 다른 세 종류의 선거와 동일한 유권자를 대상으로 하면서도 남녀 동수 선출, 선주민 보장 의석, 무소속 입후보에 용이한 규정, 신헌법 기초를 위한 목적 등을 띠고 155석의 개헌회의 의원을 선출함으로써 칠레 정치사에 유례없는 일이었던 이 선거 결과를 과거와 동일한 정치 패러다임으로 재단할 수는 없다.

6) 실제로 우파는 2021년 대선에서 패했다(역주).

7) 최종 선거결과는 다음을 참고하시오. https://www.servel.cl/resultados-definitivos-elecciones-de-convencionales-constituyentes-gobernadores-regionales-alcaldes-y-concejales/

남녀 동수와 선주민 의석 보장처럼 이미 결정되어 있었던 사안들을 넘어 가장 의미 깊은 결과는 무소속 당선자 비중(42%), 사회적 폭발과 직접 관계된 여러 사회 부문 후보자들의 당선, 국회와 정부 엘리트의 상대적 동질성을 크게 벗어나는 사회적 다양성(사회경제적 다양성, 직종 다양성, 교육 수준의 다양성), 급진적 변화 요구들이 반영된 새로운 원칙들에 대한 다수 당선자의 찬성 입장 등이다. 이런 의미에서, 개헌회의에 의해 대표되는 사회적 다양성뿐만 아니라 대다수 선출 의원들이 표명하는 변화 의지는 낮은 선거 참여에도 불구하고 정당성을 확고히 해준다(물론 낮은 투표율이 중요한 문제가 아니라는 의미는 아니다). 개헌회의 선거 결과는 2019년의 사회적 폭발이 선거를 통하 제도적으로 사실상 반영된 것이고, 2020년 국민투표 결과가 구체화된 것이다. 간단히 말해, 개헌회의의 구성 면면이 현재 국가권력의 구성 면면보다 실제 칠레 현실에 훨씬 더 근접해 있으며, 또한 현재의 정당 스펙트럼에는 존재하지 않는 새로운 세력과 주역들의 등장을 의미한다.

결론적으로 개헌회의 의원 선거 결과는, 신헌법 내용과 관련해서 볼 때, 새로운 사회질서를 창출할 만한 기층(基層)이 마련된 듯하다(이에 대해서는 뒤에서 언급할 것이다). 또 제도권 정치와 사회 사이의 위기 관계와 관련해서 볼 때, 개헌회의는 거리로 나선 사회와 제도적 통로 사이의 새로운 유형의 합법적 유대를 표상한다. 이 두 가지 측면은 개헌 프로세스가 진행되는 동안 기존 공간들에 비해 특권적 공간인 개헌회의 자체를 통해, 또 그 과정에서 사회에서 일어날 일들을 통해 칠레의 정치 지형을 재구성할 새로운 정치사회적 주체를 형성해 나가게 될 것이다. 여기서 문제는 기존의 제도권 정치와 그 주역들이 새로운 현실에 부응하는 변신에 어려움을 겪으리라는 점이다. 또한 최근 부상한 새로운 세력과 그 주역들이 미래를 주도할 새로운 원칙들의 유일하고 합법적인 주체로 자처하는 경향이 있어 역시 문제다.

2021년 7월 4일의 역사적인 개헌회의 출범과 그 뒤 며칠간 일어난 일들이 지금까지 이 글에서 언급한 것들을 재확인해준다. 한편으로는, 마푸체 여성과 2019년 10월의 사회적 폭발에 가장 가까운 입장의 정치권 인사가 각각 의장과 부의장으로 선출된 일은 개헌회의의 지배적인 지향점이 무엇인지 보여주고 있으며, 이는 신헌법의 기층이 될 만한 내용들을 보장한다. 다른 한편으로는, 개헌 프로세스가 정당성을 상실한 제도권 정치와 분열된 사회 간의 힘겨루기를 감당해야 하리라는 점이다. 이 두 가지 상황에서 도출되는 결론은 다음과 같다. 개헌회의는 다른 국가 기관들과의 역할 충돌 없이 명시된 특정 과제를 수행하는 것은 물론이고, 그 과정에서 새로운 사회적 주체들을 구성하는 공간이 될 것이며, 개헌회의 자체가 2021년 11월에 선출될 정부와 의회가 우선적으로 염두에 둬야 할 핵심적인 정치 주체가 되리라는 점이다(Figueroa y Jordán 2020; Atria, Salgado y Wilenmann 2020; Bassa 2017).

새 시대

전 세계를 가로지르고 있는 대대적인 시대 교체 현상에 대한 숙고 없이는 칠레의 개헌 프로세스를 이해할 수 없다. 그 현상은 비록 모든 사회에 영향을 미치고 있기는 하지만 각 사회의 특성들이 개입되고 조합되면서 진행 중이다(Garretón 2021a; Touraine 2021; Caderón y Castells 2020). 너무 세세한 기술은 피하되, 이 글의 취지에 맞게 두 가지 점을 짚어보고자 한다. 한편으로는 삶의 방식과 사회 조직에 큰 영향을 끼치고 있는 새로운 과학기술 혁명, 전 지구화된 세계(국가 간에, 또 각 국가의 내부에도 존재하는 뿌리 깊은 불평등으로 찢기고 분열된 세계이지만)에서 정보통신 사회가 각 나라의 산업사회에 스며들고 이를 변화시키는 양상이다. 이 시대 교체는 수평성과 즉각성(inmediatez, 신속성을 뜻하기도 하고 중재의 부재를 의미하기도 한다)을 집단생활의 핵심 면모로 만들고, 지난 2세기 간의 모든 제도의 정당성에 문제를 제기하고, 노동과 생산조직을 철저히 변화시키고, 문화와 정보통신 그리고 소비에 사회 구조의 핵심 역할을 부여함으로써 예전의 사회 주역을 밀어내고 새로운 주역을 만들어낸다.

그러나 이 사회의 주체를 구성하는 과정에서 이제 정치는 중심축이 아니다. 따라서 집단적 주체는, 페미니즘과 생태주의과 관련된 일부 표현 외에는, 사회의 일반적인 관심사의 담지자 성격을 잃고 그들만의 개별 기획을 사회 전체의 기획과 동일시하는 경향이 있다. 이러한 강력한 개인화 과정에는 긴장이 흐를 수밖에 없다. 타인의 인정에 입각해 구성되는 주체와 개인적인 이해이든 집단적인 이해이든 간에 개인주의와 자기격리성에 입각해 구성되는 주체 사이에 벌어지는 긴장이다. 이 글에서 우리의 관심사는 그 모든 것이 대의민주주의의 아주 심각한 위기로 표현된다는 점이다. 선거를 비롯해 주권재민을 보장하기 위한 방법들을 전통적으로 모색한 제도와 메커니즘의 정당성은 물론, 대의제 자체도 문제 삼기 때문이다.

한편 최근 더욱 악화된 환경위기로 인해[8] 새로운 삶의 방식, 생산 방식, 자연과의 관계를 생각하고 창출할 수밖에 없게 되었다. 마지막으로 여성운동의 가부장사회 비판은 우리의 삶과 사회조직에 전 방위적으로 완전히 새로운 지평을 열었다.

자본주의가 당면한 중대 현안들을 극복하게 해줄 경제모델이 아니라는 점은 분명하다. 그러나 우리가 지금까지 알고 있는 여러 방식의 거버넌스 역시 적절해 보이지 않는다(Piketty 2015; Castells 2017). 특히 민주주의 개념을 정치 영역에 국한시키고 사회의 다양한 분야를 품지 않는 것이 문제다.

8) 기후변화에 관한 정부 간 협의체(IPCC)의 2021 보고서는 지구온난화 악화, 향후 수십 년에 걸쳐 지구에 미칠 돌이킬 수 없는 그 결과에 대해 경고한다.

이 시대 교체가 칠레 사회의 위기와 출구의 면면에 침투하고, 이 면면을 재규정하고 있다고 말할 때, 이는 개헌 프로세스 돌입, 전개, 신헌법의 내용이 어떤 식으로든 이 변화와 상기 지적한 주제들을 표현하고 수용해야 한다는 점을 뜻한다. 교육, 가족,[9] 노동의 제도적 재규정, 새로운 권리와 자유의 제도적 정비뿐만 아니라, 새로운 사회의 철학적 원칙들 역시 그 대상이다. 일례로, 국민 혹은 시민, 민주주의 그 자체에 대해서는 고전적인 방식으로는 더 이상 설명할 수 없다. 평등과 수평성 원칙들에 내포된 급진성 때문에 시대 교체의 특징들과 칠레 사회의 위기가 뒤섞여 버렸고, 그 때문에 특권과 불공정에 대한 투쟁이 사회생활 전반에 걸쳐 전개될 전망이다.

그렇다고 해서 헌법이 재건 프로세스에 함축된 모든 문제를 담아 해결책을 제시해야 한다는 뜻은 아니다. 뒤에서 살펴보겠지만, 재건 프로세스는 헌법을 넘어서는 사회 재구성을 필요로 하는 일이다. 헌법이 앞서 언급한 문제와 새로운 원칙들을 다 해결할 수도 없고, 이들을 헌법에 다 담을 수도 없다. 다만 개헌 과정에서 그 모든 것이 공론화되어야 하고, 헌법 규범은 '새로운 시대정신'의 산물이어야 한다. 역사적으로 볼 때 칠레의 모든 헌법은 당대의 시대정신과 역사적 문제들을 극복하기 위한 원칙들의 확립을 표명했다. 따라서 소위 개헌 과정에 있는 국가 전체와 개헌회의 사이에 꾸준한 대화가 있어야 하며, 이 과제의 수행에 있어 대학 특히 공립 대학들의 특별한 역할도 필요하다.[10]

그러나 이 시대 교체에서 코로나 팬데믹[11]이 지금까지 끼친, 그리고 앞으로도

9) 가족 제도와 관련해서는, 예를 들어 오늘날에는 다양한 가족 형태가 존재하는데도 불구하고 현행 헌법은 단 한 가지 유형의 가족만 언급한다. 권리와 관련해서는, 오늘날 교육권은 양질의 교육을 받을 권리, 정보권은 진실된 정보를 얻을 권리를 말한다. 국가는 이 모든 권리를 보장해야 하며, 그 외에도 지금의 과학기술 혁명과 정보통신, 다양한 지식의 인정 등에서 비롯된 권리들이 추가되어야 한다.

10) 뒤에서 살펴보겠지만, 대학들은 이미 이 과제를 수행해 왔다.

11) 코로나 팬데믹 상황에 관한 자세한 내용은 라틴아메리카보건기구(OPS)의 상시 업데이트 되는 다

끼치게 될 가속화 효과, 심화 효과를 고려하지 않을 수 없다. 비록 그 원인이 인간과 자연 사이의 균형이 깨지면서 일어난 생물학적 현상, 보건 현상이라 하더라도, 팬데믹은 바이러스 자체의 역학적인 면을 보여준다. 하지만, 바이러스가 진화하는 방식과 결과는 단지 생의학적 문제만이 아니다. 그것을 변질시키는 동시에 그로 인해 교란되는 사회 환경의 영향을 받는 측면이 있다. 그래서 팬데믹의 의미를 생물학적 현상으로 축소할 수 없다. 사실 팬데믹이 촉발한 위기의 규모와 다차원적 상황은 많은 이로 하여금 문명 교체(cambio civilizatorio)를 논하게 했고, 더 일반적인 표현으로는 "이제 우리는 예전처럼 살 수 없다"(Domingues 2020; Svampa 2021)고 지적하게 만들었다.

칠레의 경우, 바이러스로 촉발된 보건 위기는 사회적, 정치적 위기를 악화시켰으며, 동시에 그 출구 과정에도 영향을 미쳤다. 두 가지 위기 상황은 서로 얽혀 있어서 한쪽을 배제하고는 다른 쪽을 이해할 수는 없는 상황을 만들었다. 앞서 언급했듯이, 가령 개헌 프로세스가 팬데믹의 확산 때문에 영향을 받았고, 팬데믹의 추이 역시 제도의 정당성 위기 때문에 영향을 받았다. 이 두 가지는 또한 우리가 언급한 다차원적인 시대 교체의 의미와 관련된 현상들의 영향을 받고 있다.

따라서 우리의 공존 방식에 영향을 끼침은 물론이고, 개헌 프로세스를 중심 요소로 하는 재건 프로세스에서 반드시 고려되어야 할 그 같은 위기가 가져다주는 결과들을 지적할 필요가 있다. 환기 시설, 응급 병상, 특히 백신 관련 대책은

음 사이트를 참조하라. (https://www.paho.org/es/temas/coronavirus/brote-enfermedad-por-coronavirus-covid-19); 지리적 발생 상황은 다음을 참조하시오. https://who.maps.arcgis.com/apps/webappviewer/index.html?id=2203b04c3a5f486685a15482a0d97a87&extent=-17277700.8881%2C-1043174.5225%2C-1770156.5897%2C6979655.9663%2C102100; 다음 사이트에서는 기술 보고서들도 제공되고 있다. https://www.paho.org/es/documentos-tecnicos-ops-enfermedad-por-coronavirus-covid-19; 칠레의 코로나 현황과 관련된 공식 수치는 다음을 참조하시오. https://www.gob.cl/coronavirus/cifrasoficiales/.

예외로 하더라도 팬데믹에 대처하는 정부 정책이 과학계나 지자체 또는 시민사회 단체들에게 적절한 자문을 구하지 않고 그저 정통 경제 정책을 따랐다. 그것은 국민 불평등과 취약성을 더욱 증가시키는 정책이었고, 이에 따라 항상 대응이 늦고 충분치 못했다는 일반적인 평가가 존재한다는 점을 기억하자. 정부 정책들은 시민사회와 야권 정당들의 집요한 노력으로 분명 완화되고 개선된 측면이 있다. 그럼에도 불구하고, 더 가난하고, 사회경제적인 측면과 젠더 측면에서 더 불평등한 나라라는 결과를 낳았다. 정신건강에 심각한 문제가 있고, 불안정성이 심화되고, 사회적 결속이 실종되고, 지자체들과 특히 의료분야 종사자들을 제외한 정부 층위의 제도들에 대한 정당성 철회가 만연한 나라가 되었다.[12] 이 모든 것이 향후 도전 과제로 대두되었으며, 무엇보다도 국가 역할의 재정립과 실생활과의 밀착 필요성을 제시하고 있다. 지자체에 대한 더 많은 권한 부여, 교육 부문의 심도 깊은 변화, 과학 발전을 위한 새로운 정책, 돌봄 노동에 대한 우선순위 부여 등이 필요한 것이다. 이 정책들을 비롯해 팬데믹으로 말미암은 모든 정책은 칠레의 경우 '사회생활 방식의 변화'라는 원칙의 연착륙에 대해 생각할 것을 주문하고 있다.

개헌 국면과 재건 프로세스의 특징

'헌법'이라는 용어는 두 가지 용법이 있다. 첫째, 사회가 자신을 구성하는 방식

12) 2020년 11월, 국제노동기구(ILO)는 그해 칠레 GDP가 1980년 이후 유례없이 −4.5%에서 −5.5% 정도 하락할 것으로 내다봤다(https://ilo.org/wcmsp5/groups/public/---americas/---sro-santiago/documents/publication/wcms_761863.pdf). [Acceso 7/08/2021]; 칠레의 경제 통계들도 참조하시오. 칠레중앙은행: https://www.bcentral.cl/documents/33528/133208/np02082021.pdf/1bb7e5e1-ba01-49d3-2d0f-858917c8f6c5?t=1627864913780. 팬데믹과 관련 정책에 대한 여론의 평가는 IPSOS의 보고서를 참조하시오(https://www.ipsos.com/sites/default/files/ct/news/documents/2021-04/node-674051-783186.zip).

을 말한다. 둘째, 그 구성 방식의 원칙과 규범에 신성함을 부여하는 문건을 말한다. 사회적 폭발과 함께 시작된 "위기의 정세"(Collier y Collier 1991)는 창건 혹은 재건 국면의 표현이기도 하고, 사회 구성의 재정의가 시작되는 국면이기도 하다. 이 구성 재정의 작업은 시간이 많이 소요될 수밖에 없는 재건 프로세스를 진전시킬 수도 있고 좌절시킬 수도 있다. 개헌 국면(Ackerman 1999)이란 헌법이 제정되거나 새로운 사회 질서를 신성하게 하는 본질적인 혹은 근본적인 변화가 이루어지는 순간을 가리킨다. 칠레의 경우 1980년 헌법은 —독재 정부가 정치적으로 강요한 것이기에 사회가 인정한 개헌 국면이라고 할 수 없다— 민주주의 파괴, 모네다 궁 폭격, 인권 침해와 유린, 소위 신자유주의 사회경제적 질서(사회관계의 조직 원칙으로서의 시장, 국가의 부차적 역할, 공적 영역에 대한 민간 영역의 우위를 골자로 한 질서) 창출 등이 제도적으로 투영된 것으로 이해할 수 있다(Fuentes 2013; Atria 2013).

'민주주의로의 이행'이라고 이야기되는 독재 종식은 칠레 경우에는, 비록 의미 있는 수정이 이루어졌다지만, 다른 나라들과 달리 개헌 국면도 거치지 않았고, 우리가 앞서 지적한 것처럼 물려받은 사회 질서에 대한 재건 프로세스도 아니었다. 민주 정부들에 의한 중요한 부분적인 개헌 역시 완연한 민주주의 확립을 뜻하지 않았다. 국민 주권이 여러 메커니즘에 의해 여전히 제약을 받았기 때문이다(Fuentes 2021; Garretón 2015).

칠레는 지금 비로소 재건의 특징을 띤 개헌 국면을 경험하고 있다. 새로운 사회 질서의 구성과 이를 원칙과 규범들에게 신성함을 부여하는 헌법을 제정한다는 이중의 의미에서이다.

'재건'이라고 말하는 이유는 공존의 방식, 발전 모델, 정치 시스템을 재구성하려는 시도를 하고 있기 때문이다. 게다가 시대 교체의 맥락에서 칠레 역사에 대한 집단적인 깨달음, 이 역사의 재창조와 투영을 구성하는 원칙과 가치들에 입각한 시도라는 점에서 그렇다. 이런 의미에서 역사적 기억과 미래 지평은 사회적, 경제적, 정치적, 문화적 차원에서 볼 때 오늘날 칠레가 직면한 프로세스의 근본적인 요소들이다. 이는 첫째, 우리 사회의 새로운 헌정 질서가 직면하게 될 커다란 역사적 부채 혹은 구조적 문제를 지시한다. 일부 역사적 부채는 세속적인 성격의 문제이다. 선주민 부족들과의 지배—예속 관계는 무엇보다도 다민족 국가(Estado plurinacional)의 공식화가 필수적이며, 이는 국가의 모든 영역을 변화시키고 헌법의 틀 안에 선주민의 영토, 조직, 자기결정권을 담는 일을 함축한다(Bengoa 2000; Pairicán 2014; Millaleo 2021). 가령, 대농장 과두계층 모델이 야기한 다차원적 사회 불평등과 분열이 문제다(Bengoa 2016; Canales 2017; Canales 2018). 이는 독재의 유산인 신자유주의 모델에 아주 다양한 방식으로 잔존해 있기 때문에, 새로운 발전 모델, 인권과 사회권[13]의 수호자이자 보장자로서의 국가의 역할을 생각할 수밖에 없다. 진정한 국가 공동체의 구성에 악영향을 미치고, 중앙과 지방의 관계 재정립 필요성을 야기하는 중앙집권주의 역시 타파해야 한다. 다른 영역들이 지닌 문제들은 이미 지적한 독재의 제도적 유산과 사회경제적 모델에서 비롯된다. 게다가 독재는 심대한 상징적인 의미를 지니고 있어서, 쿠데타를 비롯해 칠레 역사가 겪은 민주주의와 공화국에 대한 모든 폭거를 단죄할 헌법, 전문(前文)부터 이를 적시할 헌법이 반드시 필요하다. 이 부분을 공식적으로 포함시키지 않는다면, 칠레는 계속해서 분열된 공동체로 남을 것이고, 공동의 기억과 이 기억의 역사적 반영이 없이는 소위 말하는 "근본적인 합의", 다른 용어로는 "헌정적 애국주의"(patriotismo constitucional),[14] 즉 헌법의 원

13) 자유권과 대비되는 의미에서의 사회권이 아니라, 인간의 권리인 인권과 대비되는 사회의 권리를 말한다(역주).

14) '근본적 합의' 개념은 기본적인 원칙과 가치에 대한 합의를 말하며, 존 롤즈의 "중첩적 합의"(overlapping consensus, Rawls 1993)와 유사할 수 있다. "헌정적 애국주의" 개념은 하버마스가 개진했다(Habermas 1990). Ver Garretón(2014).

칙과 규범에 대한 존중도 무망할 것이다.

그러나 재건은 미래 지평도 요하는 일이다. 우리가 지적한 시대 교체의 주요 현안들을 포괄할 지평이고, 그 지평 하에서 페미니즘, 생태주의, 평등과 존엄성, 탈중앙화와 시민 참여 등의 원칙들이 모든 제도 전반에 반영되어야 한다.

이는 두말할 나위 없이 국가와도 관계있다. 예전에 국가는 한 민족의 유일한 정치적 표현으로 간주되었다. 국가를 개별적 이해보다 상위에 있는 존재, 공익의 보장자로 보는 시각도 있었고, 이와 반대로 국가를 특정 계층이나 계급이 다른 계층이나 계급을 지배하기 위한 대리자로 보는 시각도 있었다. 국가를 한 민족의 유일한 표현으로 보는 시각은 사회가 독자적인 영토, 언어, 역사적 기억을 지닌 여러 민족과 부족으로 형성되었다는 것을 받아들이는 순간 허물어지고, 서로 다른 집단들이 저마다의 다양한 제도를 반영시킬 '다민족 국가'라는 비전에 밀릴 수밖에 없다. 또한 국가는 다양한 유형의 지배와 무관할 수 없다. 국가의 제도 안에서 계급 지배를 위시한 많은 지배(젠더, 종족, 지역, 경제 권력 등과 관련된 지배)가 결정되기 때문이다. 따라서 국가는 각종 유형의 지배 극복을 위해서, 또 국가의 행위가 다양한 영역을 포괄할 수 있게 하기 위해서 끊임없이 변화해야 한다. 국가는 또한 발전 모델, 사회 전체의 것인 공공재의 운용, 인권과 사회권의 보호와 장려, 시민권에 입각한 요구들의 보호와 장려[15]를 결정하는 특권적 공간이기도 하다. 지속 가능한 성장 및 분배적 성장을 담지할 발전 모델을 천명한다는 것은 헌법에 상응하지 않는 특정 경제 기획을 넘어선다는 것을 의미한다. 가용 자원과 그 분배와 관련된 대원칙, 즉 사회적, 환경적으로 지속 가능한 발전의 원칙을 지향하는 모델이어야 한다는 것이다. 인권과 사회권과 관련해서는, 완전한 인권 보장과 장려, 사회권 준수, 안전, 군을 위시한 권력 기관들의

15) 주석 9를 참고하시오.

문민 통제를 보증할 사회 조직 모델 등을 보장하는 시스템을 창출해야 한다.

이 모든 것은 대의제라는 제도를 강화하고 쇄신하는 것으로 그칠 일이 아니라 민주주의의 재의미화를 요한다. 앞서 지적한 것처럼, 정치적 민주주의가 사회 모든 영역의 심도 깊은 민주화를 견인하게 해야 한다. 다만 현재의 정치 제도들이 불완전하고, '대의제'라는 제도 자체가 문제시되고 있기 때문에 많은 변화가 필요하다. 시민의 의사표현 통로는 물론이고, 사회의 여러 영역과 영토의 의사표현 통로가 훨씬 다변화되어야 하고, 사회적 동원의 대체 불가능한 역할에 대한 이해를 바탕으로 직접 민주주의 메커니즘도 포함시켜야 한다. 그러나 사회적 동원 역시 숙의 과정을 대체해서는 안 되며, 마찬가지로 다양화되고 확대되어야 한다.

새로운 사회계약의 토대

재건 프로세스는 —개헌회의는 재건 프로세스에서 사회적 폭발을 하나의 과정으로 승화시키기 위한 중추적이고 독보적인 역할을 하고 있다— 새로운 사회경제적, 정치적 질서의 구축을 요한다. 그러나 정치와 사회 간의 새로운 관계도 구축해야 한다.

이미 여러 차례 지적되었듯이, 새로운 사회경제적, 정치적 제도의 구축은 새로운 사회계약을 의미한다. 독재와 1980년 헌법이 강요한 사회계약을 극복할 새로운 계약이 필요하다. 사실 기존 사회계약은 계약으로 볼 수도 없다. 처음에는 폭력적으로 강요하고, 그 뒤에는 그 강요된 사회 질서에 인위적으로 신성함을 부여한 헌법으로 또다시 강요한 사회계약이기 때문이다. 지금이야말로 공화국을 재건할 협약이 필요하다. 우리가 이 글에서 지적한 역사적 부채를 짊어지고, 지금까지 배제되거나 예속된 여성, 선주민 부족, 지역 등 모든 사회 부문을 포괄하고, 우리가 시대 교체라고 부르는 것에서 비롯된 대원칙들이 반영된 협약이어야 한다.

명백한 것은 이 도전들이 야기한 제 문제를 헌법에 모두 담을 수도 없거니와, 오래 걸릴 수밖에 없는 재건 프로세스의 모든 영역을 다 망라할 수도 없다는 사실이다. 그럼에도 불구하고, 개헌 프로세스의 틀에 입각하여 사회 내부에서 그 모든 것을 광범위하게 논의해야 할 것이다. 이 논의들이, 미첼 바첼레트 정부가 조직했거나(Figueroa y Jordán 2021) 사회적 폭발 이후 자체적으로 소집된 주민회들을 통해 다양한 방법으로 이루어져 왔다는 점은 인정해야 한다. 그러나 다양한 학문 기관, 대중매체, 대학(대체로 공립대학), 수많은 영토에서 소집된 의회,[16] 사회단체와 플랫폼 등을 통해서도 이루어졌다.[17]

개헌회의 선거 결과 분석에서 논평했듯이, 이 선거는 근본적인 토대에 대한 다수의 합의를 보장하는 기구 구성을 실질적으로 가능하게 했다. 선주민 부족 인정, 다민족 국가, 남녀 동수 구성, 성적 다양성 인정, 탈중앙화와 로컬 및 지역 권력 강화, 국가 차원의 지속 가능한 환경 모델과 새로운 발전 모델, 국가가 보장하는 자유와 인권과 사회권, 공공 보건과 공공 교육의 시장에 대한 우위, 천연자원에 대한 공적 통제, 대의민주주의 보완을 위한 시민의 참여, 평등과 연대 등에 대한 합의이다. 이 모든 요소는 새로운 사회적 협약의 내용을 구성하고,

16) 선주민 등이 고유의 땅으로 선언하거나, 이를 인정받은 지역에서 소집된 의회를 가리킴(역주).

17) 여러 사례가 있지만 '부족 재단'(Fundación Tribu)이 칠레대학과 협력하고, 상원, 칠레기초자치단체연합회, 스탠포드대학 숙의민주주의 센터의 지원을 얻어 추진한 공적 숙의 프로세스(https://tribu.ong/lxs400)와 '우리는 칠레에 대해 말해야 한다'(Tenemos que hablar de Chile) 구상(https://www.tenemosquehablardechile.cl/)을 참조하시오. 개헌 프로세스에 대해서는 수많은 토론 및 정보 플랫폼이 존재하는데, 특히 신헌법 전망대(Observatorio Nueva Constitución, http://www.observatorionuevaconstitucion.cl/), 칠레산티아고대학 개헌회의(https://www.usach.cl/usachconstituyente), 칠레대학 개헌회의(https://constituyente.uchile.cl), 개헌회의 플랫폼(https://www.chileconvencion.cl/?s=convenciona)을 참조하시오.

프로세스의 정당성을 떠받치는 토대이다.

새로운 사회계약의 기층을 쌓기는 했지만, 실질적인 합의에는 어려움이 따를 것이다. 예전처럼 시민을 대변하는 정당 시스템이 존재하는 것도 아니고, 시민사회도 파편화되어 있어서 다양한 정체성 집단, 이해집단, 사회단체가 저마다 자신의 관점이 사회 전체를 위해 유일하게 유효한 것이라고 주장하면서 새로운 사회계약에 반영시키고자 하기 때문이다(Garretón 2020 en De la Fuente y Mlynarz 2020).

정치 공동체의 재구성

이는 정치 공동체의 부재라는 두 번째 차원과 관계가 있다. 새로운 사회적 협약의 주역이 될 이들이 이 부재 때문에 사회 전체의 의사와 상관없이 자신들의 논리와 동력에만 함몰되어 버릴 여지가 있다. 대의 기관들의 정당성 상실, 대의와 중재라는 개념 자체의 정당성 상실, 불평등과 전횡의 경험, 아직 미해결 상태인 역사적 부채, 엘리트 집단에 대한 거부는, 비록 새로운 사회경제적 질서의 기본 원칙들에 대한 다수의 합의가 존재하는 것 같아 보여도, 사회적 협약을 도출해야 할 주역들끼리의 상호 인정도, 또한 협약 도출을 위한 공동의 정치 공간도 아직 가시화되지 않고 있다는 점을 보여 준다.

1938년의 인민전선(Frente Popular) 정부 때부터, 서로 힘의 차이가 있을지언정, 농업 과두계층, 다양한 기업 부문, 중산층, 도시 서민층이 합류한 사회적 협약이 정립되어 있었다는 점을 기억해야 한다. 이 협약에서 농민과 도시 빈민은 배제되어 있었지만, 뒤늦게나마 1960년대에 농업개혁과 도시민중 조직화가 진행되면서 합류했다. 인민연합(Unidad Popular) 정부는 농촌과 도시 민중에게 더 많은 권력을 제공하고, 독점적인 경제 권력을 배제하거나 통제함으로써 이 협약을 심화시키고자 했다. 사회적 협약과 그 변동 사항들은 1938년에서 1973년까지 이르는 동안 정당 시스템을 통해 표현되었다. 그러나 군사독재 시절에 극적으로 되돌려졌다. 군부의 지원을 등에 업은 지배 계층이 사회 모든 영역에서 절대적인 우위를 확보했다. 앞서 지적한 대로 독재 종식은 1988년 국민투표에서 표출된 정치 체제에 대한 합의일 뿐이다. 사회경제적 질서와 관련된 진정한 합의 혹은 협약이 결코 아니었다. 설사 정치 세력끼리 부분적인 동의 혹은 합의가 있었다 해도, 이들은 사회의 고전적인 주역과 신흥 주역을 대표할 역량을 점점 상실해 왔다. 오늘날의 커다란 문제는 상기 언급한 기층을 구성하는 원칙들에 입각한 새로운 사회적 협약을 전반적으로 해석하고 대표할 수 있는 인사들이 없어 보인다는 점이다. 이 합의가 개헌 프로세스를 통해 정립될 수는 있겠지만, 장차 실천되어야 하는 일이라는 점 역시 커다란 문제이다. 즉, 숙의와 참여를 통한 개헌 프로세스를 거쳐 의미 있는 다수가 승인한 헌법을 도출하는 것만으로는 충분하지 않고, 가까운 미래에 정부, 의회, 새로운 대의 정치 형식, 사회의 참여적 심급들이 헌법을 실천에 옮겨 그 사회적 협약을 구체화시켜야 한다는 뜻이다.

1925년 헌법이 1938년부터 비로소 새로운 사회경제적 질서의 구축을 뒷받침할 정치 시스템으로 가시화되었다는 점을 기억할 필요가 있다. 그래서 현재 상황으로는 2021년 11월의 대선 및 총선이 개헌 프로세스가 합의한 사안들의 향후 실현을 위해 매우 중요할 것이다. 그렇게 되지 않는다면, 사회의 기획이 부재하는 가운데 정치 공동체가 해체되어 지금까지 겪은 위기보다 더 심대한 위기로 치달을 수밖에 없을 것이다.

2021년 11월 대선을 겨냥하여 결성된 우파의 '가자 칠레'와 좌파의 '존엄성 승인'의 예비선거에는 역사상 최대 인원이 참여하였고, 세대 관점에서 보자면 선거 구조가 변하였고, 개헌회의 선거에서는 좌파의 의미 있는 승리와 중도파-좌파 연합(예전의 콘세르타시온)의 부재가 두드러진다. 이 현상들은 정치와 사회 간의 관계에서 새로운 형식의 표출인 개헌회의 선거 결과를 비준하는 듯하다. 정당들이 주도하지 못하고 사회의 동원과 요구에 응답한 것뿐이기 때문이다(Garretón 2021). 그러나 한 부문이 일시적으로 선거에서 정치적 다수를 차지하는 것만으로는 불충분하다. 정부에서 혹은 의회 내 협의를 통해 안정적인 다수를 차지하여 기본적인 합의에 동의한 세력들을 끌어들일 역량을 발휘하지 못하면, 정치는 물론이고 정치와 사회의 관계도 더 해체될 것이다. 또한 아무리 광범위하고 견고한 동의 내지 합의가 이루어진다 해도, 사회적 주역들과 함께 하지 않고 사회에서 유리된 정당 정치 시스템 테두리 안에만 머물면 그 역시 대단히 불충분할 것이다.

그래서 정치 공동체의 재건은 개헌 프로세스가 핵심 역할을 수행하는 두 가지 차원을 지니고 있다. 한편으로는 새로운 사회 질서의 구축과 관련된 현재와 미래의 갈라진 구도를 대변할 정당 시스템을 재구성할 공간이 필요하다. 다만 사회와 정치의 새로운 관계를 구축하기 위한 공간이 되는 것이 더 중요하다.

결론

오늘날 전 세계 모든 사회가 자신의 구성 토대가 흔들리는 것을 일정 부분 목도하고 있다. 그러나 일부 사회만이 재건 프로세스라는 응답이 강요될 정도의 파산 과정을 겪고 있다. 그리고 이 일부 사회 중 극소수의 사회만이 재건 국면이라는 기회를 맞이하고 있다. 칠레가 그런 경우이다. 바로 개헌 프로세스가 그 기회로, 시대 교체의 도전들을 직면하고 정치 공동체를 재구축하기 위해 긴 역사가 남긴 부채, 또한 최근 수십 년 동안의 모델이 남긴 부채를 극복하면서 사회 전체가 자신의 구성 상황을 다시 생각하고 결정하려는 시도를 하고 있다. 기나긴 궤적에 뿌리를 둔 새로운 역사 주기, 지금은 근본적인 원칙들에 대한 다수의 합의라는 견고한 토대를 지니게 된 새로운 역사 주기가 시작되고 있다. 그러나 그 길은 아무 문제가 없고, 아무 도전 과제가 없는 길이 아니니다. 현재의 사회경제적 모델 및 헌법과 일체감을 느끼는 세력들만 문제이고 도전 대상인 것이 아니다. 사회적 폭발을 야기하고, 원칙들의 기층을 일부 세력이 아닌 모든 세력이 공감할 수 있는 공식으로 변화시키려는 개헌 프로세스에 대한 동의를 도출한 사회 세력과 정치 세력들이 지닌 문제들도 만만치 않다. 프로세스 자체가 재건 국면을 위한 기회요, 정치와 사회 간의 새로운 관계들을 설정해 나가기 위한 기회라지만, 그것은 현재의 정치적 틀 안에서 정부와 확실한 다수파가 있는 국회 사이의 협력을 통해 표출되어야 하는 것이기도 하다. 그러면서 신헌법의 실천, 나아가 경제 회복과 대대적인 사회적 위기(팬데믹과 정부의 거의 모든 면에서 잘못된 정책이 빚은 위기) 극복에 나서야 한다.

첫 한 달 간의 개헌회의 활동이 주요 문제들을 해결해 나가는 방식을 보면, 그 모든 것이 달성되리라는 근거 있는 희망들이 존재한다. 개헌회의의 주역들 사이에서는 이 기회를 놓치면 점차 정당성을 상실하리라는 인식이 우세하다. 이미 정당성을 상실했으면서도 현 상태를 유지하려고 애쓰는 보수 세력들에 의해서가 아니라, 2019년 10월의 사회적 폭발 덕분에 그때부터 신헌법이라는 도전 과제를 기꺼이 수용한 세력들에 의해서 말이다.

신찬용/우석균 옮김

| 참고 문헌 |

Ackerman, Bruce(1999), *La política del diálogo liberal,* Barcelona: Gedisa.

Alé, S., K. Duarte y D. Miranda(2021), *Saltar el torniquete. Reflexiones desde las juventudes de octubre,* Santiago: Fondo de Cultura Económica.

Araujo, K.(ed.)(2019), *Hilos tensados. Para leer el octubre chileno,* Santiago: Editorial Usach.

Atria, F.(2013), *La Constitución tramposa,* Santiago: LOM Ediciones.

Atria, F., C. Salgado y X. Wilenmann(2020), *El proceso constituyente en 138 preguntas y respuestas,* Santiago: LOM Ediciones.

Bassa, J.(ed.)(2017), *Proceso constituyente en Chile. Desafíos para una nueva Constitución,* Santiago: Thomson Reuters.

Bengoa, J.(2000), *Historia del pueblo mapuche (siglo XIX y XX),* Santiago: LOM Ediciones.

______(2016), *Historia rural de Chile central. Tomo II: Crisis y ruptura del poder hacendal,* Santiago: LOM Ediciones.

Biblioteca del Congreso Nacional(2019), "Acuerdo por la Paz Nacional y la Nueva Constitución", https://obtienearchivo.bcn.cl/obtienearchivo?id=documentos/10221.1/76280/1/Acuerdo_por_la_Paz.pdf.

______(2021), "Ley que posterga las próximas elecciones municipales, de gobernadores regionales y de convencionales constituyentes por motivos del Covid-19", https://www.bcn.cl/leychile/navegar?idNorma=1157863.

Calderón, F. y M. Castells(2020), *La nueva América Latina,* México D. F.: Fondo de Cultura Económica.

Canales, M.(2017), "Historia rural de Chile", texto leído para la presentación del libro *Historia rural de Chile* de José Bengoa, *Revista Carcaj,* http://carcaj.cl /historia-rural-de-chile-2/.

______(2018), "Sobre el origen del clasismo, el racismo y el autoritarismo chileno: las bases intactas del orden social que quiso remover la reforma agraria", en M. Canales, J. Razeto y R. Valenzuela(eds.), *Casta y sumisión. Chile a 50 años de la Reforma Agraria,* Santiago: Social-Ediciones.

Castells, M.(2017), *Ruptura. La crisis de la democracia liberal,* Madrid: Alianza Editorial.

Collier, Ruth y David Collier(1991), *Shaping the Political Arena. Critical Junctures, the Labor Movement, and Regime Dynamics in Latin America,* Princeton: Princeton University Press.

De la Fuente, G. y D. Mlynarz(2020), *El pueblo en movimiento. Del malestar al estallido,* Santiago: Catalonia.

Domingues, Jose Mauricio(2020), "From Global Risk to Global Threat: State Capabilities and Modernity in Times of Coronavirus", *Current Sociology,* https://doi.org/10.1177/0011392120963369.

Figueroa, P. y T. Jordán(eds.)(2020), *7 propuestas para la nueva Constitución de Chile,* Santiago: Editorial Usach.

Fuentes, C.(2013), *El Fraude. El plebiscito de la Constitución de 1980,* Santiago: Hueders.

_____(2021), *La transición inacabada. El proceso político chileno* (1990–2020), Santiago: Catalonia.

Garretón, M. A.(2012), *Neoliberalismo corregido y progresismo limitado: los gobiernos de la Concertación en Chile 1990-2010,* Santiago/Buenos Aires: Editorial Arcis/Clacso, Colección Pensar América Latina.

_____(2014), "La ruptura entre política y sociedad. Una introducción", en M. A. Garretón(ed.), *La gran ruptura. Institucionalidad política y actores sociales en el Chile del siglo XXI,* Santiago: LOM Ediciones.

_____(2014), *Las ciencias sociales en la trama de Chile y América Latina. Estudios sobre transformaciones sociopolíticas y movimiento social,* Santiago: LOM Ediciones.

_____(coord.)(2021), *Política y movimientos sociales en Chile: antecedentes y proyecciones del estallido social de octubre 2019,* Santiago: LOM Ediciones/Fundación Friedrich Ebert–Chile.

_____(2021a), "Por qué el proceso constituyente es refundacional", *Revista Mensaje,* Vol. 70, No. 696, pp. 38–41.

Habermas, J.(1990), *Ecrits Politiques,* Paris: Editions du Cerf.

Mayol, A.(2019), *Big bang. Estallido social 2019,* Santiago: Catalonia.

Millaleo, S.(2021), "Estrategias indígenas en las luchas territoriales: los accidentados caminos de los pueblos indígenas junto a las izquierdas chilenas", en M. A. Garretón(coord.), *Política y movimientos sociales en Chile. Antecedentes y proyecciones del estallido social de octubre 2019,* Santiago: LOM Ediciones.

Pairicán, F.(2014), *Malón. La rebelión del movimiento mapuche. 1990-2013,* Santiago: Pehuén Editores.

Piketty, T.(2015), *Crisis del capital en el siglo XXI,* Buenos Aires: Siglo XXI Editores.

Rawls, J.(1993), *Political Liberalism,* New York: Columbia University Press.

Ruiz Encina, C.(2020), *Octubre Chileno. La irrupción de un nuevo pueblo,* Santiago: Taurus.

Svampa, M.(2021), "La pandemia desde América Latina: nueve tesis para un balance provisorio", *Nueva Sociedad,* No. 291, pp. 80−100.

Touraine, A.(2021), *La société de communication et ses acteurs,* Paris: Seuil.

칠레 대의정치의 위기 속 선거 참여

악셀 카이스 로드리게스 / 오리아나 아빌레스 모라가

사회조사기관 TúInfluyes.com 대표, 사회학자 / 사회조사기관 TúInfluyes.com 조사원

원제와 출처: Axel Callís Rodríguez and Oriana Avilés Moraga, "Participación electoral en la crisis de la representación en Chile", *Asian Journal of Latin American Studies,* Vol. 34, No. 2, 2021, pp. 19–35.

핵심어: 선거, 국민투표, 유권자, 선거 변화, 선거 참여

초록

2012년 칠레에 자발적 투표가 도래하면서 일부 유권자들의 선택적인 참여 현상이 발생하기 시작하였다. 총 유권자의 약 70%를 차지하는, 매 선거에서 투표하는 안정적인 그룹이 강화된 반면, 2017년 대선 이후 더욱 두드러진 현상인 특정 후보에 의해서 결집되는 새로운 유권자 집단이 등장하였다. 그러나 2019년 대규모 시위가 발생하고 불평등 및 사회적 불의가 더욱 큰 관심 의제로 부상하면서, 더욱 좌파적 대안에 투표하는 경향이 있는 젊은이 그룹이 나타났다. 동시에,

팬데믹으로 인해 65세 이상의 유권자들은 선거에의 참여를 피하였다. 따라서 우리는 유권자의 유형뿐만 아니라 선호도의 방향성에도 변화를 겪고 있다. 2021년 11월 대통령 선거 이후면, 우리는 젊은 유권자들의 정치적 성향이 안정적인지, 또는 나이 많고 온건한 유권자들이 돌아오는지 알게 될 것이다. 이는 심각한 사회적 불안의 맥락에서 이해될 뿐만 아니라 COVID-19 전염병의 직접적인 영향으로 노인 유권자의 선거 참여 감소로 설명된다.

서론

"그 무엇도 이전과 같지 않을 것이다"라는 말은 최근 몇 개월 동안, 특히 2019년 10월 소위 "사회적 폭발"로 불리는 대규모 시위 이후 몇 개월 동안 이 말은 우리가 가장 많이 들을 수 있었던 문구 중의 하나다.[1] 그런데 여전히 다음과 같은 질문이 남는다. 즉 그 이전에는 무엇이었는가? 이번 선거가 부분적으로 올해의 상황을 반영하였는가? 이 질문들은 적절한 질문이고 이 질문에 충분한 답을 담을 수 있는 공간은 부족하기에 필자들은 최근 몇 년 동안 칠레에서 문제가 제기된 민주적 정당성의 회복 경로에 있어 선거 참여의 이정표를 조사하고자 한다.

앞에서 언급한 것에 대해, 그리고 참여의 차원과 관련하여 우리는 다양한 "이전"에 대해 말할 수 있다. 그런데 여기에는 패러다임으로 정의할 수 있는, 또한 분석적으로 최근 역사의 정확한 시기로 확장될 수 있는 것은 단 한 개도 없다. 따라서 오늘날 이 변수가 2019년에 시작된 사회적 동원 과정에 대한 표현이라면 이 짧은 글에서 참여와 관련된 선거의 각도로부터 드러내 보고자 하는 도전이 생긴다.

1) 2019년 10월의 칠레의 대규모 시위는 10월 18일 금요일부터 발생한 사건으로 칠레 국민의 대부분이 우파 정권이었던 세바스티안 피녜라(Sebastián Piñera) 정부에 항의하고 모든 차원에 있어서의 불평등을 거부하는 시위에 참가하였다. 이 시위는 거의 4개월 동안 가장 급진적인 시위에서 대규모 행진으로 변모하였다.

일반적으로 선거 참여를 정치 체제의 건전성, 특히 정당 건전성의 징후로 보는 경향이 있다. 아마도 이것은 하나의 지표가 될 수 있을 것이다. 하지만 최근 칠레 정치에 대한 낮은 평가에 영향을 미친 모든 변수들 중에서 이것이 꼭 가장 중요한 것은 아니다. 정당과 정치인을 시민의 시각으로부터 거의 가치가 없고 큰 신뢰도 없는 요소로 보여주는 정량적 연구는 매우 많다.

오늘날 우리가 칠레에서 국가 공식 권력과 관련된 모든 것에 대해 부정적인 의견을 개진하는 것은 잘못된 모순이 될 수 있다. 왜냐하면 우리가 선거에 대해 이야기하고 있다면 참여와 결과에 관해 전체적으로 기술할 수 있는 단 하나의 설명적 가설을 찾기가 어렵기 때문이다.

하지만 최근 몇 년간 칠레가 경험한 과정을 이해하기 위해서는 칠레에서는 어떻게 투표를 하고 지금까지는 누가 투표를 했으며, 마지막으로는 가장 최근에 있었던 지난 2017년 대통령 선거 이후로 무엇이 변하였는지를 전반적으로 파악할 필요가 있다.

의무 투표에서 자발적 투표로의 변화

칠레는 1990년 민주화의 길로 다시 들어섰고 그 이전에 17년간 지속되었던 권위주의 군부 정권의 독재자 아우구스토 피노체트(Augusto Pinochet)를 축출하는 국민투표가 있었다.

다시 도래한 민주주의 하에서 칠레는 피노체트가 1973년에 주도했던 쿠데타 이전까지 칠레의 정치 체제였던 대통령 중심제(아마도 초권력적 대통령제)로 복귀하였다.[2)]

2) 살바도르 아옌데(Salvador Allende) 대통령은 1970년 민주적으로 선출되었지만 아우구스토 피노체트가 이끄는 군사 평의회가 주도한 쿠데타로 인해 정권이 전복되면서 임기를 마치지 못하였다. 이후

이러한 맥락에서 피노체트가 패배했던, 그리고 아이러니하게도 군부 독재정권이 설계하였던 1988년 국민투표에서의 선거 참여 방식은 투표를 원하는 18세 이상 시민이 자발적으로 유권자 명부에 등록을 해야 하고, 일단 등록이 되면 이후의 선거에서 의무적으로 투표를 해야 하는 방식이었다. 그런데 군부 독재정권이 계산하지 못한 것은 이 국민투표에 참여하기 위해 시민들이 대규모로 유권자 명부에 등록을 할 것이라는 점이었다.

되찾은 민주주의의 초기 정착 단계가 지나고 이미 2000년대 초반부터 공식 정치계와 학계 공히 1988년 5월부터 시작된 선거 참여 제도가 더 이상 유효하지 않다는 인식을 하게 되었다. 왜냐하면 전체 인구를 대표하지도 않았고 국가의 사회인구 통계학적 부문을 반영하지 않았기 때문이었다. 체계적으로, 18세가 된 젊은이들은 매우 낮은 비율로 선거인 명부에 등록되었는데 "이전" 시스템[3]에서 자발적 시스템으로 변경되기 전까지는 18세가 된 젊은이들 10명 중 1명만이 선거인 명부에 등록할 정도의 극단적 상황까지 이르렀다(Wilhelm 2011). 그 당시 등록은 자발적이었지만 투표는 의무였다.

1997년에 이미 처음으로 18세 이상 인구의 자발적 등록자수가 심각할 수준으로 감소한 것이 명확하게 목도되었으며 그 해에 실시되었던 총선에서의 유효투표 수도 크게 하락하여 민주주의로의 복귀 이후 최저 수준을 기록하였다. 이와 같은 상황으로 2001년에 자발적 등록과 기타 선거 측면에 있어서의 의무 투표에 대한 검토가 상원에서 공식적으로 논의되었다. 그리고 이 논의에서 헌법 15조를 수정하고 투표 참여 방식을 유연화 할 필요가 있다는 결론을 도출하였다. 이것이 자발적 투표를 향한 첫 걸음이었다.

〈그림 1〉에서 볼 수 있듯이, 2009년 말 자발적으로 등록한 유권자 수와 등록

권력을 장악한 피노체트는 17년 동안 지속될 민군 독재 정권을 수립하였다.

3) 1988년부터 2012년까지 운영된 자발적 등록 및 의무 투표 시스템의 현재 명칭.

하지 않은 유권자 간 격차는 18세 이상 전체 잠재적 유권자 수의 31% 이상이었는데 여기에 많은 사람들이 공식적으로 회피한 선거에 있어서의 결석을 추가해야 한다. 피노체트 이후 최초로 우파가 승리하여 세바스티안 피녜라가 처음으로 대통령으로 선출되었던 2009년 2차 대선의 실제 투표율은 57%로 이것은 유권자의 43%가 기권을 하였거나 무효표를 던졌다는 점을 의미한다.

이렇게 자발적인 주민등록 비율이 지속적으로 낮게 나타난 결과 세바스티안 피녜라 대통령 재임 기간이었던 2021년 초 "자동 등록 및 자발적 투표법"(Ley de inscripción automática y voto voluntario)이라고 알려진 법률 20,568조가 제정되었다. 이 법은 선거인 명부 등록에 있어 자동 등록을 규제하고 선거관리위원회의

〈그림 1〉 칠레의 18세 이상 유권자 중 선거인 명부 등록자 수의 변화 양상

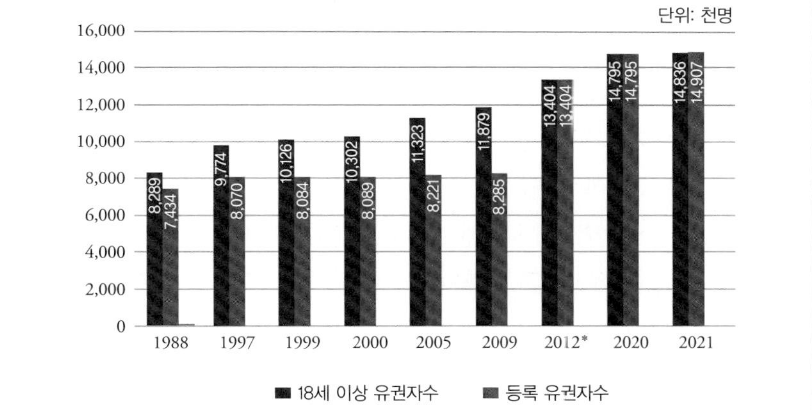

출처: 칠레 선거관리위원회[4]와 통계청 그리고 내무부의 자료를 종합하여 필자들이 직접 구성하였음.
주: *유권자 자동 등록 및 자발적 투표.

4) 칠레 선거관리위원회(Servel)은 선거 운동과 정당 활동 관리 규정뿐만 아니라 선거인 등록 절차와 선거인 명부 및 선거 행위를 감독하기 위한 목적으로 1925년에 설립된 독립된 국가 기관이다.

역할을 수정하며 투표 시스템을 현대화 하는 내용을 담고 있다. 이 법은 또한 선거 관리 위원회 및 선거 등록 시스템에 관한 헌법 구성법인 법률 18,556조를 수정하였는데 이를 통해 18세 이상 모든 칠레인들이 자동으로 선거인 부에 등록되도록 하였다.

이 법은 2017년 선거 시스템에 큰 변화를 가져온 선거법과 함께 칠레의 선거 참여 제도 전후를 가르는 표식이다. 2017년 선거법 개정안은 상당히 많은 지역에 있어 이항 시스템[5])을 변경하였는데 여기에 의하면 동트(D'Hondt) 방식[6])에 따른 의석수 배분 방식에 기반을 두는 큰 틀은 유지하면서도 각 지역 인구수에 따라 더 많은 의석을 배분하는 것이다.

2017년 대선: 변화의 시작

이미 자발적 투표와 자동 등록[7])이 제도화 되었던 2013년 대선에서 작은 경향으로 나타났던 유권자의 선별성이 이후 2017년 대선에서는 매우 강조되었다. 2013년 대선 이후 칠레에서는 유권자의 절반 정도가 선거에 참가하는 가운데 투표를 한 유권자들이 두 그룹으로 형성되기 시작하는 현상이 주요 현상으로 공고히 자리매김을 하게 되었다. 즉 대선 1차 투표 및 2차 투표 그리고 지방 선거에 모두 참여하는 안정적 유권자 그룹이 형성된 반면, 동시에 대선 후보의 "메뉴"에

5) 각 지역에서 2명의 대표를 선출하는 동트 법칙에 기반 한 시스템으로 65%의 득표율을 획득한 정당과 35%를 획득한 정당이 동일한 의원 수를 가질 수 있다. 그러므로 총선에서 두 번째로 많은 득표율을 얻는 정당의 선출성을 강화하게 된다.

6) 이 방식은 벨기에 수학자인 빅토르 동트(Victor D'Hondt)가 19세기 말에 고안한 방식으로 각 정당의 득표수를 1, 2, 3 등의 자연수로 나누어 의석을 배분한다. 각 정당의 득표수를 V로 놓고 각 정당이 이전 선거에서 확보했던 의석수를 S로 놓을 때 배분식은 V÷(S+1)이다. 현재 스페인, 벨기에, 이스라엘, 브라질, 일본 등에서 채택하고 있다(역주).

7) 18세 이상 모든 시민은 별도의 조치 없이 자동으로 투표할 수 있다.

따라 선거를 하거나 하지 않는 유권자 그룹이 형성된 것이다. 이 두 번째 집단은 그들의 선택에 있어 횡단적 측면을 보여주었다.

대략 1,450만 명의 유권자가 선거인 명부[8]에 등록되어 있었지만 꾸준히 정기적으로 선거에 참여하는 유권자들은 그 절반 수준인 700만 명에 불과하였다. 즉 유권자의 약 50%만이 선거에 참여한 것이었다. 하지만 2차 결선 투표까지 갔던 2017년 대선에서는 수백만 명의 유권자들이 1차 투표를 하고 2차 투표는 하지 않는, 이와는 반대로 1차 투표는 하지 않고 2차 투표는 하는 현상이 명확해 졌다. 이는 이전까지는 보이지 않던 현상이었다. 왜냐하면 1990년부터 2013년까지 유권자들은 대선에서 결선 투표까지 가는 경우에도 일반적으로 1, 2차 투표 모두 참가하였으며 이 경향은 지속되었다.

이러한 이유로 2017년 대선이 열리기 몇 달 전부터 2017년 11월 대선에서 투표를 할 유권자가 몇 명일 될지 알아보기 위한 다양한 작업이 수행되었으며 특히 이른바 “투표 가능성 있는 유권자”와 결부된 설문조사에 기반 한 방법들이 이 작업들에서 사용되었다. 하지만 모든 예상과는 달리 1차 투표에서는 670만 명의 유권자가 투표를 하였는데 이는 총 유권자 수의 47%에 해당하는 수치로써 상당히 수용 가능한 투표율이었다.

1차 투표가 열리기 몇 달 전 있었던 180만 명의 유권자들이 더 참가했던 예비 선거 이후 모든 재앙적인 예측과는 반대로 2차 결선 투표에서는 다시 한 번 700만 명의 유권자가 참가하여 대선과 지방 선거에서 기권표가 증가하던 추세를 뒤집었다.

2017년 대선의 1차 투표와 2차 투표 사이 800만 명 이상의 칠레 유권자들이 투표에 참가하였다(여기에 대해서는 〈그림 2〉를 참고하시오). 〈그림 2〉가 명확히

8) 각 선거에서 투표 가능한 유권자 총 수.

보여주고 있듯이 2차 투표는 1차 투표에 비해 700만 명이 넘는 유권자들이 참가하였으며 공식적 기권은 유권자의 50%에 달했다. 이것은 투표 가능한 실질 유권자 수를 정확하게 파악하고 있지 못하는 선거 명부 등록 체계에서 기권이 장기적으로 증가하여 왔거나 증가하고 있다는 신호가 아니라 다양한 변수들 중에서 경쟁, 양극화, 투표의 의미등과 같은 선거의 전형적인 요소들에 반응을 하였다는 신호다. 특별히 우리의 주목을 끄는 선거 현상은 2017년 대선 1차 투표에 참가했던 6,697,462명의 시민들 중 1,044,827명이 2차 투표에 참가하지 않았고 이와는 반대로 1차 투표에 참가하지 않았던 유권자들 중 1,378,336명이 2차 투표에 참가하였다는 점이다. 오직 5,629,332명만이 1, 2차 투표 모두 참가하였는데 이것은 우파에게 매우 유리한 방향으로 작동하였다. 왜냐하면 2차 투표에 참가했던 다수의 유권자들이 세바스티안 피녜라 후보를 지지했기 때문이다. 그는 결

〈그림 2〉 2017년 칠레 대선 투표 참가 유권자수

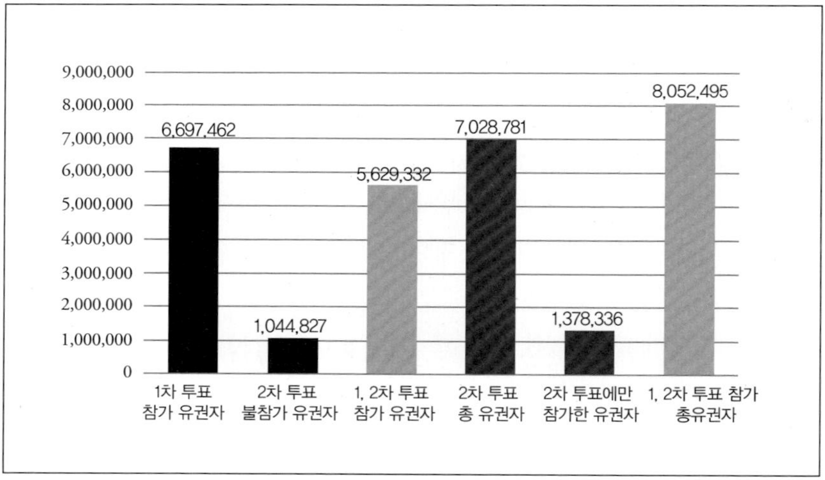

출처: 칠레 선거관리위원회 자료를 종합하여 필자들이 직접 구성하였음.

국 2차 투표에서 54%를 획득해 2017년 대선에서 최종적으로 승리하였다.

모든 것을 변화시킨 사회적 폭발

세바스티안 피녜라 행정부[9] 출범 후 거의 2년 뒤 우파는 3,796,918표로 칠레 선거 역사상 두 번째로 많은 표를 획득하였으며[10] 집권 초에 이미 또 다른 4년 집권의 가능성에 대한 논의가 개진되었다.[11] 하지만 이 기간 동안 불평등의 근원의 얼굴로써의 체제, 특히 지배 엘리트, 보다 정확히 말하자만 우파 지배계층에 저항하는 사회, 경제, 정치적 불안이 지속적으로 축적되고 있었다. 이것은 2017년 대선 결과의 잠재적이며 독립적인 과정이었다.

어떻게 사회 불안의 잠재적 과정이 공존하면서 동시에 변화하고 싶은 모든 것을 대표하는 우파 대통령이 선출 되었는가? 이 질문에 대해 많은 사람들이 전체 유권자의 75%에 달하는 1,100만 명의 유권자가 대선에서 투표를 하지 않았다는 사실과 연관된다는 가설을 제시할 수 있을 것이다. 다른 한편으로는 세비스티안 피녜라 대통령이 대선 유세 중에 제시했던 더 나은 일자리, 더 나은 사회안전망, 낙수론적 시각[12]으로부터 나온 더 나은 사회적 조건 등과 같은 "보다 나은 시대"에 대한 위대한 공약들이 좌절되었기 때문이라는 가설도 제시될 수 있다. 하지만 피녜라 대통령이 대선에서 제시했던 공약이 실현되는 일은 결코 발생

9) 세바스티안 피녜라 정권의 집권 기간은 2018년부터 2022년 3월까지다.

10) 에두아르도 프레이(Eduardo Frei)가 1993년 대선에서 4,044,399표를 획득하였는데 1차 투표에서 당선이 확정되었다.

11) 칠레 선거 제도는 대통령의 연임을 허용하고 있지 않다.

12) "경제 성장이 낙수 효과(낙수 이론)를 통해 표식가능한 자본의 증가 및 그 결과로써의 일자리의 증가로 인해 유발된 소득 분배로써 국민 복지의 향상을 기한다는 가설에 입각한" 논리(Figueroa Burdiles 2021).

하지 않았다. 실제로는 그 반대로 경제 부분은 뚜렷하게 퇴조하였고 사회 안전망과 연금 정책도 악화되었다. 이 모든 것은 빈곤의 재생산의 측면에서 명확하게 목도된다.[13)]

2019년 10월 칠레에서 사회적 폭발이 일어났다. 수백만 명의 시민들의 존엄한 삶을 위해 사회적, 경제적 불평등과 기존 정치 질서, “정치 계급”이 해결하지 못했던 무수한 주제들과 요구들에 대해 수개월 동안 항의하였다. 시민들이 요구한 것들은 1988년 국민투표를 통해 막을 내린 군부독재에서 중도좌파 및 우파 민주주의 체제로의 영원한 이행 기간 동안 결코 해결되지 않고 불평등에 대한 투쟁을 강조하지 않은 채 거시경제의 공식적 측면만 강조하는, 그럼에도 불구하고 빈곤문제를 해결하지 못한 상태에서 지속적으로 존재하던 것들이었다.

사회적 폭발이 일어난 지 거의 한 달이 지난 2019년 11월 15일 새벽에 입법 정치 대표성을 지닌 대다수 부문이 위기 해결을 위한 정치적 출구의 마련을 가능하게 하는 협정에 서명하였다(Mayol 2020). 위기를 극복하기 위해 정치권에서 협의한 이 위기 탈출 공식은 피노체트 독재 시절 때 제정되어 여러 번 수정을 걸쳤지만 여전히 권위주의적 색채를 가지고 있는 현행 헌법을 폐지하고 새로운 헌법을 제정하는 것이었다. 이 헌법 제정을 위한 전 단계로써 개헌 절차에 대한 국민들이 찬반 의사를 확인하기 위해 민주적 국민 투표를 실시하기로 합의를 하였다.

또한 동시에 정치권은 새로운 헌법을 제정할 제헌 의회 구성에 대해서도 합의를 하였다. 즉 개헌에 대한 국민 투표를 통해 새로운 헌법을 만들 조직인 제헌 의회의 유형을 정하는 것이었다. 크게 두 가지 유형의 제헌 의회 구성 방안이 제

13) 2006년부터 2017년 사이 빈곤율은 29.1%에서 8.6%로 뚜렷이 감소하는 추세를 보였다. 하지만 2020년에는 다시 10.8%로 상승하였다. 절대 빈곤율 역시 2017년 2.3%에서 2020년 4.3%로 상승하였다(사회개발가족부 2021).

시되었는데 하나는 제헌 의회 구성 인원을 전원 국민투표를 통해 선출하는 방안이고 또 다른 유형은 절반은 현 국회의원으로 하고 나머지 절반은 개헌만을 위해 국민투표로 선출된 대표로 구성하는 혼합 형식 방안이었다.

원래 국민투표는 사회적 폭발이 있은 지 5개월 후인 2020년 4월 26일에 실시할 예정이었다. 하지만 2020년 3월부터 COVID−19 팬데믹이 칠레와 남아메리카 대륙 전체에 급속도록 확산되기 시작하자 10월, 정확하게 말하면 2020년 10월 25일에 실시하기로 연기하였다.

국민투표는 여론 조사에서 예상했던 비율 측면에서 다소 예상하지 못했던 결과를 가져왔다. 반복해서 말하자면 결과가 아니라 비율이 예상에 어긋났던 것이다. 칠레 국민들의 개헌 찬성 비율은 78.3%로 예상보다 약 10% 많았다. 한편 새로운 헌법을 만들 제헌 의회를 민주적으로 선출된 인원으로 100% 구성하는 사항에 대해서는 79%가 찬성하였다.

그런데 이 국민투표에서 결과적 차원에서 가장 두드러진 점은 국가의 여러 지역이 격리되고 팬데믹이 확산되고 있는 상황에서도 유권자의 51%가 투표에 참가하였는데 이는 민주주의가 도래하였던 1990년 7,569,082명의 유권자가 투표에 참가한 이후 가장 많은 투표 참가율이었다. 이것은 국민투표의 결과 앞에 우파와 세바스티안 피녜라 정부가 보여줄 수 있는 정당성의 모든 측면을 완전히 무화시켜 버렸다.

〈그림 3〉에서 볼 수 있듯이 투표율의 증가와 개헌 찬성과 반대 비율이 80대 20까지 나타난 것은 1988년 독재에 반대하여 투쟁하였던 젊은이들이 당시 적극적으로 투표에 참가하였듯이 이번에도 특히 젊은이들이 투표장으로 돌아왔기 때문에 가능하였던 것이다.

우리가 〈그림 3〉을 잘 관찰해 보면 어떻게 18세에서 30세 이하의 젊은 유권자들이 2017년 대선 당시의 투표 참가율보다 20%나 많이 국민투표에 참가하였는

<그림 3> 2017년 대선과 2020년 국민투표에서의 연령별 투표참가자수

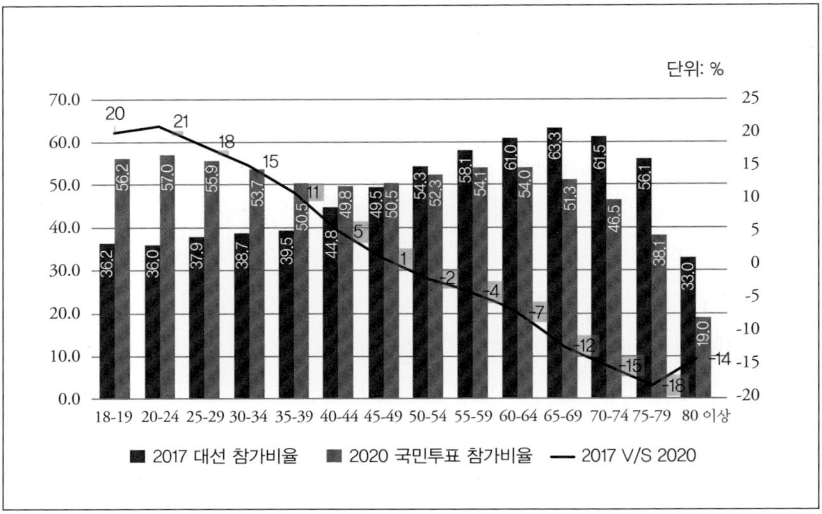

출처: 칠레 선거관리위원회 자료를 종합하여 필자들이 직접 구성하였음.

지를 목도할 수 있다. 반면 고령층의 경우 팬데믹의 영향이 뚜렷하게 나타난다. 즉 2017년 대선 이전까지 높은 투표 참가율을 보였던 65세 이상 79세 미만 고령층이 팬데믹 여파로 인해 투표를 많이 포기하면서 이들의 국민투표 참가율이 상당히 하락하였다.

한편 <그림 4>는 수도 산티아고의 빈민층 거주지인 라 핀타나(La Pintana), 푸엔테 알토(Puente Alto), 킬쿠라(Quilcura) 지역과 중상층 거주인 라 바르네체아(La Barnechea), 라스 콘데스(Las Condes), 비타쿠라(Vitacura) 지역 간 투표 참여율에 대한 비교를 잘 보여준다. 빈민층들이 주로 거주하는 이 세 지역은 역사적으로 투표 참여율이 낮았던 반면 중상층들이 주로 거주하는 세 지역은 투표 참여율이 전통적으로 높았다.

〈그림 4〉 산티아고의 가장 가난한 지역들과
가장 부유한 지역들에 있어 젊은층의 투표참가자수

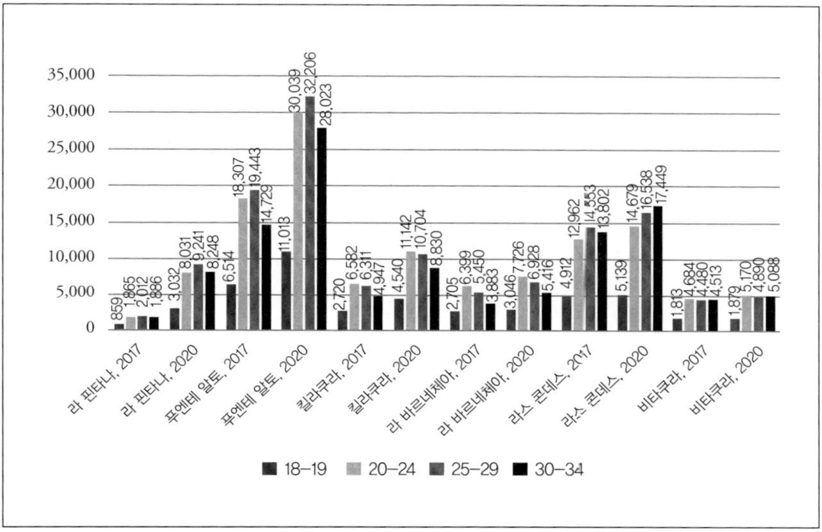

출처: 칠레 선거관리위원회 자료를 종합하여 필자들이 직접 구성하였음.

〈그림 4〉에서 명확하게 나타나고 있듯이, 빈민 지역인 라 핀타나, 푸엔테 알토, 킬쿠라 지역은 2017년 대선부터 네 개의 연령대 모두에서 높은 투표 참여율을 보여준다. 반면 부유한 지역인 라 바르네체아, 라스 콘데스, 비타쿠라 지역에서의 투표 참여율 증가 현상은 빈민 지역과 비교했을 상대적으로 낮으며 선거에 있어서 뚜렷한 중요도를 구성하지 못한다.

2021년 5월 선거

2020년 10월 국민투표에서의 개헌 및 개헌을 위한 제헌 의회 구성에 대한 찬성의 결과로, 선거 과정 책임 기관인 선거관리위원회는 의회와 함께 제헌 의회를 구성하는 대의원 최종 선출 선거를 16명의 주지사와 시장, 시의원을 선출하기 위해 이미 확정되어 있던 지방선거와 통합해서 실시하기로 결정하였다. 이 동시 선거는 마침내 2021년 5월에 실시되었다.

이를 위해 선거 제도에 대한 몇 가지 법률적 개혁이 이루어졌다. 특히 공식적으로 새로운 헌법을 제정할 28개 선거구에서 155명의 대의원을 선출하기 위한 방식으로 지역과 선거 시스템에 기반 한 동트 방식을 채택하였다.

국회의원을 선출하는 전통적인 방식과 관련해서 이루어진 가장 중요한 개혁에 있어 본질적으로 다음과 같은 세 가지 중요한 보완 사항이 두드러졌다.

첫째는 남녀 동수의 대의원 선출이다. 이를 위해 28개 선거구에서의 후보 등록과 선거 결과 모두에서 남녀 간 비율이 동등하게 되도록 요구하였는데 이는 최종 당선자들의 남녀 성 비율이 거의 동등하게 될 수 있도록 하기 위해서였다.

[표-1] 성별에 따른 제헌의회 대의원 출마 후보수

성	후보수
여성	649
남성	629
총계	1,278

출처: 칠레 선거관리위원회 자료를 종합하여 필자들이 직접 구성하였음.

둘째는 원주민의 참여이다. 이를 위해 155개의 제헌 의회 대의원 의석 중 17석을 칠레 원주민 대의원 몫으로 배정하였다. 이것은 선거에서 경쟁하는 10개 원주민 사회 각각이 28개 선거구 중 자신들이 주로 거주하는 지역에 따라 자신들만의 선거인 명부와 투표권을 가진다는 것을 의미하였다.

셋째는 후보자 명부를 통한 무소속 대의원들의 진출이다. 선거제도의 지형도

[표-2] 성별에 따른 원주민 출신 제헌의회 대의원 출마 후보수

	여성	남성	총계
마푸체족	19	20	39
아이마라족	10	8	18
코야족	4	4	8
리칸 안타이 혹은 아타카메뇨족	4	4	8
디아기타족	5	–	5
카와시카르족	4	1	5
케추아족	2	2	4
라파 누이족	1	3	4
창고족	–	3	3
야간족 혹은 야마나족	1	–	1
총계	50	45	95

출처: 칠레 선거관리위원회 자료를 종합하여 필자들이 직접 구성하였음.

에 보다 많은 결과를 가져 온 마지막 개혁은 공식 정당에 가입해 있지 않거나 모든 선거구와 지역으로부터 독립적인 무소속 후보들이 다른 무소속 후보들의 지원을 통해 후보자 명부[14)]를 작성할 수 있게 되었다는 점이다. 이 사실은 경쟁하는 전통적 협약을 통해 역사적으로 정치를 운영해 온 정당에 대항해서 큰 틀에 있어서의 정치적 공급 측면에서 경쟁을 불러일으킨다.

[표-3]에서 알 수 있듯이 개헌 찬반 국민 투표에서 등록된 79개의 명부 혹은 협약 중에서 67개가 무소속에서 등록한 것으로 이것은 각 지역구의 제안을 크게

14) 칠레에서 후보자 명부(lista)는 동트 방식과 같은 비례적 성격을 가지고 이 명부에 기재된 후보들이 당선될 수 있도록 충분한 경쟁력을 가질 수 있게 하기 위해 가능한 많은 지지표를 모을 수 있도록 하는 후보자 리스트다.

[표-3] 2017년 총선 당시 협약과 2021년 개헌 국민투표 당시 협약 비교

	2017년 총선	2021년 개헌 국민투표
협약 수	9(정당 제출)	79(12개는 정당제출, 67개는 무소속 제출)
후보자 수	960	1,278(+95 원주민 후보)

출처: 칠레 선거관리위원회 자료를 종합하여 필자들이 직접 구성하였음.

확대한 것이다. 이 명부들 중 오직 15개만이 전국 28개 선거구에서 경쟁하는 전국 단위 명부였고 나머지 거의 대부분은 각 지역 정체성이 매우 강하게 드러나면서 오직 특정 지역에만 경쟁하는 명부들이었다.

한편 국민투표 총 참가인원 측면에서 볼 때 칠레 전역으로 확대되고 있던 COVID-19 팬데믹의 여파로 인해 2020년 국민 투표 때보다는 투표 참가 유권자수가 감소하였다. 2021년 국민 투표가 실시되었을 당시 55%에 달하는 지역이 검역 조치에 들어갔고 보건부에 따르면 PCR 검사자들 중 12%가 양성으로 판정되는 등 감염 상황이 심각한 상태였다.

〈그림 5〉에서 잘 나타나고 있듯이 2017년 이후 실시되었던 모든 선거들에 대해 관찰해보면 2020년 국민투표 참가 유권자수와 2021년 5월 개헌 찬반 국민 투표 참가 유권자 수 사이에는 100만 명 이상이 차이가 날 정도로 2021년 국민투표 때의 유권자 참가수가 급감하였다.

정치적 시각으로부터 본 결과적 측면에서 선거관리위원회에서 제공한 두 수치가 2020년 국민투표와 2021년 개헌 찬반 국민투표 간의 변화의 방향과 경향을 해석하기 위해서는 필수적이다.

첫 번째 의미 있는 수치는 2017년 대선 2차 투표에 1,326,454명의 유권자가 투표를 하지 않았는데 이들 대부분은 중도층과 고령층으로 추정된다. 그런데 이렇게 투표에 참여하지 않은 층을 젊은층이 대체하게 되었는데 선거관리위원회에

〈그림 5〉 2017-2020년 선거와 2021년 선거 간 투표 참가자수 비교

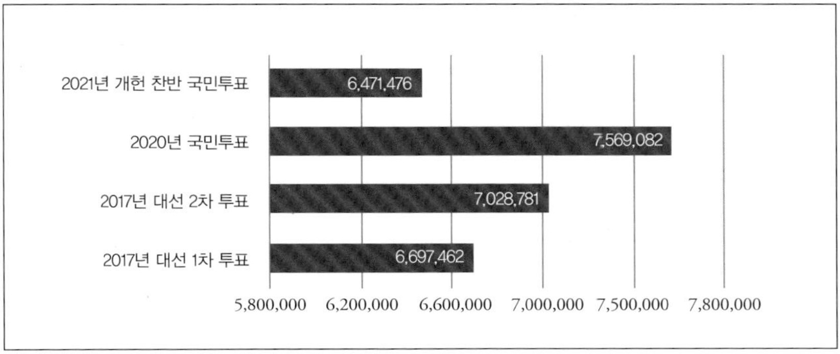

출처: 칠레 선거관리위원회 자료를 종합하여 필자들이 직접 구성하였음.

따르면 1,271,301명의 젊은이들이 2020년 국민투표에서 처음으로 투표를 하였다. 이와 같이 2021년 5월 COVID-19로 인한 심각한 팬데믹 사태의 결과로 보다 많은 젊은 세대가 개헌 찬반 국민투표에 참가하고 반면 65세 이상 노년층들이 격리로 인해 투표 참여율이 저조해진 상황이 가져온 결과는 전통적인 정치 세력에게 놀라움을 가져다주었다. 특히 우파 정치 세력들에게는 그 충격의 여파가 더욱 컸다. 2017년 대선에서 우파는 거의 380만 표를 획득하여 승리를 하였지만 2021년 국민투표에서는 120만 표도 얻지 못하였다. 다시 말해 우파는 4년도 안 된 기간에 3분의 2의 득표율을 잃어버렸던 것이다. 반면 전통적 좌파 세력과는 다른, 기존 정치 체계 외부에 있던 좌파가 의외로 승리함으로써 상승세를 탔다.

전통적 좌파가 제출한 전국 단위 후보 명부는 300만 표 정도에 머물렀던 반면 유권자의 대부분은 진보적 주제 및 환경 문제와 연관된 독립적이며 지역적 성격을 가지고 있는 대안을 선택하였다.

요약하자면 [표-4]에서 볼 수 있듯이 좌파와 중도좌파 세력은 제헌의회 투표에서 압도적인 승리를 거두었는데 여기에는 젊은 유권자들의 투표 행태와 빈민

[표-4] 정치 협약에 따른 투표 결과

협약	정치성향	대의원 당선자수
칠레를 위한 전진(Vamor por Chile)	우파	37
존엄성 인정(Apruebo Dignidad)	좌파	28
민중의 명부(La lista de Pueblo, 무소속)	좌파	25
승인 명부(Lista de Apruebo)	중도좌파	26
새로운 헌법을 위한 무소속 (Indipendientes poruna Nueva Constitucion)	중도좌파	11
또 다른 협약(Otros pactos)		11
원주민(Pueblos Originarios)		17
총계		155

출처: 칠레 선거 법원 자료를 종합하여 필자들이 직접 구성하였음(2021).

지역 거주민들의 적극적인 투표 참여가 있었기 때문이다. 우리는 이와 같은 현상을 앞에서 제시한 2020년 국민투표에 대한 비교표에서 목도를 하였고 이 현상은 2021년 5월 개헌 찬반 국민투표까지 확대되었던 것이다.

결론

2017년 대선 이후부터 칠레 국민의 정치적 인식에 큰 변화가 있었고 이것은 사회적 폭발에 의해 더욱 가속화 되었다는 점은 분명한 사실이다. 그리고 사회적 폭발은 노년층 유권자들을 비동원한 반면 많은 젊은 유권자들을 동원하였다. 한 가지 가설은 희망이 변화에 대한 두려움을 이겼다는 것이다.

이것은 2017년 대선 2차 투표에서 130만 명의 유권자가 투표에 참가하지 않았다는 것뿐만 아니라 2020년 국민투표에 127만 명의 유권자가 새롭게 참여했으며, 특히 34세 이하 젊은 유권자층을 중심으로 2021년 5월 국민투표에도 계속 참여하려는 경향이 있다는 점에서 잘 드러난다.

"메뉴"에 따른 유권자들의 이 움직임은 비록 그 효과는 투표의 정치적 양극성의 의미에 있어 "보다 안정적인" 유권자의 행위에서 표출됨에도 불구하고 결과에 따른 정치적 방향에 변화가 있는 칠레 선거에 큰 영향을 미친 것은 명백하다. 하지만 이것은 본질적으로 불평등과 불의 그리고 시민의 권리를 위한 투쟁의 의제를 가시화한 2019년 10월 사회적 폭발의 효과에 기인한 것이다. 하지만 이 과정이 반드시 안정적이지만은 않다. 즉 젊은 유권자들의 지속적으로 투표에 많이 참가할지, 그리고 좌파를 찍는 경향을 계속 보여줄 지는 아직 불분명하다.

COVID-19로 인해 유발된 팬데믹을 극복하고 60세 이상 65세 이하 유권자들이 다시 투표장으로 돌아오면 이들은 지난 2017년처럼 온건하게 투표를 할 가능성이 존재한다. 환언하면 이 연령대의 유권자들이 중도좌파나 좌파 후보자를 찍는 일반적 경향을 보일지 아니면 이전과 동일한 투표 행태를 보여줄지 지켜봐야 한다.

마지막으로 아직 하나의 의문이 남아있다. 2017년 대선 2차 투표에서 380만 표를 획득했던 세바스티안 피녜라 우파 정권이 어떻게 4년 만에 개헌 찬반 국민투표에서 120만 표만을 획득했는가라는 점이다. 이것은 가장 강경한 유권자와 관련이 있을 것이다. 또한 "더 나은 시대"와 경제 성장에 있어서의 실행되지 않은 공약에 대한 기대의 좌절이 가져 온 가능한 현상이라는 가설을 세울 수 있을 것이다. 여기에 더해 우파의 퇴보는 사회적 국면의 영향으로 다시 설명가능 할 것이고 노년층의 건강 및 연금 문제로 인해 더욱 악화될 것이다. 2021년 대선에서 우리는 유권자들의 표심이 좌파로 기우는 것을 확인할 수 있을지 아니면 그 추가 다시 오른쪽으로 향할지 볼 수 있을 것이다.

정동희 옮김

| 참고 문헌 |

Figueroa Burdiles, Noelia(2012), "El desarrollo y las políticas públicas", *Polis*, Vol. 11, No. 33, pp. 375–392, doi: 10.4067/S0718-65682012000300018.

Mayol, Alberto(2020), "Protestas y disrupción política y social en Chile 2019: Crisis de legitimidad del modelo neoliberal y posible salida política por acuerdo de cambio constitucional", *Asian Journal of Latin American Studies,* Vol. 33, No. 2, pp. 85–98.

Ministerio de Desarrollo Social y Familia(2021), *Resumen de resultados: Pobreza por Ingresos y Distribución de Ingresos (CASEN 2020),* http://observatorio.ministeriodesarrollosocial.gob.cl/storage/docs/casen/2020/Resumen_de_resultados_de_Pobreza_por_Ingresos_y_Distribucion_de_Ingresos.pdf.

Ministerio de Salud(2021), *La tasa de positividad de los exámenes de PCR alcanzó el 12% la más baja hasta ahora*, https://www.minsal.cl/la-tasa-de -positividad-de-los-examenes-de-pcr-alcanzo-el-12-la-mas-baja-hasta-aho a/

Tribunal Calificador de Elecciones(2021), *Resultados de Elecciones-Convencionales Constituyentes,* https://tribunalcalificador.cl/resultados-de-elecciones/

Wilhelm, Ricardo(2011), *Inscripción automática y voto voluntario: ¿Una realidad próxima?,* https://web.archive.org/web/20180915084913/ http://www. electoral.cl/upload/docs/Inscr%20Automatica%202011_9.pdf

평행선을 달리는 쿠바 정부와 국민

제시카 도밍게스 델가도

쿠바 디지털 잡지 『엘토케(elTOQUE)』의 '팩트체크(DeFacto)'부 편집자

원제와 출처: Jessica Dominguez Delgado, "El pueblo, el gobierno y las realidades paralelas en Cuba", *Nueva Sociedad,* No. 295, septiembre–octubre de 2021, pp. 113–122.

핵심어: 7월 11일, 위기, 시위, 미겔 디아스카넬, 쿠바

2021년 7월 11일의 쿠바 시위에 대한 일치된 견해는 이날 수 천 명의 사람들이 길거리로 쏟아져 나왔다는 것뿐이다. 그 사람들이 누구이며, 무엇을 요구하고, 왜 나왔고, 시위 전개 과정과 후속 처리 등에 대해서는 견해가 분분하다. 일부에서는 이번 시위가 자발적인 사회 저항, 즉 국가적 위기 상황이 폭발한 것이라고 하고, 쿠바 정부쪽에서는 사주받은 사람, 반혁명분자, 적의 미디어 선동에 넘어가 "사태 파악을 못한" 혁명세력이[1] 참여한 소요라고 한다. 또 어떤 사람들은

1) '혁명세력'이란 1959년 쿠바혁명으로 집권한 현 정부를 지지하는 국민을 가리키는 말이다(역주).

〈그림 1〉 2021년 7월 11일 아바나 카피톨리오(Capitolio) 앞에서 시위하는 쿠바 사람들

출처: https://neai-unesp.org/cuba-y-las-protestas-del-11-de-julio/

1959년 쿠바혁명 이후 처음으로 대규모 국민이 길거리로 나와 변화를 요구한 역사적인 날이었다고 하며, 정부쪽에서는 혁명정부를 지원하기 위한 장거(壯擧)라는 공식 답변을 내놓았다. 사실은 둘 다이다. 어느 한 면만을 보고자 한다면 진실의 반을 놓치게 된다. 최대한 객관적으로 7월 11일에 일어난 일을 요약하면 다음과 같다.

- 정오 무렵, 아바나에서 35km 떨어진 산 안토니오 델 로스 바뇨스(San Antonio de los Baños)에서 일단의 사람들이 교회 앞에 모여 사회정치적 불만을 표출했다.
- 이 소식은 소셜미디어를 통해서 다른 지역으로 확산됐다. 전국적으로 60곳 이상에서 시위가 있었다.
- 미겔 디아스카넬 대통령은 사태를 수습하기 위해 정부 인사들을 대동하고

산 안토니오 델 로스 바뇨스로 왔다.

- 그 날 오후 대통령은 국영TV를 통해 사태를 설명하면서 다음과 같은 말로 끝을 맺었다. "전투 명령을 하달한다. 혁명세력은 거리로!"
- 거리에서는 평화적인 시위, 대치, 반정부 구호, 친정부 구호가 뒤섞였다. 환전소를 강탈하고, 경찰에 대항하는 일도 있었다. 이런 일은 지역마다 차이가 있었다.
- 휴대전화의 데이터서비스가 중단되고, 페이스북과 와츠앱(WhatsApp) 같은 플랫폼 접속도 차단되었다.
- 경찰이 시위대, 특히 시위를 촬영하는 사람들을 저지하는 과정에서 몇 건의 폭력 사태가 발생했다.
- 결국 시위는 진압되었고, 수백 명이 체포되었다. 아직까지 체포된 사람들의 정확한 숫자는 알 수 없다.

그러나 이것만으로는 7월 11일 이후에 전개된 행위자, 이해관계, 사건의 다양성을 이해하기에는 불충분하다. 쿠바의 정치는 수년 동안 양극화되었기 때문이다. 인정하든 안 하든, 7월 11일 시위는 분수령이었고, 다른 면을 보려는 사람들에게나 손바닥으로 해를 가리려는 사람들에게도 충격이었다. 쿠바 사회가 20년 전처럼 신뢰할 만하고 유토피아적이라고 생각하는 사람들에게 드러난 현실이었다. 사회적 합의가 파기되었다는 증거였다.

양분된 국민

시위를 하겠다는 신고도 허가도 없었다. 쿠바 정부 발표는 자발적으로 사람들이 모였다는 점에 의문을 표시하고 있지만, 조직도 없었고, 지도부도 없었다.

정부의 대응력을 조롱하는 듯한 이런 시위가 가능했다는 것이 놀라울 따름이다.

시위권은 2019년에 개정된 헌법 56조에 명시되어 있다. 그러나 이를 실질적으로 보장하는 법적 장치는 없다. 시위권 행사에 관한 명확한 규정이 없다. 7월 11일 시위와 같은 운동을 하기 위해 허가를 받아야 한다는 생각 자체를 못했다. 그렇지만 정당하지 않다거나 불법이라는 생각도 없었다. 쿠바 국민이 거리에서 시위한 적이 없었던 것이다.

시위 참가자들의 면면을 살펴보는 것도 중요하다. 가난한 동네에 사는 청년부터 장년에 이르기까지 모든 연령의 사람들이 거리에 나왔다. 지식인과 예술가 엘리트는 가난한 사람들을 대변한 적이 있었지만, 이번에는 나오지 않았다. 거리에 나온 사람들은 생필품을 구하려고 길게 줄을 서는 사람들, 생활에 지친 사람들, 실직한 사람들, 쿠바혁명이 일어난 지 60년도 넘었건만 인종 불평등의 유산을 물려받은 사람들, 성소수자(LGBTI+) 집단과 취약 계층, 사회에서 배제된 사람들, 권력과 직접 소통할 길이 없는 사람들, 레게톤 문화를 즐기는 젊은이들이었다. 사람들이 그다지 좋아하지 않는 대중 계급이 시위를 벌인 것이다. "미천한 사람들의 혁명, 미천한 사람들을 위한 혁명"에서 여전히 망각되고 이해받지 못한 사람들이 시위했다는 것이 바로 메시지였다.

시위 참가자들은 다양한 구호를 외쳤다. "단결한 민중 결코 패배하지 않는다"라는 유명한 구호와 함께 "디아스카넬 개새끼", "조국과 삶",[2] "식품", "의약품", "민주주의"라는 구호도 나왔다. 가장 많이 나온 구호는 "자유"였는데, 아마도 자존감(의미는 각자 다르겠지만)의 표현이었을 것이다. 간간히 "우리는 무서울 게 없다"라는 구호도 들렸다. 시위는 용기 있는 행동이었고 대담한 행동이었고, 사람들은 이런 점을 알고 있었다. 그 순간에는 아무도 결과에 대해서 생각하지 않

2) 1959년 쿠바혁명 당시의 구호 "조국 아니면 죽음을!"(Patria o muerte)를 패러디한 말(역주).

았고, 예상할 수도 없었다.

시위 현장에서는 작은 목소리로 옆사람과 나누는 얘기도 들렸다. "언제까지 이래야 해요?" "글쎄요. 참 힘드네요." 그것이 공유한 감정이었다. 최근에 쿠바 사람들이 만나면 자주 나누는 얘기였다.

시위 장소는 도시 중심부와 가난한 동네였다. 예를 들어, 아바나에서는 디에스 데 옥투브레(Diez de Octubre), 센트로 아바나(Centro Habana), 아바나 비에하(Habana Vieja) 무니시피오에서[3] 시위가 있었다. 인구가 많고, 생활수준이 열악한 무니시피오들이다. 반면에, 지도층과 기업가와 외교관이 많이 거주하는 플라야(Playa) 무니시피오 같은 곳에서는 시위가 없었다. 어떤 사진을 보면 평화 시위라는 표시로 양팔을 높이 쳐든 사람들이 보인다. 일반화하기는 어려우나 이것이 적지 않은 시위자들의 의도였다.

경찰과 대중 단체 사람들, 공산당 지도부와 공산당 청년부 지도부, 국영기업 노동자들, 혁명세력도 나와서 시위를 막고 거리 질서를 "회복"하려고 했다. 정부를 지지한다고 맞불 시위를 벌인 것이다. 이 사람들은 깃발과 피켓을 들고 밴드까지 동원했다. 경미한 물리적 충동도 있었으나 그런 폭력은 "정당하다"고 옹호했다.

다음날 디아스카넬은 "혁명세력에게" 거리 질서를 회복하라고 요청한 것은 국민과 맞서려는 것이 아니라 혁명을 수호하기 위한 것이며, "시위자의 폭력 행사에 국민이 방어했다"고 말했는데, 이로써 혁명세력만이 국민이며, 쿠바 전체 국민에 대한 책임을 방기했다. 그렇지만 "범죄자들", "사주받은 사람들", "선동에 넘어간 사람들"도 국민이다. 또 디아스카넬은 "혁명을 수호"하기 위한 폭력을 정당화함으로써 국민을 나누었다. 정부 역시 쿠바 바깥에 있는 사람들과 쿠바 안에

3) 무니시피오(municipio)는 주 바로 아래의 행정 단위이다. 2019년 현재, 아바나의 15개 무니시피오를 포함하여 쿠바 전역에 168개 무니시피오가 있다(역주).

있는 사람들을 나누었다. 전자의 송금은 쿠바 외환 수입에서 큰 몫을 차지하고, 또 엄연히 쿠바 국민임에도 불구하고 그 어떤 정치 참여도 못하게 막았다.

현재 쿠바 국민은 전 세계에 살고 있다. 이것이 쿠바의 특징 가운데 하나이다. 인구 조사에 따르면, 이주의 주 동인은 경제적인 것이었다. 어떤 사람이 조국과 가족을 떠나기로 결심할 때는 물질적, 정신적 필요를 충족시킬 수 없었기 때문이다. 특히 모든 것이 이데올로기로 재단되는 나라라면 이주 동기는 정치적인 것이기도 하다. 그래서 10월 11일부터 며칠 동안 시위는 국경을 건너 마드리드, 바르셀로나, 토론토, 멕시코시티, 산티아고 데 칠레, 마이애미, 워싱턴 등지로 퍼져나갔다. 정당한 요구를 한 국민은 나중에 범죄를 저지른 사람들이 되어, 재판을 받고—『쿠바데바테』(Cubadebate)에 따르면[4] 변호사가 없는 경우도 있었다—, 벌금을 물고, 정신적, 육체적으로 학대당했다. 이 사람들이 가장 큰 상처를 입은 국민이었다.

눈에 보이지 않는 정치

쿠바에는 하나의 현실만 있지 않다. 정치적 견해도 하나만은 아니지만, 대부분은 공식적인 견해 앞에서 숨을 죽이고 있다. '단결'이라는 구호는 추상적이고 이론적인 개념으로 변질되었다. 단결이라는 말은 이제 지배 권력에 반대하는 표현이 불가능하다는 뜻이 되었다. 반정부운동은 두말할 필요가 없다. 정부에 반대하는 표현 자체가 이단의 징표이다. 따라서 단결 추구는 차별과 배제와 소외로 나아간다. 쿠바 정치에서 "나와 함께 하지 아니하는 자는 나를 반대하는

4) Oscar Figueredo Reinaldo: "As marchan las investigaciones penales tras los sucesos del 11 de julio en Cuba" en *Cubadebate*, 4/8/2021.

자이다."[5]

쿠바 정부의 태도는 공세적이라기보다는 수세적이다. 과거에 살고 있으며, 과거에 발목이 잡혀 있다. 최근 몇 년 동안 정치권의 노력은 이미 성취한 것을 유지하는 데 집중되었다. 보편 교육, 무상 교육, 무상 의료, 사회 보험, 고용 보장, 기본급과 기초식품이라는 사회 정의 계획은 더 이상 유지할 수 없었다. 시간이 감에 따라 좋아지기는커녕 퇴보하고 있다.

'당과 혁명의 사회경제 정책 지도 요강'(Lineamientos de política económica y social del Partido y la Revolución. 흔히 '지도 요강'이라고 부른다), '2030 사회경제 발전 계획'(Plan Nacional de Desarrollo Económico y Social 2030), '환전 정상화 사업'(Tarea Ordenamiento) 등등 잇달아 이런저런 계획을 세우고, 잇달아 전당대회를 열고, 잇달아 실패했다. 쿠바 경제는 국민의 물질적 삶을 긍정적으로 추동하지도 못하고, 가시적인 성과도 내지 못했으며, 만족할만큼 성장하지도 못했다. 반면에, 팬데믹에도 불구하고 호텔 신축 사업 투자는 계속되고 있고, 농업은 도약하지 못하고 있다.

최근 몇 년 동안 쿠바 정치는 특히 국제 무대에서 거칠게 소리나 질러댔다. 유엔에서 외교관들은 고함을 질러 토론을 방해하거나 중단시키고,[6] 정치가들은 공허한 구호나 되풀이 하면서 현실을 외면하고 언론에 발뺌하는 답변을 하고 있다.[7] 여기에 덧붙여 최고 지도층 가족은 투기와 낭비로 스캔들을 일으켰다.[8]

5) 누가복음 11장 23절(역주).

6) "Cuba usa gritos y ruido para acallar denuncia de eeuu sobre presos políticos" en *Agencia* EFE, 16/10/2018.

7) Glenda Boza Ibarra: "Canciller cubano: manipulación, omisión y medias verdades" en *elTOQUE*, 15/7/2021.

8) "Nieto de Fidel Castro publicó video tras polémica por conducir un Mercedes Benz", en *Semana*, 5/3/2021.

이 모두가 정부의 신뢰성에 치명타를 입혔다. 게다가 정치가의 연설은 새로운 조치가 필요한 대다수 국민과 관계가 없다. 국민과 직접 소통하는 대통령이 필요하다. 국영TV에 출연하여 적을 향해 이런저런 말을 하는 대통령도 아니고, 지도층을 질책하는 대통령도 아니다. 쿠바 현실과 실정에 맞는 정치를 해야 한다.

7월 11일 사태에 대한 공식 발표는 오만에서 타협으로 바뀌었다. 그러나 양보는 아니었다. 모호함이었다. 국민들에게 꼭 필요한 사항에 대해서 일시적인 조치를 취했다. 식품과 의약품의 자유 반입을 허용하고, 20만 명 이상에게 배급표(식품과 위생용품의 기본 할당량 분배)를 나눠줬다.[9] 그러나 이런 조치가 시위의 결과가 아니라는 것은 분명했다. 국민에게 정부를 믿으라고 했지만, 인지하지 못한 실책이 있었고, 예상치 못한 여론의 변화가 있었다. 정치적 결정도 불확실하고, 법적 틀 마련도 미적거렸으며, 정치적 이해관계에 따라서 법 적용이 들쭉날쭉했다. 여기에 덧붙여 관료주의, 침묵, 투명성 결여, 회계 감사와 국민 통제 결여도 있었다. 현재는 상황이 변했다. 이제 역사적인 쿠바 혁명 지도자들은 없다. 따라서 어떤 정책을 결정할 때마다 현 정치가들의 정당성이 의문시된다. 쿠바 정치가들은 창조적이고 역량이 있어야 한다. 특히, 60년 전에 미국이 주도한 봉쇄를 극복할 수 있을 정도로 능수능란해야 한다. 봉쇄는 쿠바 정부뿐만 아니라 쿠바 국민에게도 부당하고 잔인한 조치였다. 그러나 국내 상황 변화로는 이런 문제를 해결할 수 없고, 또 국가 발전의 지체를 정당화하지도 못한다. 권리로서 시위의 정당성과 시위의 원인을 모르는 것, 폭력을 정당화하는 것, 체포된 사람들의 처벌 과정에 대한 정보를 숨기는 것, 시위 참여자를 범죄시하는 것이 또 다른 쿠바의 현실을 구성하고 있다. 실험실에서만, 정치라는 비눗방울 속에서만 작동하는 현실이다.

9) AAVV: "Detalles sobre las medidas económicas anunciadas por el Gobierno cubano" en *Cubadebate*, 16/7/2021.

쿠바 정치는 고도로 투명하고 공개적이어야 한다. 현실적으로 드러난 모순과 문제점을 반영하고, 해결책을 모색해야 한다. 양탄자 밑에 쓰레기를 숨기는 것과 같은 허구적 단결은 사회가 효과적이고 실질적으로 작동하는 데 방해물이다. 눈에 보이지 않는 정치는 변화와 변혁의 가능성을 말살한다. 그런 정치는 7월 11일 시위와 같은 사태를 마주하면 무기력해진다.

무소불위의 사법 당국

라틴아메리카, 미국, 유럽에서 거리 시위에 진압하는 경찰이 쿠바 경찰보다 훨씬 난폭하다는 것은 분명하다. 그러나 이것이 사법기관의 권력남용을 정당화하는 것은 아니다. 최류탄과 같은 시위진압 수단을 사용했다는 보고는 없지만, 경상자가 생기고 발포가 있었다. 거리에는 경찰, 군인, 특수대, 민간인 복장으로 총기를 소지한 기관원들이 쫙 깔렸다. 게다가 의무 병역 기간이라서[10] 명령을 거부할 수 없는 청년들은 민간인 복장에 막대기를 들고 나왔다. 화가 난 이들은 분풀이를 하고자 시위대를 구타할 의도가 있었다. 시위대를 진압하고, 힘을 과시하고자 했다(방어할 때만은 아니었다). 이것이 아마도 7월 11일 사태 중 가장 심각한 일이었다. 결코 넘어서는 안 될 선이었기에 누군가 한계를 설정해야 했는데 그러지 않았다. 경찰의 주 임무는 국민 보호라는 사실을 생각한 사람은 없었다. 게다가 경찰의 장비 구입, 방어 비용, 시위와 같은 사태에 대한 대응 절차와 행동 요령 등을 논의했다.

7월 11일 시위에서 공식적인 사망자는 한 명뿐이었다. 디우비스 라우렌티시오

10) 쿠바에서는 18세부터 28세의 남자는 2년 동안 병역 의무가 있다. 그러나 모두 현역(Servicio Militar Activo)으로 입대하는 것은 아니다. 일부는 보충역(Servicio Militar Reserva)으로 유관 기관에서 근무한다. 이 글의 저자는 보충역을 가리킨 것으로 보인다(역주).

테하다라는 36세 남성이었다. 내무부 발표는 마치 죽어도 마땅하다는 듯이 전과 경력을 언급했다. 그러나 폭력은 거리에서만 발생한 것은 아니었다. 경찰서로 끌려간 후에도 계속됐다. 조사과정에서 드러난 인권 유린, 공권력 남용, 음식 제한, 헌법에 보장된 권리 무시 등은 나중에 증언으로 밝혀졌다.[11] 사실 대량 체포보다는 주동자 체포가 지난 몇 십 년 동안 정보기관의 전략이었다. 7월 11일 시위에서 사법기관의 활동에 대해 검토하겠다는 공식 발표는 아직까지 없다.

미디어, 주인공

7월 11일 시위에 대해서 알 수 있는 주요 정보원은 시민들의 제보이다. 시위 참여자들이 소셜미디어에 공유한 비디오와 사진이 시위를 파악할 수 있는 원천이다. 쿠바에서 인터넷 접근이 가능하도록 한 것이 시위 확산에 기여한 것이 분명하다. 2018년 12월(이때 모바일데이터 서비스가 시작되었고 쿠바 사람들은 연결 경험이 없었다) 이전이었다면 아마도 시위는 일어나지 않았을 것이다. 시위가 발생했다고 하더라도 7월 11일 같은 시위는 아니었을 것이다.

디지털 공간에서, 특히 트위터에서 이전에 코로나바이러스 문제로 붙인 해시태그 #sosmatanzas에서[12] 파생된 #soscuba를 붙임으로써 인플루언서들과 국제적인 인사들은 인도주의적 지원을 이야기했다.[13] 이런 행동 역시 쿠바 정부 측에서는 미디어전쟁의 일부로 단죄했다. 연결 수단과 매체로서 인터넷 접근의 중요성은 7월 11일 당일과 이후 며칠 동안 의사소통을 제한하려는 억압적 조치의

11) Eloy Viera Cañive: "El testimonio de Gabriela Zequeira describe un acto de tortura", en *Eltoque*, 30/7/2021.

12) 쿠바의 도시 '마탄사스를 구해주세요'라는 뜻의 해시태그(역주).

13) "sos Matanzas ¿cómo puedo ayudar?", en *VISITAR*, 9/7/2021.

하나로 모바일데이터 서비스를 중단한 것으로 설명된다.

쿠바 미디어 환경, 특히 소셜미디어 공간은 양극화되어 있다. 한편에는 증오와 대화 거부가 판을 치고 있고, 다른 한편에서는 친정부 세력이 사안을 얼버무리거나 과대포장하거나 무시한다. 시위와 관련된 허위 정보는 스페인의 ABC신문과 같은 권위 있는 매체도 관심을 기울여, 라울 카스트로가 도망쳤다는 소셜미디어 정보는 가짜라고 밝혔다.[14] 엉뚱한 날짜의 살인 사건 비디오 클립이나 7월 11일 사태와 무관한 글귀나 이미지도 웹에 유포되고 있다.

한편, 쿠바의 공식 매체는 정부 견해만 전달하고 있다. 국영TV(항상 그랬지만)나 다른 어떤 매체도 7월 11일 시위에 대해 언론사가 취재한 뉴스를 보도하지 않고 있다. 얼마 후에 "혁명세력 미팅"이라는 이미지를 보여주고 공식 발표만 되풀이했을 뿐, 그 어떤 문제 제기나 관련 보도도 없었다. 정부가 시위를 언급한 후에야 공식 언론은 시위 관련 소식을 내보냈다.

7월 11일 당일부터 쿠바 언론인 연합 회장은 "4세대 전쟁의 심각성과 비열하고 허구적인, 미디어의 포위공격에 대한 경각심을 일깨우고, 쿠바인의 긍지와 권리를 수호하기 위해 언론인연합 회원들은 국민과 함께할 것이다."라고 천명했다.

항존하는, 외부의 이해관계

쿠바 생활은 좋든 싫든 미국의 정치와 긴밀한 관계가 있다. 정부 운영부터 가정사에 이르기까지 미국 정치에 달려 있다. 따라서 미국과 쿠바의 관계는, 항상 공개적이지는 않지만, 다양한 양국 행위자들의 교섭 관계와 다방면의 긴장 관계에서 항존한다. 경제, 무역, 금융 봉쇄는 60년 넘게 지속되고 있다. 반쿠바 정책

14) DeFacto: "Desinformaciones en el contexto de las protestas", en *elTOQUE,* 21/7/2021.

지원 금융, 2017년 버락 오바마 대통령이 천명한 "목표 변경이 아닌 전략 변경", 도널드 트럼프 대통령이 승인한 243가지 부가 조치와 아바나 주재 미대사관 폐쇄는 현 쿠바의 경제사회 상황에 대한 미국의 영향력을 드러낸 몇 가지 예다.

따라서 7월 11일 시위에 대해서 쿠바 정부에 반대하는 외국의 이해관계 그룹은 이빨을 드러내고, 쿠바의 시간이 왔다거나 반정부 상황을 조장할 수 있는 기회로 보았다. 폭력과 파괴 행위를 자극하고 응원했다. 고전적인 수법인데, 예나 지금이나 사실이다. 그러나 그런 관계가 여타의 합법적인 이해관계를 무화시키지는 않는다.

외부에서는 종종 간섭과 내전을 "만악의 해결책"으로 간주하기는 하지만, 외국의 간섭과 내전은 대다수 쿠바인에게 바람직한 선택지는 아니다.

7월 12일 조 바이든 미 국 대통령은 백악관 성명에서 군사 개입을 하지 않겠지만 자유를 추구하는 쿠바 국민을 지지한다고 발표했다. 7월 22일에는 쿠바 혁명군 장관을 대상으로 새로운 제제조치를 취하고, 쿠바 내무부 특수 부대를 해외자산통제국 블랙리스트에 올려 미국 금융 시스템에 접근하지 못하도록 했다.[15] 7월 31일에는 재미쿠바단체의 대표자들과 만났다.

여타의 국제 행위자들(정부, 단체, 정당)은 쿠바에 대한 호기심, 관심, 연대를 표명했다. 쿠바가 국제 지정학에서 중요한 역할을 하고 있고, 쿠바에 대한 세상의 관심도 상충되기 때문이다.

이번 시위를 미국이 기획한 '연성 쿠데타'의 결과라든가 미디어의 조작이라는 식으로 해석하는 것은 시위자 참가자들의 복잡성, 책임감, 다양한 동기를 무시하는 것이다. 국민과 정치적 거리를 두려는 것이고, 시위권을 무시하는 것이고 (시위 참가자들에 대한 징계조치에서 명확해졌다), 쿠바의 현 상황과 우선 사항

15) Aamer Madhani y Matthew Lee: "Estados Unidos anuncia nuevas sanciones a Cuba", en *Los Angeles Times*, 22/7/2021.

과 사회적 요구에 대한 진지하고도 비판적인 대화 가능성을 부정하는 것이다. 한마디로 실질적인 참여 가능성을 축소하는 것이다.

지난 7월 11일, 쿠바에서는 전례없는 일이 발생했다. 쿠바에 대한 단순하고 단편적인 관점을 넘어서 쿠바 사회가 정체되지 않았다는 것을 증명한 일이었다.

양극화는 갈수록 심화되고 있다. 쿠바 정치도, 국민의 응답도 그렇다. 이런 양극화는 역사적으로 곪아온 갈등의 산물이다. 시위의 직접적인 원인은 물질적 삶의 심각성 및 점증하는 생활 불안정성,[16] 예를 들어 경제 위기, 달러화 경제, 실질 소득 감소, 의약품과 식품 부족, 정전과 단수 등 불안정한 전기와 상수도 공급, 코로나 환자의 증가로 인한 의료 체계 붕괴와 관계가 있다. 그러나 정치적 소모, 피로, 신뢰 상실, 특히 희망 상실 또한 원인이다.

박병규 옮김

16) J. Dominguez Delgado: "¿Por qué estallaron las protestas en Cuba?", en *elTOQUE,* 13/7/2021.

프로수르: 이념적 통합인가 보복인가?

카를로스 오미나미

전 칠레 경제진흥재건부 장관 및 상원의원

원제와 출처: Carlos Ominami P., "Prosur: ¿integración o revancha ideológica?", *Nueva Sociedad,* No. 291, enero-febrero de 2021, pp. 157-168.

핵심어: 통합, 프로수르(남미발전포럼), 우나수르(남미국가연합), 라틴아메리카

프로수르(Foro para el Progreso de América del Sur(Prosur: 남미발전포럼)의 창설은 2019년 1월 14일 이반 두케 콜롬비아 대통령이 처음 발표하였다. 공식적인 창설은 같은 해 3월 22일 칠레 산티아고에서 세바스티안 피녜라 칠레 대통령이 소집한 정상회담에서 이루어졌다. 아르헨티나, 브라질, 콜롬비아, 칠레, 에콰도르, 가이아나, 파라과이, 페루 등 8개국이 회원국으로, 그리고 볼리비아는 옵서버 국가, 우루과이는 단순 초청국으로 참여하였다. 니콜라스 마두로의 베네수엘라는 제외되었다.

산티아고의 초기 선언에 따르면, 프로수르는 "민주주의, 권력 분립, 시장 경제,

사회적 의제(...)를 수호하기 위한 남아메리카의 공공정책 조율 메커니즘"으로 등장하였다. 프로수르의 창설을 위해 법치주의의 완전한 실현과 자유와 인권에 대한 완전한 존중이라는 두 가지 기본 조건이 정해졌다. 동 선언에 따르면, 프로수르는 인프라, 에너지, 보건, 국방, 치안 및 범죄 퇴치, 그리고 재해 관리의 6가지 특정 영역에 집중한다. 초대 의장인 칠레 대통령의 요청에 따라, 미주개발은행(IDB)은 라틴아메리카 카리브통합연구소(INTAL)를 통해 분과별 의제와 기술적 플랫폼 개발을 위한 전략적 조언과 기술 지원을 제공한다.

프로수르의 주요 발기인은 의심할 여지없이 피녜라 대통령과 두케 대통령이었다. 칠레의 산티아고가 프로수르의 창설의 본거지가 되었고 피녜라 대통령이 초대 의장으로, 다음으로 콜롬비아 대통령이 2대 의장으로 추대된 것은 우연이 아니었다. 특히 피녜라에게 프로수르는 국제적으로 자신을 남아메리카의 주요 리더로 알리기 위한 유용한 플랫폼이 되었다. 2019년은 피녜라의 이러한 국제 영향력 확장을 위한 결정적인 해가 될 것이었다. 한편, 칠레는 UN기후변화회의(COP25)와 아시아 태평양경제협력체(APEC) 연례회의를 주최하기로 했다. 11월과 12월에 세계의 주요 지도자들이 회동할 것이었다. 국제무대에서 두각을 나타냈던 진보적 리더십의 쇠퇴로 특징지어진 라틴아메리카에서 새로운 국제적 리더십을 부각시킬 수 있는 특별한 기회였다. 이전 몇 달 동안 피녜라는 APEC 정상회담이 도널드 트럼프 미국 대통령과 시진핑 중국 국가주석이 미중무역전쟁의 휴전에 서명하는 장이 될 것이라고 단언해 왔다. 시진핑과 트럼프 사이에 위치한 피녜라의 사진은 칠레 대통령이 국제적 스타로 등극함을 보여줄 것이었다.

10월 9일 피녜라는 여전히 "칠레는 곤경에 처한 라틴아메리카의 진정한 오아시스입니다"라고 선언할 수 있었다. 하지만 며칠 후인 10월 18일, 전례 없는 사회적 폭동이 일어났다. 폭동은 10월 25일 산티아고와 지역 수도들에서 수백만 명의 사람들이 시위에 참여하며 절정에 이르렀는데, 칠레 역사상 가장 큰 규모의 시위였다. 중대한 사회적 문제에 직면하여 10월 30일 정부는 칠레가 APEC 및 COP25 정상회의를 더 이상 개최하지 않을 것이라고 발표할 수밖에 없었고, 정부의 우선순위는 심각한 사회적 위기를 극복하기 위해 시민의 요구들에 해결책을 제시하는 데에 집중할 것이라고 하였다.

이 사회적 폭발은 국제 영향력 확장에 대한 피녜라의 열망을 야박하게 꺾어버렸다. 모범적인 국가의 수반에서 사면초가인 대통령으로 변했고, 그에 대한 지지율은 한 자릿수에 도달할 때까지 멈추지 않고 추락할 기세였다.[1] 그 와중에 코로나 팬데믹이 왔다. 정부는 이 상황을 이용해 뛰어난 관리 능력을 과시하며 시민들로부터 다시 점수를 따고자 했다. 대규모 병상 개조와 수백 대의 인공호흡기 구매를 통해 의료체제 붕괴를 막으려는 노력에 성공하였다. 그러나 검사, 동선 추적, 격리를 통한 병원 외부에서의 바이러스와의 싸움에 대해 소홀하였다. 결국 "칠레는 전염병을 대처할 준비가 잘 되어 있다"는 발표들이 현실과 완전히 어긋났다. 2020년 5월 말 칠레는 전 세계에서 인구 100만 명당 감염자 및 사망자 수가 가장 많은 10개국 중 하나가 되었다.

빈약한 결과

프로수르가 창설된 지 2년 가까이 흐른 2020년 12월 피녜라가 콜롬비아에 의장직을 넘기면서 "2019-2020 업무 보고서"[2]를 발표하였다. 도입부에는 "상당한 발전"과 "중요한 기여"에 대해 언급하였다. 팬데믹과 관련해서는 "이 위기의 다면적 영향을 완화하기 위한 시기적절한 대응"과 "팬데믹을 함께 극복하기 위해 협조하기로 한" 네 차례의 비대면 정상회담을 언급하였다.

1) 실제로 피녜라의 지지율은 7%에 이르렀다.

2) Ministerio de Relaciones Exteriores y Secretaría General de la Presidencia, Santiago de Chile, 12/2020.

일부 완고한 비판자들은 프로수르가 대통령 간의 그룹 메신저에 불과하다고 단언하였다. 프로수르가 과장된 것이라는 의미다. 업무 보고서는 네 차례의 정상회담, 각종 실무그룹 구성, 실행계획 수립에 대한 정보를 제공하였다. 여기에는 미주개발은행, 라틴아메리카 카리브통합연구소와 같은 권위 있는 기관의 기술적인 공헌도 엿보였다. 하지만 아무리 보고서를 철저하고 긍정적으로 읽어도 우선순위의 영역에서 구체적인 중요한 결과를 확인할 수 없었다. 더욱이 의장 인계 당시 피녜라와 두케가 서명한 선언문은 "환경 문제에 대한 조율과 COVID-19 백신에 대한 보편적인 접근을 위한 협력"에 중점을 두었다.

사실 이 두 영역 모두에서 의미 있는 결과는 없었다. 게다가 환경 문제에 있어서는 칠레가 프로수르 의장국으로 있을 당시 피녜라 정부는 에스카수 협정(Acuerdo de Escaz)으로 더 잘 알려진 "라틴아메리카 카리브 환경 문제에 대한 정보 접근, 대중 참여 및 사법 접근에 관한 지역 협정"에 서명하지 않기로 결정하였다. 칠레 정부의 결정은 다자주의를 지지하는 칠레 외교의 오랜 전통에 위배되며 칠레가 코스타리카와 함께 협정의 발기인 중 하나였기에 특히 심각하다. 기본적인 환경 규범을 준수하려는 의지에 있어서 칠레의 국제적 명성과 신뢰성에 부정적 영향을 미치는 결정을 내린 데에는 기업들의 압력이 있었다는 점은 잘 알려져 있다. 실제로 칠레는 "모호한 의무가 있다"는 핑계로 역내에서 이 협정에 서명하지 않은 유일한 나라다. 프로수르의 다른 회원국들은 모두 이 협정에 서명하였다. 아직 각국의 의회에서 이를 비준하는 과정이 진행 중이긴 하지만 말이다.

마찬가지로, 팬데믹에 대처하기 위한 공동 조치도 존재하지 않았다. 보건 분야에서 각국은 자체 수단으로 스스로 버텨야 했다. 국가 간 별다른 협력에 대한 기록도 없었다. 특히 백신 접근성의 경우, 각국은 철저히 개별적으로 자국 국민을 위한 백신 확보에 애를 썼다. 예를 들어, 칠레는 모든 주요 백신 제조업체들과 협약을 통해 백신 확보에 노력했는데, 2020년 12월 현재 화이자/바이오엔텍(Pfeizer/BioNTech)에서 생산한 2만회 투약분이라는 매우 적은 양의 백신만을 확보할 수 있었다. 아르헨티나는 효과와 투명성 논란 속에서 러시아의 스푸트니크 V(Sputnik V) 백신 30만회 투약분을 처음으로 인도받았다. 의료용품을 구매하기 위한 공동 조치는 기미조차 없었다. 국제금융 분야에서도 각국은 단독적으로 자국의 신용 수요를 충족시키고자 했을 뿐, 상품의 자유로운 통과, 국경의 개방, 팬데믹 정보의 교환 등 대통령들이 발표한 여러 분야에서 의미 있는 진전은 없었다.

대단한 즉흥, 그리고 큰 침묵

즉흥적이고 신중하지 못한 대응에 관해서 말하자면, 쿠쿠타 작전(Operación Cúcuta)은 국제적 치욕의 역사에 남을 것이다. 리마 그룹[3] 내부적인 이야기지만, 대부분의 대통령들은 베네수엘라와 국경을 접하고 있는 콜롬비아 국경도시 쿠쿠타에 모이지 않았다. 브라질의 자이르 보우소나루, 아르헨티나의 마우리시오 마크리, 페루의 마르틴 비스카라도 그곳에 나타나지 않았다. 이 작전은 콜롬비아와 칠레가 원하는 프로수르가 무엇인지에 대한 일종의 국제 시사회였다. 쿠쿠타 작전은 2019년 2월 22일에 열렸다. 사실 프로수르는 아직 공식적으로 존재하지 않았지만 콜롬비아 대통령이 이미 창설을 발표한 터였다. 쿠쿠타 작전의 구상은 콜롬비아와 베네수엘라 국경에서 인도주의적인 지원이 들어오면 베네수엘라 군대에 큰 영향을 주어 니콜라스 마두로의 몰락을 재촉하는 것이었다. 50여

3) 처음에는 아메리카 대륙의 12개 국가(아르헨티나, 브라질, 캐나다, 칠레, 콜롬비아, 코스타리카, 과테말라, 온두라스, 멕시코, 파나마, 파라과이, 페루)가 선언문에 서명하였고, 추후에 가이아나, 아이티, 세인트루시아, 그리고 볼리비아가 서명하였다. 또한 바베이도스, 미국, 그레나다 및 자메이카의 지원을 받았다. 리마그룹의 목적은 니콜라스 마두로 정부에 대한 공동 조치를 취하는 것이다.

국으로부터 임시 대통령으로 인정받은 후안 과이도는 두케와 피녜라, 그리고 파라과이의 마리오 압도 베니테스와 함께 베네수엘라에 의기양양하게 입성할 수도 있었을지도 모른다. 그러나 기대했던 베네수엘라 군대의 대규모 이반은 일어나지 않았다. 언론 보도에 따르면 콜롬비아에서 망명을 신청한 베네수엘라 군인은 60명을 넘지 않았다. 결국 마두로는 세력이 강해졌고, 반면 쿠쿠타 작전의 주역들은 철저한 해명을 해야 했다.

쿠쿠타 작전의 즉흥보다 더 심각한 것은 볼리비아의 쿠데타에 대한 침묵이었다. 이것은 선거 부정을 저질렀다고 에보 모랄레스 정부를 비난한 반정부군이 주도한 몇 주 간의 시위 후인 2019년 11월 10일에 발생하였다. 공식 통계에 따르면, 군 총사령관 윌리엄스 칼리만이 모랄레스의 사임을 요구하며 마무리된 일련의 시위와 충돌에서 32명이 사망하고 715명이 부상당했다. 선거 과정에서의 부정행위를 비난한 미주기구 대표단의 보고서를 바탕으로 야당이 선거 결과를 인정하지 않았다. 부정선거에 대한 비난은 선거 당일 밤 모랄레스가 45.28%, 카를로스 메사가 38.16%를 득표했음이 전해지자 촉진되었다. 이 득표율은 야당 연합이 이길 수 있으리라 기대하는 2차 투표를 시행해야 하는 결과였다. 하지만 그 수치는 아직 개표율 84%를 반영한 것이었다. 기본적으로 농촌이고 모랄레스에게 압도적으로 호의적인 나머지 지역의 개표가 남아있었다. 결국 공식 결과에 따르면 모랄레스가 10월 20일 일요일 대통령 선거에서 47%의 득표율로 2위인 메사를 10%가 조금 넘는 차이로 승리하였다.[4] 그러나 선거부정 의혹은 확산되었고, 여기에 2016년 2월 모랄레스의 대통령 연임을 위한 헌법개정 국민투표가 근소한 차로 부결되었던 터라 모랄레스의 대통령 입후보가 위법이라는 비난이 더해졌다. 결국 선거는 무효화되고 2019년 11월 상원의원 헤아니네 아녜스가 임시

4) 볼리비아의 대통령 선거제도에서는 1차 투표에서 득표율 40%를 넘고 2위 득표 후보와 득표율 차가 10% 포인트 초과일 경우 2차 투표 없이 대통령이 선출된다.

대통령으로 임명되었지만, 2020년 10월 다시 치러진 대선에서 모랄레스의 사회주의 운동당(MAS) 후보가 55% 이상의 득표율로 당선되었다.

볼리비아 사태에 대한 침묵이 가장 심각하지만 유일한 침묵은 아니었다. 프로수르는 최근 콜롬비아와 칠레에서 자행된 심각한 인권 침해에 대해도 아무 말을 하지 않았다. 칠레의 경우 4개의 국제 보고서가 심각한 인권 침해 행위를 기록했다.[5] 유엔인권고등판무관사무소(OHCHR)의 보고서는 의심의 여지가 없다. 이 보고서는 결론에서 다음과 같이 말했다. 유엔인권고등판무관사무소가 수집한 정보에 따르면, 심각한 인권 침해가 증가하고 있음을 보여주는 충분한 근거가 있다. 이러한 인권 침해는 살인 및 상해, 고문 및 학대, 성폭력 그리고 부당한 감금을 포함한다. 보고서는 다음과 같이 덧붙였다. 이런 맥락에서 유엔인권고등판무관사무소는 특정 인권 침해, 특히 비살상 무기의 부당한 사용과 학대가 때와 장소, 그리고 가해자와 피해자의 측면에서 반복되는 것을 관찰할 수 있었다. 시위에 대한 경찰의 대응은 근본적으로 억압적인 방식으로 이루어졌다. 경찰은 폭력적인 시위대와 평화롭게 시위를 한 사람들을 구별하는 의무를 반복적으로 준수하지 않았다.

한편, 콜롬비아는 정부와 콜롬비아 무장혁명군(FARC) 간의 평화 협정이 체결된 지 4년이 지났다. 하지만 사회 지도자, 인권 운동가, 농민, 원주민에 대한 폭력은 계속되고 있다. 2020년 한 해에만 66건의 학살로 255명이 사망한 것으로 보고되었다. 마찬가지로 평화협정에 의해 무장해제한 244명의 전직 무장혁명군 대원들도 같은 운명을 맞은 것으로 추정된다.[6] 콜롬비아에 관한 유엔 인권최고대표사무소의 보고서들은 단호하다. 2020년 2월 보고서에서 인권최고대표사무소는

5) 이 4개의 보고서는 각각 국제앰네스티(Amnesty International), 휴먼라이츠워치(Human Rights Watch), 유엔인권고등판무관사무소(OHCHR), 미주인권위원회(IACHR)에 의해 작성되었다.

6) Foro Permanente de Política Exterior: 《Colombia, no a la indiferencia》, 18/12/2020.

심각한 인권 침해를 초래하는 높은 수준의 폭력이 지속되는 것을 계속 관찰하였다. 특히 우려되는 것은 인권 운동가와 원주민에 대한 공격, 살인 사건 증가, 그리고 폭력과 무력 충돌 상황에서 소녀 소년에 대한 심각한 인권 침해였다. 인권최고대표사무소는 특히 농촌 지역에서 폭력을 야기하고 또한 인권 보장의 결여를 불러일으키는 구조적 원인을 다룰 필요성을 거듭 강조하였다.

또한 폭력과 치안 불안에 대한 군사적 대응이 증가하고 있음을 관찰하였다. 치안과 관련된 상황에서 군대의 참여를 규제하는 의정서, 규정 및 공공정책들이 있지만, 아라우카, 안티오키아, 카케테, 카우카, 코르도바, 세사르, 초코, 메타, 나리뇨, 그리고 노르테 데 산탄데르와 같은 농촌 지역은 물론이거니와 콘벤시온, 메데인, 산타 마르티 그리고 바예두파르와 같은 도심에도 온전히 적용되지 못하였다. 이러한 곳에서 군대는 군사적 개입이 부적절한 마약 퇴치와 범죄 예방 및 추적의 임무를 수행하였다. 경찰 자료에 따르면, 아라우카, 카타툼보, 노르테 델 카우카, 수르 데 코르도바의 여러 도시에서 주둔 군대가 증가했음에도 불구하고 살인 건수는 증가하였다.[7]

인권의 완전한 존중이 가입을 위한 필수조건으로 정의되었지만, 칠레와 콜롬비아의 심각한 위반을 간과하며 프로수르는 독립적이고 공명정대한 국제기구가 아니라 설립자인 피녜라와 두케의 정치적인 이익을 위한 공간임을 보여주었다.

에콰도르의 불안한 정치 상황에 대한 침묵은 같은 맥락을 가지고 있다. 2021년 2월 7일의 대통령 선거를 앞두고 레닌 모레노 정부는 라파엘 코레아 전 대통령과 그의 지지자들의 참여를 막는 데에 깊이 관여해왔다. 정치적 목적을 위해 정의를 조작하는 전형적인 법률전쟁에서 코레아는 대통령 선거에 출마한 후 부통령 선거에 출마할 수 없게 되었다. 정부는 또한 안드레스 아라우스의 출마도

7) 《El 2019, un año muy violento paralos derechos humanos en Colombia》 en *Noticias ONU*, 26/2/2020.

금지하려고 시도했지만 결국 성공하지 못하였다. 여론 조사에 따르면 이 둘은 매우 경쟁력이 있다. 그렇기 때문에 그들의 참여를 막기 위해 모든 수단이 강구되었던 것이다. 이 모든 것이 다시 한 번 프로수르 당국의 연대 침묵 앞에서 이루어졌다.

이러한 침묵은 놀랄 일은 아니다. 이는 오래 지속되어온 일방적인 행동 방식의 일부다. 리마 그룹에 의해 가열된 베네수엘라 마두로 정부에 대한 싸움에서 미국과 협력했던 프로수르의 두 창설자들은 지우마 호세프의 파면과 루이스 이그나시우 룰라 다 시우바의 대선 출마 금지를 위해 브라질 의회와 사법부의 조잡한 제도화를 묵과하였다. 이는 결국 극우의 자이르 보우소나루가 브라질 대통령으로 선출되는 길을 열었다.

이념적 보복으로서의 프로수르

전 콜롬비아 대통령이자 전 우나수르(UNASUR, 남미국가연합) 사무총장인 에르네스토 삼페르는 프로수르를 일종의 《이념적 보복》으로 간주하였다.[8] 보수 세력의 논리에 따르면, 2000년대 초반 남아메리카 정치를 지배한 진보 정권들의 몰락은 신자유주의적이고 미국과 협력하는 새로운 우파 정권들의 시대가 뒤따를 것이었다.[9] 우나수르는 남아메리카의 정체성과 시민권을 구축하고 통합된 지역 공간을 개발할 목적으로 2008년에 창립 협정에 서명하며 발족되었고, 이 협정은 각 국의 비준을 거쳐 2011년에 발효되었다. 남아메리카의 12개국으로 구성되었는데, 룰라 다 시우바, 크리스티나 페르난데스, 에보 모랄레스, 우고 차베스,

8) 《Samper: el Prosur es un desquite ideológico》 en *Zoom,* 1/4/2019.

9) 진보 정권들에 대한 평가는 다음을 참고하시오. C. Ominami (ed.): *Claroscuros de los gobiernos progresistas,* Catalonia, Santiago de Chile, 2017.

그리고 라파엘 코레아 대통령이 우나수르의 구상에 결정적인 역할을 하였다. 창설 후 6년 동안 우나수르는 특히 정치적 협의 분야에서 매우 합리적인 균형을 보여주는 일련의 조치를 실행하였다. 이것이 우나수르가 콜롬비아의 평화협정에 기여한 방법이었다. 그리고 민주주의적 소명에 따라 2012년 6월 1일 간이 재판에서 페르난도 루고 대통령을 파면시킨 의회 쿠데타를 비난하고 파라과이의 우나수르 회원 자격을 중단시켰다. 파라과이의 회원 자격은 2013년 4월 대선에서 콜로라도당의 오라시오 카르테스가 승리한 후 복원되었다.

지역 통합의 측면에서 우나수르의 중요한 기여는 남미인프라통합구상(IIRSA)이었다. IIRSA는 인프라 및 운송 서비스에 대한 정책을 검토하고 포괄적이며 지속 가능한 비전을 반영하는 새로운 패러다임을 도입하고자 하였다. 이 모든 것은 남아메리카와 카리브 지역의 제도 개선 및 강화, 국가 자체의 조직화와 응집력 증대, 그리고 현대적 규제 틀을 통한 민간 부문과의 관계 강화를 통해 이루어진다.[10] 물리적 인프라의 관점에서 거의 통합되지 않은 남아메리카의 여전히 큰 미해결 과제를 다루는 것으로, IIRSA의 틀에서 이루어진 발전을 재개하는 것이 유용할 것이다.

남아메리카방위위원회(Consejo de Defensa Suramericano)의 창설 또한 우나수르의 공로인데, 이 방위위원회는 남아메리카를 평화 지역으로 통합하고 방위 문제에 있어서 지역 협력을 위한 합의를 도출하는 데에 크게 기여하였다. 하지만 우나수르는 정치적 변화에서 살아남을 수 있는 기구가 되기 위해 주요 참여국들의 이데올로기적 입장들을 뛰어넘지 못하였다. 각국이 갖고 있던 거부권에 더해진 진보적인 이념화는 결국 우나수르를 마비시켰다. 마찬가지로 연속적인 거부권

10) Comisión Económica para América Latina y el Caribe (Cepal): 《Unasur: infraestructura para la integración regional》, 2012, disponible en 〈www.cepal.org/es/publicaciones/3121-unasur-infraestructura-la-integracion-regional〉.

앞에 2017년 1월 우나수르는 삼페르의 뒤를 이을 신임 사무총장을 뽑지 못하고 수장이 없는 상태가 되었다. 보수 정부들은 우나수르를 종료하고 프로수르로 대체하기 위해 이러한 상황을 이용하였다. 콜롬비아의 전 대통령 알바로 우리베는 우나수르에 자국이 가입하는 조건으로 회원국의 거부권을 원칙화했었다. 최근 몇 년 동안 아르헨티나, 브라질, 칠레, 콜롬비아, 에콰도르, 파라과이 등 6개국이 우나수르를 탈퇴하였다. 사실 이미 2018년 12월에 콜롬비아 외무장관은 "우나수르는 아직 매장되지 않은 시체"라고 선언하기도 하였다.[11)]

최근의 사건들에 비추어 볼 때 미래는 열려 있다. 프로수르에서 더 이상 아르헨티나의 대통령으로 마우리시오 마크리가 존재하지 않으며, 비스카라도 페루의 대통령이 아니며, 레닌 모레노도 에콰도르의 대통령이 아니다. 볼리비아는 루이스 아르세 카타코라가 대통령이 되면서 보수 세력들은 볼리비아와 협력할 수 없게 되었고, 2022년 3월에는 칠레의 피녜라도 대통령직을 떠나게 된다. 따라서 프로수르는 역사에 남을 만할 지역 통합이 되지는 않을 것이 분명해 보인다. 이 지역의 통합 프로세스가 기록해온 오랜 좌절의 역사에서 프로수르는 단지 또 하나의 에피소드에 그칠 것이다.

전염병으로 특히 큰 타격을 입으며 보건의료, 경제 및 사회적 위기라는 격동의 시기를 겪고 있는 대륙에서 통합은 그 어느 때보다 필요하다. 하지만 남아메리카는 이렇게 분열된 적이 없었다. 현 상황은 경제적 침체, 정치적 불안, 사회적 불만 그리고 국제적 소외를 예견할 뿐이다. 기술관료적이고 공상적인 실현 불가능의 유토피아가 되지 않도록, 통합을 재고하고 새로운 방법들을 찾으며 정치적, 사회적 지원을 제공해야 한다. 급한 비상사태에 전념하기보다 중장기적으로 생각할 수 있고 이념적 변화를 견디는 통합이어야 한다.

11) Declaraciones a la emisora La Voz del Cinaruco, 13/9/2018.

남아메리카의 통합은 의미있는 프로젝트다. 남아메리카의 다양성에도 불구하고, 그것을 구성하는 국가들은 많은 공통점을 가지고 있다. 진보 정부들은 민주주의에 대한 위협에 맞서기 위한 정치적 합의가 가능하다는 것을 보여주었다. 그러나 그들은 경제 및 무역 통합 측면에서는 실패하였다. 그들은 가장 빈곤한 계층에 대한 광범위한 재분배를 지원하기 위해 원자재 붐을 이용하였다. 어쨌든 그들은 생산구조의 다변화와 고도화에 있어서 방향 전환의 필요성을 간과하였다. 더욱이 그들의 정권 동안에 탈산업화도 일어났다.[12)]

남아메리카의 통합은 라틴아메리카 전체의 통합이라는 더 큰 과정의 일부여야 한다. 2010년 2월에 창설된 라틴아메리카 카리브 국가공동체(CELAC)는 32개국이 참여한 야심찬 프로젝트지만 정치적 지원 부족으로 쇠퇴해 있다. 재기할 새로운 방법을 구상할 필요가 있다. 남아메리카는 이러한 노력에서 중요한 역할을 가지고 있다. 프로수르만큼 이념적인 기구는 아닐 것이 분명하다. 또한 우리가 아는 방식으로 우나수르를 재편하는 것도 아닐 것이다. 단기적인 국가 이익보다 우선시될 수 있는 제도를 구축하기 위해 경험을 통해 배워야 한다. 어쨌든 보수 정권들이 주연이 된 최근의 정치적 표류 이후에 오는 새로운 세대의 통치자들은 거대한 과업에 직면해 있다.

한편, 두 가지 상호 보완적인 아이디어가 이러한 방향으로 발전을 가능케 할 수 있다. 먼저, 글로벌 패권을 위한 중국과 미국의 대결에서 엄격한 비동맹의 입장을 견지하는 것이다.[13)] 남아메리카 국가들은 커다란 정치적, 이념적 차이들을 극복하고 이러한 원칙에 기반한 국제 정책을 실행할 수 있을 것이다. 초강대국에 종속되는 것은 결코 방법이 될 수 없다. 또 하나는, 경제의 재건과 재활성화

12) Alicia Bárcena: 《Integración y desintegración en América del Sur》 en C. Ominami (ed.): ob. cit.

13) Carlos Fortín, Jorge Heine y C. Ominami: 《El no alineamiento activo: una camino para América Latina》 en *Nueva Sociedad* edición digital, 9/2020, 〈www.nuso.org〉

과정이 야기하는 막대한 요구사항들 사이에서, 자금 조달과 새로운 국제금융 구조에 관하여 역내 국가들이 공통된 입장을 구축하여 현재의 유동재산과 새로운 수요가 만들어내는 막대한 재원의 격차를 해소하는 것이다.

임태균 옮김

제3부 사회·경제

남아메리카: 혼란 속의 주변부

베르나베 말라칼사
아르헨티나 국립과학기술연구소(CONICET) 겸임연구원

원제와 출처: Bernabé Malacalza, "América del Sur: una periferia convulsionada", *Nueva Sociedad,* No. 295, septiembre–octubre de 2021, pp. 29–41.

핵심어: 위기, 복지 다자주의, 신테믹, 남아메리카, 중국, 미국

"모두 비워지는 것을 목격한 사람은 모두 무엇으로 채워지는지도 거의 알게 된다"라고 이탈리아계 아르헨티나인 작가 안토니오 포르치아(Antonio Porchia)는 1943년 적었다.[1] 2019년 여러 다른 동기들로 혼란에 빠지게 되었고, 같은 해 남미국가연합(UNASUR) 등 지역 기구들이나 남미보건위원회(Consejo Suramericano de Salud) 등 행정 장치들이 해체되었으며, 미국 정부가 주변국들에 확대되고 있는 중국의 경제적, 재정적, 상업적, 기술적 영향력을 견제하려 나서면서 미중

1) A. Porchia: *Voces reunidas,* Alción Editora, Córdoba, 2016.

경쟁구도에 더욱 취약하게 노출되게 된 남아메리카 같은 지역에서 채우고자 한다면 무엇이 비워졌는지 반드시 알아야 한다.

어떤 방식으로 그리고 어떤 이유로 남아메리카가 전 세계에서 코로나 팬데믹 피해가 가장 심한 지역이 됐는지 설명하기란 그리 간단치 않다. 현실에서의 순간들은 여러 면에서 각자만의 의미를 지닌다. 팬데믹이 이 지역에서 비균질적 여파를 미친 이유는 무엇인가? 그 여파와 내생적 요인들은 얼마나 상관성이 있는가? 핵심 세력들인 미국과 중국은 어떤 사안을 중심으로 관망하고 있는가? 이런 화산이 폭발에 이르기까지 어디에나 편재하는 역외 세력들의 존재가 영향을 미쳤는가? 단순한 과거 방식의 복원뿐만 아니라 당면 과제에 적절히 대응하기 위한 생산적 구심력을 생성해 낼 방법은 무엇인가?

무엇인가 망가졌다.

2021년 6월 말, 남아메리카의 코로나 사망자수는 인구 백만 명 당 7만 5천명으로 집계되었다. 이는 북아메리카보다 1만 명 가까이 더 많은 숫자이고, 유럽과 비교해도 높은 수치이다. 남아메리카 인구는 전 세계 인구의 5.5%에 불과함에도 불구하고 공식 집계된 남아메리카의 코로나 관련 사망자수인 985,346명은 전 세계 사망자 숫자의 25.3%에 해당한다. 이 같은 재난의 원인과 관련해 보다 포괄적인 가설에 따르면, 남아메리카는 선진국에 비해 예방적, 의무적 차원의 격리 조치를 시행하기에 상대적으로 높은 사회적 비용이 투입되며, 이로 인해 팬데믹의 피해가 더 심해졌다는 것이다. 팬데믹 확산 초기부터 각국 정부들은 공중 보건의 다양한 목표들 간에 민감한 균형 상태를 유지하는 동시에 시민들의 생계 수단과 경제 활동을 보장하도록 부여된 권한을 행사해야 했다. 그럼에도 불구하고 다음의 질문이 뒤따른다. 선제적으로 존재하던 구조적 제약은 무엇이었는가?

코로나 팬데믹은 심각한 지체를 초래하는 거대한 위기를 동반하며 남아메리카에 찾아왔다. 2020년에 접어들기 전, 이 지역은 이미 최악의 위기를 겪던 상황이었다. 라틴아메리카카리브경제위원회(ECLAC)의 보고서에 따르면 2014년부터 2019년까지 6년간 이 지역은 집계가 시작된 이래로 최저 수준의 성장률을 보였고, 이는 1차 세계대전이나 대공황 때의 성장률에 비견될 수준이었다. 평균 성장률은 불과 0.3%였고, 인구 당 성장률은 마이너스를 기록했다. 이렇게 팬데믹은 최악의 상황에서 전파되었고, 이후 이 일대의 국내총생산(GDP) 성장률은 1900년 이래 가장 큰 감소폭을 기록했다. 또한 실업률은 개발도상지역 가운데 가장 심각한 수준으로 악화됐다. 하지만 이 정도로는 충분치 않다는 듯이 사회적 재난은 경제적 불균등과 결합하자 화약고로 변했다. 지난 해 역내 빈곤율은 33.7%에 도달했고, 소득불균형을 나타내는 지니 계수는 2.9%가 추가 상승했으며, 인구의 40.4% 다시 말해 6,500만 명이 영양 부족에 시달리는 것으로 조사되었다.[2] 이런 점에서 현 상황은 단순한 침체 수준을 넘어서 사회적 계약의 파기를 의미하며, 이는 경제 지표와 사회 지표 양자 모두 심각한 수준으로 악화되었다는 사실로도 확인할 수 있다.

팬데믹 이전부터 남아메리카에서는 고질적 불평등과 정치 불만에 유래하는 반체제성이 감지되었다. 이런 정서는 차별 철폐와 평등을 주장하는 요구로 분출되었고, 일부 지역에서는 사회적 동원으로 이어졌다. 2019년 말 칠레, 에콰도르, 볼리비아에서 폭발했던 사회적 저항은 코로나가 전면적 확산 국면에 돌입한 후에도 그 여세를 몰아 페루, 브라질, 콜롬비아로 확대되었다. 저항의 폭발적 분출은 기존에 누적되었던 불만이 다양한 정치적, 경제적, 사회적 요인들과 결부되면서

2) Cepal: 《La paradoja de la recuperación en América Latina y el Caribe. Crecimiento con persistentes problemas estructurales: desigualdad, pobreza, poca inversión y baja productividad》, Informe Especial Covid-19 No 11, 7/2021.

더욱 심화된데 따른 것으로, 증폭되는 사회적 불안의 산물이다. 라틴아메리카카리브경제위원회의 연구[3]에 따르면, 시민들이 더 심한 좌절감에 사로잡히는 이유는 부의 분배, 의료서비스와 교육과 사회적 보호에의 접근성, 사회적 불평등이라는 문제로 일반화되는 사회경제적 퇴행, 더 나아가 정치적 대표성에 대한 불만과 관련이 있다. 더 나아가 사회적 관계에 대한 부정적 인식과도 관련이 있는데, 이는 극단적 개인주의, 이념 양극화, 일상적 차별을 경험하는 과정에서 각인된다. 균열은 드러났다.

이런 의미에서 라틴아메리카에서 집단 면역이 가능해지는 순간을 경과한 이후에도 분명 훨씬 오랫동안 지속될 사건이 종결될 시점을 구별하는데 팬데믹이라는 개념은 불충분할뿐더러 지나치게 지엽적이거나, 심지어 무의미할 수 있음을 지적할 필요가 있다. 현실에서의 맥락을 염두에 둔다면, '신데믹적 문제'라는 표현이 오히려 정확하다. 신데믹이라는 개념은 여러 의미를 내포한다. 먼저 두 가지 이상의 전염병들이 동시적으로나 순차적으로 발생해 병의 예후와 증상을 심화시키는 현상을 의미한다. 최근의 예로는 지역 내에서 발생한 코로나의 새로운 변이 바이러스들(람다와 P1)과 다른 지역에서 발생한 변이 바이러스(델타)가 동시에 함께 전파되기 시작한 경우를 들 수 있다. 다음으로는 엔데믹(특정 지역에서 유행하는 풍토병-역자)과 구별되는 개념의 신데믹이라는 신조어를 의미하며, 1990년대 중반 인류학자인 메릴 싱어(Merrill Singer)가 처음 사용했다.[4] 이때 신데믹은 생물사회적인 현상으로 사회적 불평등, 가난, 구조적 폭력 등의 요인에 기인하는 선제적인 위생학적 불평등의 결과로 발생한다. 이 현상은 러시아 문화의 아이콘인 마트료시카(Матрёшка) 인형을 연상시키는데, 엄마 격 몸체 인형 안

3) Cepal: *Panorama social de América Latina 2020,* Naciones Unidas, Santiago de Chile, 2021.

4) M. Singer: *Introduction to Syndemics: A Critical Systems Approach to Public and Community Health,* John Wiley & Sons, San Francisco, 2009.

에는 종자 인형에 다다를 때까지 더 작은 인형들로 채워진다. 이처럼 팬데믹 위기는 단지 외피에 불과하며, 그 핵심에는 경제적, 사회적, 환경적 불균형이 자리하고 있다.

이렇게 남아메리카는 장기적 경제 불황, 사회적 동원으로 표출되는 사회 불만의 확산, 종착점을 알 수 없는 신데믹 여파, 이 세 가지 거대하고 복잡한 도전들에 직면한 채 새로운 10년을 시작했다. 백신 보급은 다시금 기대를 품게 했지만, 근본적 문제 해결에는 도움이 되지 않았다. 팬데믹 만큼이나 사회적, 경제적 성격의 구조적 문제들로 인해 이 지역의 생활 여건은 극도로 악화되었고, 주관적 불만의 표출에 상응하는 객관적 지표들이 이를 증명한다. 남아메리카 각국은 각자 상이한 속도로 백신 접종을 통해 코로나바이러스에 대응하고 있다. 그렇다면 우리는 사회적, 제도적 불안정의 새로운 단계에 진입하고 있는가? 칠레, 에콰도르, 페루, 브라질, 콜롬비아에서 발생한 소요사태들은 지역의 사회적 계약이 파기됐음을 각자 다른 각도에서 보여주고 있는가? 이 '극심한 혼란'은 지역의 지정학에 있어 어떤 의미를 가지며, 향후 어떤 의미를 가질 것인가?

미국과 '복음화를 통한 개입'

역사적으로 남아메리카에서 미국 정부의 핵심 목표는 안보 보장과 바람직한 균형 상태 유지였다. 그 목적 하에 원조, 재정지원에서부터 외교적 회유, 물리적 점유, 미군기지 배치에 이르기까지 폭넓은 수단들을 동원해 처벌과 보상을 제시하고, '선량한 이웃'과 '곤봉' 정책들을 시행해왔다. 오늘날 미국 정부가 뚜렷하게 내보이는 우려는 지역의 취약성이 단지 정치적, 제도적 차원에 그치지 않고, 사회적, 경제적, 환경적 차원들을 포괄하는 다양한 원인들에서 비롯된다는 인식으로 드러난다. 제도적으로 견고한 국가들에서조차 사회경제적 상황의 악화에 더해 팬데믹이 초래한 사회 불안은 위기와 다양한 형태의 불안정을 초래하는 근원이 될 수 있다.

이런 '혼란 속의 주변부' 상황은 중심부 대 주변부라는 위계 관계에 상당 부분 근거한다. 하지만 더 나아가 이제는 이 지역 엘리트들이 미중분쟁과 관련된 '정서적 긴장'에 훨씬 취약한 상태라는 특수한 정황과도 관련이 있다. 조지 케넌(George Kennan)은 미국 국무장관 조지 마셜(George Marshall)에게 소련에 대한, 그리고 대소련 미국 정책에 대한 소신을 상세히 기술한 유명한 서신을 보낸 지 4년 만인 1950년, 새로운 국무장관 딘 애치슨(Dean Acheson)에게 다시 서신을 보냈다. 이번 서신에는 미국이 소련과 궁극적으로 전쟁을 앞둔 상황에서 라틴아메리카가 미국에 지니는 의미를 강조하는 내용을 수차례 언급했다.[5] 케넌의 주장에 의하면, 라틴아메리카가 미국에 갖는 중요성은 군기지 배치나 파나마 운하 방어 또는 양 대양에서 해군의 장악력에 있기 보다는, '라틴아메리카인들의 태도가 국제 사회의 일반적 정책 성향에 미칠 영향력'과 관련이 있다. 간단히 말하자면, 만일 이 지역이 반대세력 편에 선다면 미국 정부의 사기에 심각한 타격을 가할 것이라는 우려이다. 케넌의 이런 권고는 '우리는 강력한 세력이고, 우리보다는 라틴아메리카인들이 우리를 더 필요로 하는 현실을 유지'하는 것이 중요하다는 전제 하에 지역 내 미국의 패권과 존재감을 회복하는 것을 의미하며, 현재도 유효한 접근이다.[6] 그렇다면 미중 분쟁에서 심리적 요인은 실제 얼마나 영향을 미치는가? 이러한 접근은 이 지역이 중국과 협력할 경우 경험하게 될 지옥에 대비해 북아메리카 국가가 제안할 수 있을 천국에 대한 미국 정부의 일종의 복음 전도 전략으로 구현될 것인가?

5) Juan Tokatlian: 《Latin America Between Kennan and Obama》 en *Project Syndicate*, 15/5/2015.

6) 《Memorandum by the Counselor of the Department (Kennan) to the Secretary of State, Washington》, 29/3/1950, 〈https://resources.primarysource.org/c.php?g=767969&p=5508195〉.

지난 3월 3일 바이든 정부가 발표한 '국가안보전략 임시 지침'은 중국을 '유일한 경쟁자'로 규정하고 있는데, 이는 중국을 가장 큰 경쟁자로 보던 트럼프 행정부의 시각과 본질적으로 다르지 않다. 바이든 정부는 취임 후 라틴아메리카 국가들과의 첫 회담에 멕시코와 중앙아메리카 국가들이 배정되도록 이들 국가에 우선순위를 두었다. 하지만 중국과의 경쟁관계, 남아메리카에서 중국의 영향력 확대를 고려하면, 지역의 혼란뿐만 아니라 침투라는 문제도 함께 고려하는 전략을 수립할 필요가 있다. 임기 첫 해에 감지되는 주요 경고 신호로는 특히 중국 등 외부 세력들이 침투할 만한 여건을 조성하는 일련의 역내 불안정이라는 위험요소를 들 수 있다. 이런 징후는 작년 3월 16일 크레이그 폴러(Craig Faller) 남아메리카 지역 사령관의 연설에서도 확인된다.

"팬데믹 확산에 따른 취약성 심화로 이 지역은 급격한 불안정에 사로잡히고 있습니다. 라틴아메리카는 전 세계에서 가장 높은 코로나 치명률을 보였던 곳 중 하나입니다. 우리는 이 지역을 방문해 각국이 극도의 물리적, 감정적 스트레스에 시달리고 있음을 목격할 수 있었습니다… (중략) … 2019년 말경 각국 정부에 반대하는 대중 시위가 지역 전역으로 확산된 직후 발생한 코로나는 장기간 지속되던 사회경제적 문제와 부정부패가 결합되며 우리 파트너 국가들이 더 심한 불안정과 분열이 생겨날 상황에 처하게 했습니다. 그리고 이 상황은 지역의 취약성을 심화시켜, 우리 경쟁자들이 합법적이지만 유해한 독자적 이익 추구에 전념하기 적합한 토양이 되게 하고 있습니다. 이로 인해 우리의 도전은 더욱 복잡해졌습니다. 우리의 가장 강력한 파트너들조차도 이렇게 여러 요인들이 결합되어 초래된 불안정을 겪을 위험에 처해 있습니다."[7)]

연설 내용을 유추할 근거 자료를 제시할 수는 없지만, 남아메리카와 관련된

7) 미국의 남아메리카지역 사령관인 크레이그 폴러가 117차 미국의회의 상원 군사위원회의 앞에서 했던 연설이다. 관련 내용은 〈www.southcom.mil/〉에서 확인할 수 있다.

언급은 백악관 국가안보보좌관 제이크 설리번(Jake Sullivan)의 올해 8월 브라질과 아르헨티나 방문을 염두에 둔 발언일 수 있다. 아니면, 국무부나 국가안전보장회의 소속 관료들의 공식 발언들을 참고로 했을 수도 있다. 미국이 단기적으로 가장 우려하는 사항 중 하나는 화웨이나 ZTE 등 중국 통신사들이 남아메리카 5G 사업에 진출할 가능성이다. 이런 맥락에서 중국의 불투명하고 해로운 영향력에 이 지역이 빠져들지 않도록 돕기 위한 방편으로, 이들 대규모 통신사에 대한 비토권이 제안되었다. 그럼에도 이런 갈등이 사실 새로울 것은 없다. 중국 기업들에 대한 조사는 버락 오바마 정부에서 처음 시작해[8] 트럼프 정부로 계승되었고, 이와 더불어 일련의 규제와 제재가 가해졌다.[9]

기술 갈등과 유사한 양상이 백신외교에서도 전개됐다. 미국은 국무장관 안토니 블링컨(Antony Blinken)의 지휘 하에 지역 내 중국과 러시아 백신 보급 확산에 대응하고, 이를 저지하려는 목적으로 백신 기부 전략을 펼쳤다. 더 나아가 이 국가들과 남아메리카 시장을 두고 벌어지는 경쟁에서 우위를 점하기 위해 미국 제약회사들의 제품 개발 분야에 기술적 지원을 제공했다. 〈표-1〉에서 볼 수 있듯이 미국의 백신 기부 프로그램에서 우선순위가 주어진 국가들은 파라과이, 우루과이, 에콰도르와 콜롬비아인데, 파라과이는 대만수교라는 역사분쟁에서 여전히 대만에 의리를 지키고 있고, 우루과이는 미 정부와 포괄적 경제협력을 위한 협상 중에 있으며, 에콰도르와 콜롬비아는 군사적 측면에서 중요한 국가들

8) 중국 대규모 통신사들이 안보 위협으로 분류되기 시작했던 것은 2012년 미국 국회위원회가 작성한 "미국 국가 안보에 대한 조사보고서: 중국 정보통신사 화웨이와 ZTE가 제기하는 문제들" 《Investigative Report on the US National Security–Issues Posed by Chinese Telecommunications Companies Huawei and ZTE》이라는 문서를 통해서였다. 해당 문서는 〈https://stacks.stanford.edu/file/druid:rm226yb7473/huawei-zte%20investigative%20report%20(final).pdf〉에서 확인할 수 있다.

9) 2018년 4월 트럼프 당시 대통령은 화웨이와 ZTE에서 부품을 구입하는 미국 회사들에 보조금 지원을 금지시켰고, 2019년 국가보안허가법을 통해 이 회사들의 부품 구매를 임시적으로 금지시키는 조치를 취했다.

이다. 이와 같이 미국 정부가 동일한 경로를 통해 자신의 전략적 이해관계와 경제적 이해관계를 동시에 대변하면서, 방어적 요소(대응)와 공격적 요소(개입)를 통합적으로 활용하는 접근을 취하는 현상이 새롭다고 볼 수는 없다.

냉전 이후 상황과는 달리 미국 정부는 중국 정부와의 실제 갈등에서 더 이상 철통감시자나 안정수호자의 역할을 홀로 도맡으려 하지 않는다. 그보다는 식민시대 스페인 왕국이 그랬듯이 '복음화를 통한 개입(presencia por evangelización)'을 강화해, 자신의 '뒷마당'에 중국의 경제, 상업, 금융이 확산되는 상황을 저지하고 지역 정책에 더 강력한 영향력을 행사하고자 한다. 이런 의미에서 미국

[표-1] 남아메리카 대상 미국의 백신 기부 현황

수혜국	군사 협약/군사 기지	대만 수교	중국의 기부	백신제조사	기부 물량	인구 100명당 백신 접종횟수
파라과이	접근권 협약(마리스칼 에스티가리비아)	수교	없음	화이자	2,000,000	28
우루과이	-	비수교	없음	화이자	500,000	14
에콰도르	작전 기지(만타)	비수교	없음	화이자	2,000,000	12
콜롬비아	파견·주둔 기지	비수교	없음	존슨앤드존슨	6,000,000	12
볼리비아	-	비수교	기부함	존슨앤드존슨	1,000,000	9
아르헨티나	-	비수교	없음	모더나	3,500,000	8
페루	긴급작전과 군사 병력 센터	비수교	없음	화이자	2,000,000	6
브라질	알칸타라 기지 사용 협약	비수교	없음	존슨앤드존슨	3,000,000	1
합계					20,000,000	

출처: Chase Harrison: 《Tracker: us Vaccine Donations to Latin America》, AS/COA, (28/7/2021), 상기 자료를 토대로 저자가 재구성, 〈www.as-coa.org/articles/tracker-us-vaccine-donations-latin-america〉.

정부는 중국과의 정치체제상 경쟁뿐만 아니라 지역 내에서 중국의 영향력이 확대되는 상황을 저지하기 위해서 민주주의와 투명성이라는 수사에 호소한다. 오늘날 미국 정부는 중국 정부에 대응해 적절한 보상을 제공하고, 경제적 대안이 될 기회를 창출하기 위한 충분한 자원을 확보하고 있는가? 미국은 지역이 필요로 하는 공공재를 제공할 수 있는 위치에 있는가? 미국이 영향력을 확대하려는 시도에서 현재 라틴아메리카의 상황, 즉 비록 현재 가장 절실한 상황에 처했음에도 외교적 수완이 결핍되고, 지역 거버넌스 체제가 가장 미약하게 작동하고 있는 현실이 유리하게 작용할 수도 있다. 그럼에도 단기적 관점에서 볼 때 현재 미국 정부가 중국 정부에 대항해 금융, 인프라, 기술 이전과 관련해 경쟁력 있는 대안을 제공할 수 있을 것으로 보이지는 않는다.

중국과 '공장을 통한 개입'

남아메리카에서 중국의 개입은 여러 비전형적 요소들로 특징지어진다. 그 중추에는 중국에서 광범위하게 전개되었던 네 가지 부수적 변화들이 자리하고 있는데 첫째, 대외정책 변화, 둘째, 정부 국제화, 셋째, 기업 국제화. 넷째, 지방과 시 단위 국제적 역할 강화를 들 수 있다. 이는 기존 양국 간 관계가 주축이었던 접근에서 벗어나, 경제적이고, 실용적이며, 보다 이질적인 성격의 침투를 통한 일종의 '공장을 통한 개입'으로의 전환을 의미하며, 포르투갈 왕국의 확장주의 유형에 해당한다. 포르투갈의 공장들은 중앙으로의 집중화를 통해 유럽에 공급할 물품의 역내 무역을 통제하려는 의도로 설립되었다. 마찬가지로 최근 중국 정부의 인프라 사업들은 아시아와 중국에 공급할 일차상품의 역내 무역을 보다 활성화하려는 경향을 보인다. 미국 정부는 본질적으로 수직적 방식의 정치적, 군사적 개입을 고수하는 반면, 중국 정부의 개입은 보다 다양한 주체들을 포함하며, 보다 탈중앙집권화한 방식으로 지방정부들과의 경제적, 재정적, 상업적 관계를 중시하는 방식을 취한다.

이런 '공장을 통한 개입' 논리는 중국 정부의 궁극적인 지정학적 확장 사업인 일대일로 구상과 긴밀히 결부되어 있다. 백신 외교에는 경제력 확대를 시사하는 전형적인 요소들이 모두 포함되어 있다. 실제 라틴아메리카의 19개 국가들 가운데 절반이 넘는 10개 국가들이 중국으로부터 백신을 제공받았다. 게다가 일대일로 구상에 참여하는 국가들이 아니더라도 백신 공급이 원활하게 이루어졌고, 백신 기부 정책의 경우에는 일대일로 참가국들인 베네수엘라, 기아나, 에콰도르, 볼리비아를 주요 대상으로 했음에 주목할 필요가 있다(〈표-2〉). 한편, 2018년 남아메리카 최초로 일대일로 구상에 참가했던 우루과이와 칠레의 경우에는 중국 제약업체 시노백으로부터 백신을 수입함에 따라 가장 신속하게 백신 접종을 확대했던 국가들이며, 심지어 칠레는 임상시험에 참여하기도 했다. 이후 두 국가들은 파라과이 정부가 대만 수교로 중국과 외교적 논쟁의 소지가 있었음에도 파라과이에 중국 백신이 보급될 수 있게 하는 매개 역할을 했고, 남미축구연맹(COMMEBOL)도 이들의 중재로 백신을 공급받았다.

남아메리카에서 일대일로 구상을 추진한다는 목표 이외에도 중국정부는 아르헨티나와 브라질처럼 포괄적인 전략적 협력 관계를 맺고 있는 국가들에 대한 시장 접근성을 향상시키고자 했다. 이를 위해 전략적 사업의 연속성 보장, 인프라 투자 활성화, 첨단기술이전 지원, 중국 통화인 위안화의 국제화에 우선적으로 공을 들였다. 중국 정부가 아르헨티나의 지방 정부들, 예컨대 코르도바, 산타페, 부에노스아이레스, 후후이, 엔트레리오스, 멘도사, 부에노스아이레스 시정부뿐만 아니라 브라질 상파울루 주 정부와 백신 수출 협약을 체결하고, 더 나아가 아르헨티나와 브라질에 임상시험 거점을 확보해 역내 생산에 돌입하게 된 정황도 이러한 노력의 결실이다.[10] 그렇다고 해서 중국 정부가 지역 내 미국 정부의 무관심으로 생겨난 빈틈을 파고들려 했다고 볼 수는 없다. 중국 정부는 콜롬비아처럼 미국과 전통적 동맹관계를 맺고 있는 국가들과도 양자간 관계를 구축

[표-2] 남아메리카 대상 중국 백신의 수출과 기부

국가	일대일로 가입여부	대만 수교	매개 국가	백신 제조사	지역 생산 계약	기부 백신 물량	수출 백신 물량	인구 100명당 백신 접종횟수
칠레	가입	비수교	–	시노백, 칸시노	–	–	17,471,476	92
우루과이	가입	비수교	–	시노백	–	–	1,750,000	51
브라질	미가입	비수교	–	시노백	체결 (시노백)	–	29,200,000	14
에콰도르*	가입	비수교	칠레	시노백, 칸시노		220,000	1,500,000	9.9
볼리비아	가입	비수교	–	시노팜	–	200,000	834,000	8.9
아르헨티나	미가입	비수교	–	시노팜	체결 (시노팜)	–	3,000,000	7
콜롬비아	미가입	비수교	–	시노백	–	–	2,972,200	6
페루	가입	비수교	–	시노팜	–	–	1,300,000	4
파라과이**	미가입	수교	칠레	시노백, 시노팜	–	20,000	250,000	3.8
가이아나	가입	비수교	–	시노팜	–	20,000	–	2.5
베네수엘라	가입	비수교	–	시노팜	–	500,000	–	1.7
합계							59,237,676	

* 칠레를 매개로 기부된 백신 물량 20,000회분.

** 칠레를 매개로 기부된 백신 물량 20,000회분.

출처: Bridge: 《China Covid-19 Vaccine Tracker》 (26/7/2021), 상기 자료를 참고로 저자가 재구성, 〈https://bridgebeijing.com/our-publications/our-publications-1/china-covid-19-vaccines-tracker/#Overseas_Manufacturers_of_Chinese_Vaccines〉.

해왔기 때문이다. 콜롬비아의 경우에는 중국으로부터 백신을 제공받고 얼마 지나지 않아 유엔인권이사회에서 중국을 옹호하는 역사적 선택을 했다.[11]

근본적으로 중국의 '공장을 통한 개입'은 중국 기업들의 시장 접근성을 향상시키고 보장하는 경제외교를 강화하려는 속성을 지닌다. 이에 상응하여 지역의 안정을 해석하는 중국의 시각은 시장장악과 각 정부들에 영향력을 행사하기 위한 경제적, 상업적, 재정적 침투를 목적으로 형성된다. 베네수엘라 위기가 초래한 피해, 중국 내 급증하는 문제들, 국내 소비 확대에 주력해야 한다는 인식의 확산 등의 결과로 중국의 외교 정책은 정치적 위험요인과 각 위험요인이 투자에 미치는 영향에 보다 신중한 태도를 보이기 시작했으며, 사회 안정의 경제적 효과를 보다 비중 있게 고려하기 시작했다. 같은 맥락에서 사회 안정에 대한 중국의 시각은 특정 정치체제 보장이나 제도적 특성에 대한 고려보다는 중국 자본의 진출 여건과 위상 그리고 위안화 국제화라는 안건을 중심으로 한다. 이런 방식으로 중국의 국력과 정부자산에 대한 통제력이 강화되는 것이다.

'복지 다자주의'를 향해서

남아메리카의 '혼란 속의 주변부' 상황은 사회경제적 여건의 악화, 정치적 제도적 허약성, 사회적 균열로 심화되었고, 팬데믹은 이를 가중시켰다. 대부분의 국가들이 백신 접종 확대에 성공을 거두고 있지만, 불평등, 사회적 불만, 정치적 대표성에 대한 요구는 확대되고 있다. 2021년 페루, 브라질, 콜롬비아에서 발생한 시위에서 볼 수 있듯이 사회적 환경은 복잡하게 형성되어 있으며, 이에 따라

10) 《Qué provincias buscan comprar vacunas por su cuenta y con quién negocian》 en *El Cronista*, 30/5/2021.

11) 《Colombia aplaude los avances en derechos humanos de China》 en *E. Tiempo*, 24/3/2021.

각 정부의 통제력에 대한 도전은 앞으로도 새로운 방식으로 제기될 것이다. 이와 동시에 이처럼 총체적 문제는 정치적 폭력과 경찰의 강압적 대응이 반복해서 자행될 경우 지역 전반의 안정을 위협하게 될 수 있다. 그 배경에는 국가적, 지역적으로 심각한 결과를 초래할 수 있는 거대한 신데믹이 자리하고 있고, 이와 함께 경제적, 사회적, 환경적 도전과제가 다시 제기되고 있다. 이런 현상은 팬데믹보다 훨씬 오래 지속되는 속성을 가진다. 국경 감시, 백신 확보, 분쟁의 평화적 해결 등은 여전히 핵심 논제가 될 것이며, 팬데믹 시기 널리 회자되던 '각자도생'이라는 단순 논리로는 회피할 수 없을 것이다. 미국과 중국의 개입이 확대되는 상황에서 붕괴를 막기 위해 '거대한 혼란'에 직면해야 하며, 이를 위해서는 그 무엇보다도 역내 정치적 협의가 요구된다.

복잡한 상황에도 불구하고 기대를 품어볼 여러 근거들과 기회의 여지가 포착되기도 한다. 이와 관련해 노버트 레히너(Norbert Lechner)의 "불안은 상황에 대한 암묵적(말로 표현되지 않은) 비판이자 대안의 모색으로 해석될 수 있다"[12]라는 말로 대신하려 한다. 본지에 게재되었던 모니카 허스트(Mónica Hurst)의 글에서도 주장했듯이, 신데믹에서 벗어날 출구를 모색하는 여정에서 필수적이고 불가피한 사회적 포용과 복지라는 지역 차원의 과제를 달성하기 위해 지역주의의 위기는 우리가 제일 먼저 극복해야 할 난관이다.[13] '복지 다자주의'는 그 구심점이 될 규범과 서사를 제공해 줄 수 있을 것이며, 공동의 과제에 함께 대응하기 위한 정책적 조율이 이루어질 장을 마련해 줄 수 있을 것이다. 현재 남아메리카는 과거 어떤 때보다도 지구적, 지역적 차원의 공공재를 필요로 한다. '복지 다자주의'

12) N. Lechner: 《Desafíos de un desarrollo humano: individualización y capital social》 en *Instituciones y Desarrollo* vol. 7, 2000.

13) M. Hirst y B. Malacalza: 《¿Podráreinventarse el multilateralismo? El orden internacional y el coronavirus》 en *Nueva Sociedad* No 287, 5-6/2020, disponible en 〈www.nuso.org〉.

를 통해 남아메리카는 보편적이고 양질의 공공 서비스를 보장하고, 접근성을 확대하는 '새로운 사회적 계약'에 이를 수 있을 것이다. 한편, 이렇게 야심찬 구상은 아니더라도 거시경제 정책, 식량안보, 고용창출, 사회적 포용, 양성평등, 에너지전환, 의료와 교육 접근성 부문에서의 조율을 축으로 하여 다자간 또는 삼자간 기술적 협력 체계를 구축하고, 이를 통해 시의성 있는 계획을 추진하는 것도 또 다른 방편이다. 역내 복지 간극을 감소시키고, 더 나아가 불안정과 균열이 심화되는 현상을 바로잡기 위한 해법으로서 그 기대 효과는 자명해 보인다.

강정원 옮김

아르헨티나: 신발전주의의 아포리아들[1)]

프란시스코 J. 칸타무토 / 마르틴 쇼르
아르헨티나 국가과학기술연구위원회(CONICET) 연구원 / 아르헨티나 국가과학기술연구위원회(CONICET) 연구원

원제와 출처: Francisco J. Cantamutto and Martín Schorr, "Argentina: las aporías del neodesarrollismo", *Nueva Sociedad*, No. 295, septiembre–octubre de 2021, pp. 82–98.

핵심어: 수출, 신발전주의, 알베르토 페르난데스, 아르헨티나

'모두의 전선(Frente de Todos: 알베르토 페르난데스가 주도한 중도좌파연합의 이름)' 후보 알베르토 페르난데스(Alberto Fernández)는 2019년 말 아르헨티나의 대통령에 취임했다. 당시 경제활동은 2년 전부터 위축되어 있었고, 환율과 금융은 2018년 4월부터 달음박질쳐 인플레이션이 30년 전 수준으로 높아졌다. 이 때문에 실질임금이 크게 하락하고 그 결과 빈곤이 증가했다. 마우리시오 마크리(Mauricio Macri) 정부는 자체 경제정책으로 이미 붕괴한 상태였다. 마크리 정부는

1) 그리스어인 아포리아는 원래 '막다른 곳에 다다름'을 의미하지만 요즘은 어떠한 사물에 관하여 전혀 해결의 방도를 찾을 수 없는 난관의 상태를 뜻하는 철학 용어로 사용된다(역주).

무책임하고도 납득할 수 없는 방법으로 아르헨티나를 채무로 인한 경제 위기에 빠뜨렸고, 그 결과 (채권자들의 동의 없이) 강제적으로 만기를 변경해야 하는 지경에, 그리고 4년 전 취임할 때 스스로 거부한 환율통제를 복원해야 하는 지경에 이르렀다. '모두의 전선'이 취임하던 때에 아르헨티나가 사회경제적으로 완전히 실패했다는 건 명백한 사실이다.

크리스티나 페르난데스 데 키르츠네르(Cristina Fernández de Kirchner)와 러닝메이트로 출마해 승리한 페론주의 진영의 알베르토 페르난데스 대통령이 사회경제적 난관 앞에서 행한 첫 번째 조치는 가장 시급한 사안에 대응하기 위한 다분양 협의체인 '기아 퇴치 위원회(Mesa contra el Hambre)'를 소집하는 것이었다. 이전에 페르난데스가 제안한 정책과 일맥상통하게, 이 기구는 대통령의 권한을 넘어선 정부 활동을 강화하기 위해 특정한 경우들에 발동할 것이었다.[2] 그러나 이 논리는 본 글의 주장들을 뒷받침하는 핵심 요소를 포함한다. 이전 정권의 승자들을 포함시키면 방향을 전환하기도, 이전 정권의 정책들이 유발한 피해를 복구하기도 어려워질 것이다. 변화가 "모두와 함께" 할 것이라는 불가능한 약속은 아무도, 심지어 피해를 야기한 사람들조차 패하지 않는다는 것을 전제로 한다.

페르난데스 정부가 출범한 초기 몇 달 동안 중소기업 지원 정책이 시행되었고, 환율 통제가 강화되었으며, 외화 운용비용이 인상되고 물가정책이 개선되었다. 이러한 조치들 중 많은 부분이 코로나라는 세계적 유행병의 영향을 받았다. 코로나 때문에 부득이하게 감금과 격리 조치를 취하면서 경제활동이 마비되고 위기가 심화되었기 때문이다. 정부가 경기 부양책과 다양한 사회 안정책을 시행했지만, 2021년 중반까지 가장 시급한 사회 지표들이 아직 원상 복귀되지 못했고 이 때문에 사회적 분위기가 더 악화하였다.

2) F. Cantamutto y M. Schorr: El gobierno de Alberto Fernández: balance del primer año de gestión.

우리는 여기에서 정부의 공중보건 부문 활동을 평가하려는 것이 아니며, 이런 이중적 위기(이전 정부에게서 물려받은 위기와 전 지구적인 위기)의 영향을 축소하지도 않을 것이다. 우리 분석은 이 위기를 넘어 현 정부 정책의 성격 때문에 미래가 예측되는 어떠한 연속성에 초점을 두고 있으며, 긴급하고도 필연적인 방법으로 수출을 통해 이익을 창출해야 한다는 압박에 대해 논할 것이다. 마크리 정부는 그것이 아르헨티나의 비교우위와 관련된 당연한 역할이며 따라서 국가가 추진해야 할 일 또는 적어도 방해받지 말아야 할 일이라고 간주했다. 반면 새로 출범한 페론주의 정부는 그것을 외화 부족("성장에 대한 외적 규제")에 근거한 구조적 필요성으로 받아들였다. 이런 식으로 정통파에게는 당연한 권한으로 여겨지는 것이, 신발전주의 비정통파에게는 체념한 필요성으로 보인다. 모든 구조적 변화는 특히 합의를 통해 진전되는 사안이라면 실재하는 것에 기반을 두어야 한다.

이 점은 국가채무구조조정 과정에서 분명히 드러난다. 2020년 2월에 페르난데스 대통령은 국제적 지원을 얻고자 순방을 시작했고, 동시에 국회에서 '공공부채의 지속 가능성 회복 법안'을 거의 만장일치로 통과시켰다. 구조조정에는 시간과 외교적 노력이 요구되었고, 2020년 9월에는 민간 채권자들과의 합의에 이르렀다. 그 결과 합법성이 의심되는 채권이 승인되었고, 이와 더불어 원금이 일부 면제되고 이율이 현저히 감소했으며 만기가 연장되었다. 이는 가장 중요한 공식 채권자인 국제통화기금(IMF)과 이르게 될 합의와 유사한데 IMF와의 협상은 민간 채권자들과의 합의 이후 1년간 계속되고 있었다. IMF가 크리스틴 라가르드(Christine Lagard) 총재의 임기에, 마크리의 '바꾸자(Cambiemos)' 정부를 지원하고자 2018년에 571억 달러라는 기록적인 대출금을 승인한 걸 기억해야 한다. 새로운 미사여구로 포장했지만 IMF는 민간 채권자들과 마찬가지로 대출의 지속 불가능성은 인정하지만 대출에 대한 공동 책임은 인정하지 않는다.

민간 채권자 및 다른 공식 채권자들과 달리 IMF는 단기간에 부채 상환을 최대화하도록 하는 정책들의 적용을 명시적으로 유도할 수 있다. 물론 이렇게 하면 의무를 준행하는 동안 부채가 상환되리라는 것이 확실시된다. 이미 달성된 구조조정과 이 글을 쓰는 동안에 진행 중인 구조조정은 시간을 벌어져 지불 시기를 변경하려고 하는데 이를 위해서는 다음과 같은 과업들을 진척시켜야 한다. 국가의 거시경제를 정리하고(2021년 중반, 소매 인플레이션이 연간 50%에 육박했다), 자유화와 개방에 대한 신뢰할 수 있는 타임라인을 제시하고, 재정 적자를 줄이고(부채 상환은 건드리지 않은 채), 외환 보유를 달성해 상환을 중요시하는 것이다. 초기 과업들이 경제부와 중앙은행 간에 진행된다면 마지막에는 생산개발부가 가담한다. 이번에는 구조적 변화가 일어날 것이고 그 이후에는 마침내 소득 재분배가 이루어질 것이라는 약속 하에 가능한 모든 것을 최대한 빨리 수출할 것이다.[3)]

이게 나아갈 방향인가? 무슨 수를 써서라도 즉시 수출하라는 지시는, 아르헨티나가 더욱 평등을 지향하고 공정하며 지속 가능한 방식으로 발전하는 걸 고려하는 데에 결정적인 여러 문제들에 대한 접근을 방해한다.

아르헨티나의 수출: 무엇을? 누가?

아르헨티나 대외무역에서 주요한 축을 차지하는 수출 품목은 1차 산품과 1차 산품을 기본 가공한 제품인데, 그 비중은 페르난데스 데 키르츠네르 정부부터 마크리 대통령을 거쳐 현재에 이르기까지 차츰 증가했다. [표-1]에서 알 수 있듯

3) 《Palabras del Presidente Alberto Fernández en la Apertura del 139 periodo de sesiones ordinarias, del Honorable Congreso de la Nación Argentina, CABA》, 1/3/2020, disponible en 〈www.casarosada.gob.ar〉; Daniel Schteingart e Igal Kejesfman: 《¿Alcanza con distribuir?》 en *Anfibia*, 2021.

[표-1] 아르헨티나: 2007-2021년 상반기 주요 품목별 수출 구조(연평균 백분율)

	2007-2015	2016-2019	2010-2021년 상반기
1차 산품	22.4	25.5	28.2
농·축산가공품	35.5	38.1	41.7
공산품	33.3	31.0	24.2
원유 등	8.8	5.4	5.9
계	100.0	100.0	100.0

출처: 아르헨티나 통계청(INDEC) 통계자료를 바탕으로 필자가 재구성함.

이, 이 두 품목이 전체 수출액의 약 70%를 차지한다.

품목별 수출 동향을 보면, 매우 적은 부문만이 큰 금액의 흑자를 안정적으로 내고 있다. 농축산 및 광업 부문의 1차 산품, 식품 가공 산업, 그리고 특히 유지작물 복합체가 외화의 주요 원천이고, 2003년 이후 환율 수지 총액의 90% 이상을 차지한다. 2021년 상반기 아르헨티나의 상위 4개 수출 품목은 농산물, 식품가공 제품, 음료 및 담배, 동·식물성 유지(油脂)와 살아 있는 동물 및 축산제품이었다.

이와 반대되는 의미에서, 늘 적자를 내는 부문들이 있다. 여기에는 수많은 서비스뿐만 아니라 높은 수준의, 또는 다소 높은 수준의 과학기술을 내장한 제품의 산업화에 중점을 두는 부문들이 포함된다. 이런 교역 패턴은 중국을 포함한 대부분의 선진국과의 무역에서 두드러진다. 남미공동시장(MERCOSUR)만이 이 특성에서 벗어나는데, 그 이유는 무엇보다도 자동차 생산라인에 집중된 산업내 무역(intraindustrial trade)을 포함하기 때문이다. 다시 말해, 각기 다른 정치 성향을 띤 정부들을 통해 지난 15년간 정적인 비교우위를 기반으로 한 특화가 강화되었다.

문제는 수출이 경제 활동의 몇 안 되는 품목에, 그리고 제한된 수의 대기업에 집중되어 있다는 것이다. 전체 해외 매출의 약 70%는 아르헨티나의 200대 기업이 장악하고 있다. 또한 [표-2]에서 확인할 수 있듯이 매출 대부분은 "상위 50대" 기업에 집중되어 있다. 이는 일반적으로 공개 토론에서 나타나지 않는

[표-2] 아르헨티나: 수출 동향과 상위 기업들의 무역 수지*, 국가의 수출 총액, 그리고 상위 기업 수지를 제외한 나머지 금액, 2015-2019년(백만 달러)

	수출액					
	상위 기업					경제의 나머지 부분 (c)=(b)-(a)
	계(a)	상위 50대	상위 50-100대	상위 100-200대	국가의 수출 총액(b)	
2015	39,992	26,095	8,269	5,628	56,809	16,817
2016	42,387	30,621	5,931	5,835	57,960	15,573
2017	37,840	26,579	6,724	4,537	58,662	20,822
2018	39,833	29,631	5,310	4,892	61,801	21,968
2019	45,925	36,222	4,882	4,821	65,155	19,230

	무역 수지					
	상위 기업					경제의 나머지 부분 (c)=(b)-(a)
	계(a)	상위 50대	상위 50-100대	상위 100-200대	국가의 수지 총액(b)	
2015	13,509	10,102	3,183	224	-785	-14,294
2016	19,415	15,755	2,751	909	4,416	-14,999
2017	9,221	7,626	1,694	-99	-5,447	-14,668
2018	9,407	10,100	180	-873	-743	-10,150
2019	25,386	25,321	212	-147	18,227	-7,159

* 이들은 연간 매출에 의거한 아르헨티나 200대 기업임(곡물 마케팅 관련 기업을 제외하고 금융 및 농축산 부문 기업은 포함되지 않음).
출처: Gustavo García Zanotti y M. Schorr: 《Dinámica comercial externa de la cúpula empresarial de la Argentina en el gobierno de Cambiemos (2015-2019)》 en *Apuntes del cenes*.

아르헨티나 경제의 구조적 특징에 대해 살펴보도록 촉구한다. 즉, 상위 독과점 기업들의 막대하고 체계적인 무역 흑자가 경제의 나머지 부문에서 반복적으로 발생하는 뚜렷한 적자와 대조된다는 사실 말이다. 이렇게 해서 외화 통제를 기반으로 한 막대한 구조적 권력이 상위 기업들에게 부여된다.

실례로, 2019년에 상위 기업들이 전체적으로 250억 달러가 넘는 무역 흑자로 운영된 데 비해 국가 차원에서 운영되는 나머지 기업들은 70억 달러에 가까운 적자에 직면했다. 수출을 통해 외화를 대규모 공급하는 기업들에 대한 아르헨티나 경제의 의존도는 가령 2015–2019년에 "상위 50대" 기업이 전체 흑자의 약 90%(2019년에는 거의 100%)를 차지했다는 점을 고려할 때 더욱 분명해진다.

이렇듯, 몇몇 부문과 거대 경제주체들이 외화의 원천으로 작용한다. 이러한 이익이 그 기업주에 의해 가져가지는지 아니면 다른 생산을 촉진하고자 부분적으로 국가에 의해 재운영되는지는 별개의 문제다. 신자유주의 정통파가 그것을 당연한 명령으로 받아들인다면 신발전주의 비정통파는 그것을 변화의 불가능성 앞에서 체념한 것으로 받아들인다. 이것으로 충분치 않다면 수출, 수입, 그리고 상위 기업 흑자의 약 ⅔는 다국적 기업들에 의해 설명된다. 게다가 그 기업들은 수익을 해외에 송금하면서도 세금 부담을 줄이려고 양도세를 활용하고, 심지어 자체 대출까지 실행해서 향후에 대금을 해외로 송금한다. 이런 유형의 기업들이 생산과 교역에서 가장 높은 수준의 세계화를 보인다는 점을 감안하면 이는 예상 가능한 일이다. 그러나 결정적인 구조적 권력을 지닌 이 초국가적 행위자들이 어떻게 국가발전의 주체가 될 수 있는지는 미지수다. 특히 이 행위자들(기업들)이 외화 비상사태와 생산적 합의를 기반으로 거래하려고 할 때 말이다. 우리가 이 아포리아에 초점을 맞추고 있기는 하지만 상위 기업 중 아르헨티나 국내 기업들이 반드시 이런 특성에 해당되는 것만은 아니다.[4)]

'모두의 전선'은 키르츠네르주의의 경험이 불러일으킬 무질서와 대립이라는 결점을 녹청으로 윤이 나도록 닦으면서 이 경험의 일부를 재생하려고 한다. 이는 신발전주의 비정통파로 명명되는 측의 시선, 즉 문제점이 수출을 지향하는 방향성 자체에 있다고 보는 게 아니라 가치사슬로 통합되는 산업적 프레임워크(소비재 물품의 가공이나 공급, 인프라, 기계 설비나 서비스)의 부재에 있다고 보는 시선과 일치한다. 문제는 비교우위를 가진 부문들이 주축이 되어 견인하는 이런 생산적인 통합을, 진흥 정책과 조정 메커니즘을 통해 뒷받침하는 똑똑한 정부가 부재하다는 것이다. 이를 위해서는 (낮은 수준의 적자를 내포하는) 정돈된 거시경제, 경쟁력 있는 환율, 무역 개방성, 그러나 더 큰 선택 폭의 인센티브와 지역 시장 강화, 맞춤형 부문별 정책, 생산에 대한 과학기술 시스템의 통합이 필요하다.

이것들은 '팬데믹 이후 아르헨티나에서의 생산적 개발'이라는 제목의, 생산개발부의 공식 문서에 표현된 노선이다.[5] 이 문서는 2020년 10월에 개최된 제1차 경제사회적 합의 회의에서 발표되었는데 '모두의 전선' 정부가 추진하고자 하는 경제 프로그램을 상당히 명확하게 표현하고 있다.

과거 이빨과 발톱을 드러내었던 경제적 능력을 가진 있는 부문들에 대한 사회의 필요가 사실상 받아들여지고 있다. 10가지 합의는 "더 많이 수출"해야 할 절실한 필요성으로 시작해 "남아도는 부문은 없다"는 문구를 덧붙여 뜻을 분명히 한다. 더 많이 수출해야 할 시점에 남아도는 부문이 없다는 것은, 경쟁력 없는 몇몇 부문은 재편성되거나 사라져야 했던 이전 정권의 견해와 달리 현재 있는 것 중 어떤 부문도 건드려지지 않을 것이라는 의미다.

4) M. Schorr (org.): *El viejo y el nuevo poder económico en la Argentina. Del siglo XIX a nuestros días,* Siglo Veintiuno, Buenos Aires, 2021.

5) Ministerio de Desarrollo Productivo: 《El desarrollo productivo en la Argentina pospandemia. Hacia una visión compartida sobre el desarrollo económico de largo plazo y el cambio estructural》, 10/2020.

신발전주의 비정통파가 타고난 상상적 조화에서 나온 것이 아니라 아르헨티나 경제가 차지하는 주변적 위치에 대한 진단에서 비롯된다는 점을 지적할 필요가 있다. 그래서 점점 더 국제화되는 축적을 유지하려면 강력한 (외국) 화폐가 필요하다. 세계와 교환할 외화가 부족하고 따라서 개발 자금을 조달하기 위해 외화를 보유해야 한다.[6] 문제는 이것이 성장에 대한 외적 제약이라는 것이다. 이 제약은 처음에는 산업화라는 어려운 시기의 주기들을 파악하기 위해 의도되었는데, 산업화 단계에 활동 범위가 확장되면 수입을 위해 외화에 대한 수요 증가가 동반된다. 이는 여전히 유효하지만 문제의 일부일 뿐이다. 현재 외화가 손실되는 주요한 구조적 원천 중 가장 두드러진 세 가지 원인을 꼽자면 외부 자산 형성(자본 유출을 회계화한 형태), 부채 상환, 수익의 해외 송금을 들 수 있다. 그럼에도 불구하고 신발전주의는 개발의 긴급함과 필요성을 평가할 때 이 세 가지 출금 경로를 등한시한 채 "순진한 케인즈주의"의 운에 따라, 활발한 축적 과정이 자체적으로 이런 흑자의 항구성을 북돋을 것이라고 희망한다. 그러나 이런 믿음은 초국적화와 금융화라는 집중적이고도 장기적인 과정이 전개되는 자본주의의 현재 국면에 존재하는 명백한 사실에 저항하지 않는다.[7]

앞서 살펴본 바에 따르면, 지금 당장은 수출을 촉진해야 한다. 부채를 상환하고, 구조 변화를 위해 자금을 조달하고, 수출이라는 해결책이 결국 성장의 원천이 되도록 말이다. 소득 재분배는 경제가 성장하는 시점에 실현 가능해질 것이다. 하지만 그러기 위해서는 수출자본과 부딪쳐선 안 된다. 아마도 그래서 비센틴(Vicentín) 사의 명백한 사기 사건에 대한 수사가 진척되지 못했을 것이고,[8]

6) Eduardo Crespo: 《Las contradicciones del progresismo naif》 en *Anfibia*, 2021; Juan Hallak: 《Sin exportar, no se puede importar, y así no se puede crecer》 en *La Nación*, 18/7/2021.

7) Enrique Arceo: *El largo camino a la crisis. Centro, periferia y transformaciones en la economía mundial*, Cara o Ceca, Buenos Aires, 2011.

8) 비센틴은 아르헨티나의 농산물수출 대기업 중 하나로 과도한 채무로 인해 2019년 지불 불능 상태에

2020년 말에는 농산물 수출에 대한 원천징수가 뒷걸음질쳤을 것이다.[9] 발전에 결정적으로 중요한 파라나-파라과이-우루과이 수로 운영의 국유화에 대해 고의적으로 침묵하는 것도 그 때문이었을 것이다. 이러한 관점은 나름대로 정부가 농업 및 식량 위원회를 승격시키고 과거 키르츠네르주의 정부들에 반대해 직접적인 행동을 추진한 반대파 조직 '연계 테이블(Mesa de Enlace)'의 해체를 도움으로써 이념에 덜 집착하고 사업에 더 집중하는 농업경영의 영향력을 고무시키려고 노력한 이유다. 그리고 바로 이 이유 때문에 여러 신발전주의 지식인들이 공직에 종사하건 아니건, 마치 개발 반대자인 양 환경 정의(특히 1차 산품에서의)를 주장하는 사회 조직들에 맹렬히 맞서는 것일 것이다.[10]

현 상황을 문제 삼지 않고서 변화를 생각할 수 있는가?

그래서 신발전주의 비정통파는 변화에 자금을 조달할 필요성을 주장한다.[11] 변화가 필요한 것은 이미 우리가 언급한 강력한 1차 생산, 즉 농업 관련 산업, 광업, 탄화수소다. 이때 신발전주의 비정통파는 비교우위 개념을 행동 지침으로 받아들인다. 이 개념을 기꺼이 추종하는 신자유주의자들과 달리, 신발전주의 비

빠졌다. 주채권자인 국가는 외화에 접근하는 핵심 영역에 종사하는 유수 기업들을 통제하겠다고 할 수도 있었지만 기업의 압력에 굴복해 보다 직접적인 개입을 기피했다.

9) Alejandro Gaggero y Gustavo García Zanotti: 《La crisis de Vicentín y los grupos empresariales que se expandieron a partir de su caída (2019-2020). Informe exclusivo para el Directorio y la Presidencia del Banco Nación》, 2020, disponible en 〈www.elcohetealaluna.com/wp-content/ uploads/2020/12/Informe-final.-Vicentin-para-Prensa.pdf〉.

10) Enrique de la Calle: 《Claudio Scaletta: El falso ecologismo es un pensamiento reaccionario funcional al imperialismo》 en *Agencia Paco Urondo*, 14/5/2021.

11) Martín Schapiro: 《Hay que regular, no prohibir》 en *Le Monde diplomatique* edición digital, 7/2021.

정통파는 그것을 씁쓸해 하며 따른다.[12] '모두의 전선' 정부는 이런 전략적 방향을 담론적인 측면과 구체적인 정책에서 채택하고, 동시에 여당 동맹의 다른 부분을 장려하는 더 공정하고 공평한 개발의 목표들을 약화시킨다.

이 방법을 택하면, 더 나은 미래를 추구하는 논리에서 최소한 5개의 주요 사항이 누락된다는 걸 우리는 잘 알고 있다. 이런 누락은 그것이 작동하는 구조에 대한 독특한 해석에서 출발한다. 첫째, 거래 통화에 따라 작동되는 외적 제약이 있다는 생각이 유지된다. 다시 말하면, 이는 불평등한 교역에 기반을 둔 오래된 외적 제약이다. 이 해석은 유효하지만 외화 유출의 주요 경로가 현재 무역을 통한 것이 아니라 주로 자금 도피라는 사실은 누락한다. 실제로 이렇게 자원이 새나가는 것은 신자유주의 정부 집권기간의 부채와, 비신자유주의적인 실험 하에서 거래된 달러로 충당되지만 자원은 항상 빠져나간다. '모두의 전선'이 이전 정부에서 물려받은 자본 및 환율 통제의 얼개를 유지했으며, 이 점이 도피를 일부 억제했다는 점을 지적할 필요가 있다. 자금 도피의 많은 부분이 불평등한 소득 분배에서 비롯된다는 점을 잊으면 안 된다. 불평등한 소득 분배는 투자 가능한 잉여금을 보유한 사람들이 외화 비축을 선호하게끔 한다. 마찬가지로, 엉성한 법률과 최저 수준의 통제로 인해 대기업은 무역(수출액 축소신고 및 수입의 과도한 송장 작성) 및 재정(자가 대출) 메커니즘을 통해 다양한 형태의 자금 도피를 전개할 수 있었다.

한편, 신용과 해외 투자는 외화에 대한 순 기여도가 미미하다. 그것들은 20년 동안 1년 치의 무역 수지에도 미치지 못한 반면 문제점은 여럿 양산한다. 신용과 해외 투자는 외화의 체계적인 유출을 유발함과 동시에, 자신의 역동성에서 비롯된 불안정성이라는 요소를 추가한다. 교육받은 신발전주의 비정통파라면

12) Martín Schapiro:《Hay que regular, no prohibir》en *Le Monde diplomatique* edición digital, 7/2021.

누구나 이런 문제점들을 인식할 것이다. 그러나 이 문제들을 받쳐주는 현행 합법성의 틀을 시급히 수정할 필요가 있다고 인식하는 데에는 동일한 추진력이 있는 것 같지 않다. 바로 그 지점에서 금융기관 및 대외 투자에 대한 법률, 즉 현행 투자에 대한 50개 이상의 상호협정이 대두된다. 이러한 제도적 맞물림에 대한 논의는 정부의 수사학에 드러나지 않는다.

여러 법원에서 문제가 제기되어 왔음에도 불구하고 여전히 상환에 유효하다고 여겨지는 채무의 합법성 논의에도 비슷한 일이 발생한다.[13] 또한 헌법과 여러 국제 조약 및 협약에서 인정된 인권 존중을 보장하려면 자원을 이용해서 상환해야 할 거라는 갈등이 생략된다. 이 두 가지 사항(위법성 및 다른 권리와의 갈등)이 명백한데도 신발전주의 비정통파는 "최선을 다했다"는 기치 하에 채무구조조정을 수용하는 데 그친다. 2020년과 2021년 협상은 이번 세기의 가장 심각한 위기를 겪는 동안에 진행되었고, 늘 계약 체결과 상환을 목표로 했다. 이런 규모의 재난에 처했을 때가 아니면 언제가 그런 지속적인 외화 유출을 논의하기에 적절한 때라고 여겨질까? 이미 존재하는 국제 진출을 뒷받침하는 대외 투자 활성화나 부채 상환이 이 혼란에서 빠져나오는 방법은 아닌 것 같다.

둘째, 실제 존재하는 행위자들은 추론에서 고려되지 않는다. 성장을 위한 플랫폼으로서 현재의 국제 진출에 배팅함으로써 현재 기업 엘리트의 구조적 위치가 강화되며, 기업 엘리트는 점점 더 생산에 집중하게 된다. 이 기업 엘리트는 자기가 거두어들인 흑자로 전체 경제의 적자를 충당하지만 동시에 수출을 통제하고, 도피와 수익의 형태로 외화를 국외 송금하면서도 고용은 거의 창출하지 않는 상위 기업들이다. 이 경제 권력의 핵심이 국가 생산량의 상당 부분(약 3분의 1)을 통제한다. 국가발전이라는 목표와, 이런 상위 기업이 표방하는 명백한

13) Andrés Bernal, Augusto Martinelli y Francisco Verbic: 《La nulidad del crédito de Argentina con el Fondo Monetario Internacional》 en *Revista Derechos en Acción* No. 19, otoño de 2021.

초국가적 방침이 어떻게 양립하는가? 이는 미리 결정되는 것이 아니다.

이 사안은 두 번째 질문과도 관련되기 때문에 중요하다. 즉, 특권적 상황에 있는 행위자가 자기의 중심적 위치를 상실케 할 경제정책을 준수하는 이유는 무엇인가? 거부권을 가진 행위자가 합의를 통해 그 권력을 상실하는 데 어떻게 기여할지 이해할 수 있게 해주는 이유는 없다. 농산물 수출 기업주들은 키르츠네르주의 시대에는 정치 분야에서 적대적 역할을 할 정도르 이를 받아들이지 않았다.

이와 관련해 인플레이션의 가속화되는 역학에 대한 논쟁이 2021년 6월에 발생했다는 것을 기억할 필요가 있다. 인플레이션은 매우 퇴행적이었던 2년, 즉 2018–2019년 수준에 매우 근접한 정도로 지속되고 있다.[14] 최근의 경우, 식료품 가격이 중요한 역할을 했다. 인구의 가장 기본적인 요구에 영향을 미치기 때문이다. 논쟁은 가치사슬의 회계 감사를 위해 육류 수출을 일시적으로 중단하면서 발생했다. 인플레이션을 통제하기 위한 이 조치는 신발전주의 비정통파 경제학자들 사이에서조차 그리 많은 합의를 얻지 못했지만 농산물 수출 기업주들의 자본에 제동을 걸기 위한 정치적 제스처였다. 최근 몇 년간 가축 생산이 확대되었지만 수출이 증가한 이유 중 일부는, 지난 10년간 육류의 국내 소비량이 약 20% 감소한 것으로 설명된다. 이 주제의 세부적인 사항을 깊이 파고들지 않더라도 수출에 필요한 거시경제 정책과 현지 인구의 요구 사이의 긴장을 뚜렷하게 강조한다.

이것이 우리가 주장하는 세 번째 사항이다. 왜냐하면 이것은 관련 없는 고립된 문제가 아니라 보다 일반적인 과정을 보여주는 예이기 때문이다. 다음 그래프에서 볼 수 있듯이, 2015~2020년 사이에 국민소득에서 임금소득이 차지하는 비율

14) 아르헨티나의 인플레이션 율은 2017년 25.68%, 2018년 34.28%, 2019년 53.55%, 2020년 42.02%, 2021년 50.9%였다(역주).

(막대로 표시되어 있음)은 5% 포인트 이상 하락했다. 민간 부문에 등록된 근로자들의 실질임금(같은 그래프에서 선으로 표시되어 있음)은 2015년 이후 약 15% 감소한 반면, 국영 일자리는 대략 25% 감소했다.[15] 더욱 증가한 실업, 휴업, 고용의 질 저하(자영업 증가)에 더해 빈곤의 증가는 일시적인 변화를 넘어 구조적인 현상으로 설명된다. 공식 데이터에 따르면, 2020년 말까지 빈곤율은 인구의 42%에 달했다. 신발전주의자들은 성장의 선순환을 제안하지만 실제로 국내시장은 대외 무역과 국가로부터의 특전에 더 관심이 많은 상위기업을 위해 역동적 역할

〈그림 1〉 아르헨티나: 총부가가치에서 임금의 상대적 가중치의 동향(왼쪽축, 막대, 백분율) 및 민간부문등록 임금수준(오른쪽축, 선, 지수 2015=100), 2015-2020년

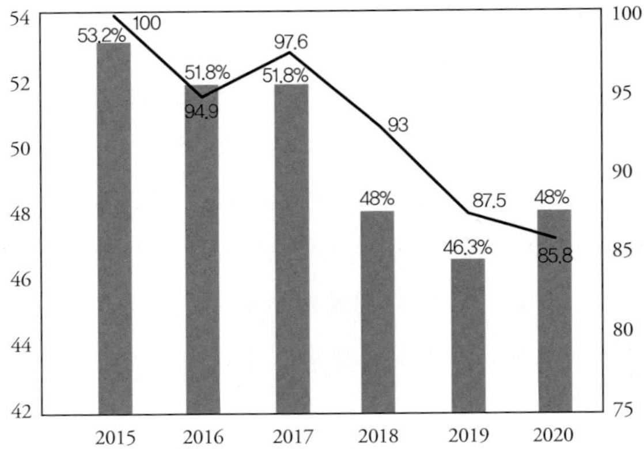

출처: 아르헨티나 통계청(INDEC), 노동 및 경제시사전망대(MATE), 아르헨티나 연구 및 훈련센터(CIFRA)의 통계자료를 바탕으로 필자가 재구성함.

15) 최근 연구에 따르면, 2021년에 임금의 구매력 악화가 심화되었다. Centro de Investigación y Formación de la República Argentina (CIFRA): 《Informe de coyuntura No 36》, Central de Trabajadores de la Argentina, Buenos Aires, 8/2021.

을 하고 있지 않다.

앞의 내용은 광물, 원유, 유지 복합체 부문에서처럼 수출활동이 상대적으로 높은 임금을 지불한다는 사실과 모순되지 않는다. 이는 노동시장의 세분화를 대가로 이루어지며, 경제 부문 간의 이질성이 커져 다른 생산 활동을 방해하게 된다. 비교우위를 기반으로 한 이 전문화(분업화)는 다른 어떤 생산들과 양립할 수 있는가? 명확한 인센티브 없이는, 지대 전용을 기반으로 한 경쟁에서 살아남는 활동은 거의 없다. 이에 더해, 가치사슬과 관련된 활동들은 더욱 열악한 조건에서 주로 하도급 계약을 통해 불안정성이 더 높아지고 보수는 더 적어진다. 이 상황은 수출 농업의 경우 잘 나타난다.[16] 따라서 이들의 급여는 외부 경쟁력을 어느 정도 보장하기 위해 낮게 책정되는 평균 임금에 비해서는 상대적으로 높다.

페르난두 엔히키 카르도주와 엔소 팔레토[17]는 신발전주의적 전통에 더 가까운 학자들인데, 지금은 고전이 된 그들의 저작에서 그것을 엔클레이브 경제로[18] 기술하고, 보다 일반화된 개발 과정으로 이어질 수 있는 능력에 의문을 제기했다. 바로 거기에서, 종속적 개발의 정책 프로그램이 발전하게 된다. 이는 상황을 수용하고 지대의 일부를 획득해, 사회 정책들을 통해 분배하는 것이라고 할 수 있으리라. 적어도 그런 틀에서는 이런 기업 엘리트들에게서 국가 이데올로기를 기대할 수 없다는 건 분명했다.

16) Juan Villulla: *Las cosechas son ajenas. Historia de los trabajadores rurales detrás del agronegocio,* Cienflores, Buenos Aires, 2015.

17) 카르도주는 브라질 최초의 민정 재선 대통령이자 사회학자로, 개발도상국 수탈이론의 하나인 종속이론을 주창한 대표적인 학자다. 엔소 팔레토는 칠레 출신의 사회학자로, 카르도주와 함께 『라틴아메리카의 종속과 발전』(*Dependencia y Desarrollo en América Latina*) (1967)을 저술했다(역주).

18) 개발하기 좋은 곳만 울타리를 치다시피 하고 서구 자본과 기술을 들여 서구적 자본주의식으로 개발하는 것을 말한다(역주). F.H. Cardoso y E. Faletto: *Dependencia y desarrollo en América Latina,* Siglo Veintiuno, Ciudad de México, 1969.

우리가 강조하는 네 번째 사항은, 마침 생산적인 수출 프로젝트의 중요한 부분을 차지하는 엔클레이브 논리와 관련이 있다. 이런 생산이 지역에서 불러일으키는 효과는 최소한 다음과 같은 4가지 의미에서 고려될 수 있다.

(a) 신자유주의라는 허리케인 때문에 황폐화된 지역 경제는 많은 부분 생산적인 대안이 거의 남아 있지 않다. 그리고 신발전주의 비정통파 내에 내실 있는 영토 정책이 없어 그곳들이 희생 지역으로 좌천되었다. 바카무에르타(Vaca Muerta) 분지, 산후안(San Juan)과 카타마르카(Catamarca)의 대규모 광산, 후후이(Jujuy)의 리튬 채굴, 팜파스 내륙의 시골 마을 등에서 그런 일이 일어난다. 실제로 존재하는 생산이냐, 또는 빈곤에 대한 비난이냐가 이분법적으로 제시된다. 이런 기업가 정신은, 대안이 없는 상황에서 지역의 일부 동조자들의 마음을 사로잡는다.

(b) 이런 동력의 핵심에 축적을 주도하는 자본 대부분이 지역의 것이 아니라는 점이 생략된다. 따라서 생성된 소득은 그 규모로 재생산되지 않고 오히려 다른 영토나 해외로 유출되며, 실현 가능한 대안이 없다고 피드백을 보인다.[19]

(c) 앞에서 유래된 것처럼, 민주주의에 대한 부식 효과에 중점을 두어야 하며, 이는 지역의 영역에서 자원, 영향력, 그리고 압박 능력이 극대화되는 강력한 행위자들의 존재에 의해 심각하게 영향을 받는다. 지역의 행위자들이 자기 이익과 반대되는 결정을 내릴 때, 그들은 언론이나 정부의 연설에서 정통파와 신발전주의자들에 의해 악마로 취급되거나 순진하거나 무지하다고 여겨진다.[20] 수출을 위해 진행되는 프로젝트 중 많은 부분의 폭력적인 성격이 강조되어야 한다. 왜냐하면 그 프로젝트들은, 자기의 생존 공간을 결정할 공동체의 권리를 모른 척

19) Silvia Gorenstein (org.): *¿Crecimiento o desarrollo? El ciclo reciente en el norte argentino,* Miño y Dávila, Buenos Aires, 2012.

20) E. Crespo: ob. cit.; E. de la Calle: ob. cit.

하기 때문이다. 지역의 민주적인 결정은 기업의 이익을 존중할 때에나 국가를 위해 약속된 개선을 위해 희생을 감수할 때에만 가치가 있는 것 같다.

(d) '희생'에 대해 말할 때, 우리는 가령 이런 생산이 수행되는 영토에 거주하는 주민의 건강에 미치는 영향을 가리킨다.[21] 암과 호흡기 질환자가 현저히 늘어나거나 땅이 흔들리는 것은 문제가 되지 않는 것 같다… 그곳에서부터 멀리 떨어진 책상에 있는 동안에는.

최근 이런 어조로 티에라델푸에고(Tierra del Fuego) 주의 관할 수역에서 연어 양식 금지에 대한 논쟁이 있었다. 지역 사회 및 정치 세력은 외화가 긴급히 필요하다는 것, 다시 말해 외화가 우선순위라는 것을 인식하지 못하는 것으로 여겨진다.[22] 이 논쟁은 연어 양식과 관련해 유례없는 전면 금지를 상정함으로써,[23] 즉 생산과 노동의 특정 방식을 못 본 척하면서 발전주의를 옹호하는 이 사업의 성격으로써, 아무 준비도 되지 않은 독자들을 계속 혼란스럽게 한다.[24] 이 논쟁은 다른 여러 지역에서 논의할 더 시급한 환경문제들이 있으며, 오염 및 오염을 조장하는 빈곤에 투자하고 이를 해결하려면 외화가 필요하다고 지적하면서 한 발 더 나아간다. 대안? 대안은 없는 것 같다. 이 논쟁은 신발전주의와 환경보호주의 간의 긴장을 상정하며 아르헨티나의 공공장소에서 성장했다. 그러나 신발전주의가 행동이나 생략을 통해 공격하고 있는 것은 환경을 훨씬 넘어선다.

끝으로, 아르헨티나 수출이 기반을 두고 있는 자원의 유한한 성격을 빼놓을 수 없다. 이때의 자원이란, 광물이나 탄화수소뿐만 아니라 대규모 농업에서

21) Sociedad Argentina de Pediatría: *Efecto de los agrotóxicos en la salud infantil,* 2021, disponible en 〈https://agenciatierraviva.com.ar/wp-content/uploads/2021/07/files_efectos-agrotoxicos. pdf〉.

22) M. Schapiro: ob. cit.

23) Maristella Svampa y Enrique Viale: 《El disparate de vincular subdesarrollo con protección ambiental》 en *El DiarioAR,* 14/7/2021.

24) Ernesto Semán: 《Matar al salmón》 en *Panamá,* 18/7/2021.

토지의 지속 불가능한 개발을 일컫는다. 절박함 그 자체가 비즈니스에 가치를 부여할 뿐만 아니라, 글로벌 수요의 존재가 이번에야말로 정말 발전할 수 있는 기회의 창구를 이룬다는 생각이 항상 제시된다. 그러나 해외 투자의 장소, 단기 및 금융 논리의 특권, 민간 부문에 대한 과도한 국가 보조금을 문제 삼지 않은 채, 그리고 "녹색으로 전환"하겠다는 약속에 대한 일관성을 의제에 올리지도 않은 채 부가가치를 위한 대안들로 바카무에르타의 가속화된 채굴, 그리고 리튬이 가능하다고 추측하는 것은 모순적이다.

결어

'모두의 전선' 정부는 이전 정권에서 물려받은 위기의 한복판에서 취임했고, 여기에 전 세계적인 위기가 더해졌다. 그걸 피해 가는 건 불가능하다. 대규모의 격변을 감안할 때 아르헨티나 사회 대다수의 경제 상황이 빠르게 악화되지는 않았다는 점을 숙고할 필요가 있다. 그렇다고 개선되지도 않았지만 말이다. 이는 "추후 모든 사람에게 다가갈 수 있도록 마지막 사람들부터 시작한다"는 생각과 모순되지만 오히려 이전의 강력한 승자들과 합의의 힘을 유지하도록 해준다. 긴장은 외부 비판이 아니라 정부 연합을 관통해 왔다. 예를 들어, 대중경제 노동자 연맹(Confederación de Trabajadores de la Economía Popular: CTEP)에서 대중경제가 더 많이 포함되도록 요구하는 것이나 키르츠네르주의의 한 부문이 IMF와 벌인 가장 전면적인 논쟁들이다. 그러나 신발전주의 정부는 거시경제를 정돈하고 국가경제의 노력을 수출 지향 극대화에 할애하기로 했다.

이를 위해, 현재의 생산 전문화를 현실의 '교서(dictatum)'로 받아들인다. 생산개발부 자체가 아르헨티나 '생산개발계획 4.0'[25] 또는 환경 친화적 변환에 더욱 민감한 '녹색 생산개발계획'[26]처럼 지식이 가장 집약된 부문들을 추동하기 위해 노력하고 있다는 점은 지적할 만하다.

그러나 합의에 의한 역학에 존재하는 질서에 문제를 제기하지 않는다면 이는 심각한 질병을 억제하기 위해 아스피린을 사용하는 것과 마찬가지다. 신자유주의의 유산을 물려받은 사실상의 권력자들을, 신발전주의는 어떻게 합의를 통해 설득하길 기대하는가. 가장 좋은 건 실질적인 권력자들이 자기주장을 조절하는 것인데, 그들이 구조적인 권력의 상실을 스스로에게 어떻게 허용하는지는 미지수다. 그들이 그렇게 하지 않는 한, 국가의 발전 가능성은 영구적인 거부권에 갇힐 것이다.

아마 지금이 신발전주의 비정통파 및 정치체제의 중요한 부문이 제시하는 인과관계의 질서를 역전시킬 때인 것 같다. 그리고 소득의 재분배가 (수출) 성장의 종속변수가 아니라, 지속적으로 성장할 가능성이 있는 조건에서 독립변수로 전환될 때인 것 같다. 생산적, 영토적, 환경적인 면에서 더욱 안정되고, 경제 및 사회적인 측면에서 보다 포괄적으로 이루어지는 성장 말이다. 의심할 바 없이, 이는 광범위한 지지기반의 건설을 바탕으로 진척될 필요가 있다. 지역 경제력이 그런 특성의 주장에 보조를 간신히 맞추고 있기 때문이다. 특히 그 배치가 여러 경로를 통해 경제력과 구조적 중심성에 대한 공격을 의미할 때 말이다.

'새로운' 수출 지향은 소비의 내부 수준을 유지하거나 국가재정의 잘못된 관리를 해결하기 위해서가 아니라 부채를 상환하기 위한 것이다(특히 신자유주의의 헤게모니 시대에). 아르헨티나는 농축산물, 양식 어류, 임업 산물, 광업 및 탄화수소 산물과 기본 가공을 포함한 원자재 수출국으로 확고히 자리 잡았다. 환경

25) V. 《Kulfas lanzó el 'Plan de Desarrollo Productivo Argentina 4.0'》, 14/4/2021, 〈www.argentina.gob.ar/noticias/kulfas-lanzo-el-plan-de-desarrollo-productivo-argentina-40-0〉.

26) V. 《Kulfas lanzó el Plan de Desarrollo Productivo Verde》, 13/7/2021, 〈www.argentina.gob.ar/noticias/kulfas-lanzo-el-plan-de-desarrollo-productivo-verde〉.

기준이 대놓고 부재하건, 통제 수준이 제한적이건 간에 아르헨티나가 원자재 수출국으로 자리매김한 데에는 환경 기준이 없다는 점이 결정적이었다.

수출의 생산적 전문화는 국가 개발 프로그램에도, 시장 규모 때문에 부과된 장벽을 극복하는 데에도, 소비나 투자의 내적 우선순위에도, 심지어 조세 징수에도 기반을 두지 않는다. 또한 가치사슬의 주요 부문들이 통합하는 메커니즘에도, 국가적인 수준에서 생성된 지식의 적용에도 기반을 두지 않는다. 수출의 생산적 전문화는, 성장을 제한하는 결핍을 보고 외화를 획득해야 한다는 긴급성에 기반을 두고 있다. 그러나 성장과 연관된 수입의 견인은, 지역에서 잘 수행될 수 있을 활동들을 해체한 국가경제의 이른 개방에 기반을 두고 있다.[27)]

정확히는, 성장과 이후의 재분배를 지원하기 위한 "합법적인" 달러를 찾아 수입품을 대체하고자 행해지는 일은 많지 않다. 사실 "필연적이고도 긴급한" 수출이라는 해결책은, 산업화를 진전시키기 위한 더 큰 능력을 생성하지 못한 채 아르헨티나 경제를 거의 자연적인 상태의 자원 채굴에 붙잡아둔다. 이는 비교우위가 있는 부문에서도, 아르헨티나가 대안적 접근(광산, 탄화수소의 비전통적 매장지 등)에 직면할 흥미로운 잠재력을 가지고 있는 부문에서도 발생한다. 이 지역의 많은 국가들(칠레, 콜롬비아, 페루, 에콰도르, 베네수엘라 등)과 달리 아르헨티나는 이 방안을 진척시킬 산업 기반을 갖추고 있다. 그러나 그렇게 하는 데에는 힘의 또 다른 상관관계 이외에 시간과 일관성이 요구된다. 현재, 기존 임계량은 특히 지금 존재하는 자원을 채굴하기 위해 국가가 민간 부문에 제공하는 보조금이 과도하다는 것을 고려할 때, 기회를 잘 활용하지 못하는 것 같다. 개발의 원천으로서 수출에 대한 집착은 이런 고려사항들의 생략에 기반을 둔다.

27) Lorenzo Cassini, Gustavo García Zanotti y M. Schorr: 《Globalización y senderos nacionales de desarrollo: algunos hechos estilizados para reflexionar sobre el caso argentino》 en *Revista de la Cepal* No 133, 2021.

물론 경제 정통파와 대기업 옹호자들에게 이것은 문제가 되지 않는다. 문제를 간과하지 않는 신발전주의 비정통파의 대부분에게 이는 '현실 정치(Realpolitik)' 적인 명이다. 심지어 정부 직책을 맡고 있지 않을 때에도 말이다. 이 예상치 못한 아이디어의 합류는, 이미 한 쪽으로 기울어진 추의 끝에서 양쪽 세계가 모이도록 하는 "대중 수출 연합(coalición popular exportadora)"의 창설에 대한 요구를 허용했다.[28)]

이것은 이상하다. 왜냐하면 신발전주의 정통파이 외화의 다중 유출을 가능케 하기 위해 수출을 증가시킬 필요성을 인정하는 동시에 관련 행위자들이 획득한 로비 능력과 구조적 영향력과 관련된 고려는 회피하기 때문이다. 국가(특히 지방 정부)가 힘의 역학에 대한 불안정한 생각이나 강력한 행위자들에게 포획되는 것을 피할 능력과 관련한 환상을 가지고 있지 않다면, 수출의 장려는 이후의 통제 및 규제와 양립할 수 없는 듯하다. 가장 강력한 경제적 행위자들이 자신이 약화되도록 경제적, 정치적 자원을 포기하리라고 기대할 수는 없는 것 같다.

이런 의구심에 답할 논거가 불충분한 상황에서, 우리는 수출에 의해 견인된 성장모델을 공고하게 만들 수 있다면 지금 당장 더 많이 수출하고 소득 분배는 "유망한 미래"로 유배 보내자고 요구하는 정통파와 비정통파의 보수적인 반응, 심지어 공격적인 반응을 여러 번 목격했다. 긴급함은 대외관계를 변경하거나 장기적으로 논하는 것이 불가능하다는 데에 기반을 둔다. 그러면서 환경운동가, 지역 공동체, 심지어 노동조합과 다양한 학계의 반대를 곧잘 조롱하기도 한다. 분명한 사실은 이 시점에서 아무도 한 나라의 경제가 세계와의 교역에서 고립된 채 살아남을 수 있다고 가정하지 않는다는 것이다. 우리가 제안하는 것은 고립주의와 원시주의가 아니라 지역의 요구에 기반을 둔 개발, 모든 인구에게 적절한

28) Jorge Fontevecchia: 《Pablo Gerchunoff: En Argentina hay dos partidos políticos, la Unión Cívica Radical y La Cámpora》 en Perfil, 16/7/2021.

생활수준을 보장하기 위한 개발이다. 그리고 이런 점에서 서로 다른 이데올로기를 가진 정부들이 최근 수십 년간 지녀온 수출 지향성은 수많은 과제들을 안고 있다.

조혜진 옮김

라틴아메리카의 연금 민영화: 비전과 실제의 비교

카르멜로 메사-라고

피츠버그대학 경제학 & 라틴아메리카학 명예교수

원제와 출처: Carmelo Mesa-Lago, "La privatización de las pensiones en América Latina: Promesas y realidades", *Nueva Sociedad,* No. 291, enero-febrero de 2021, pp. 15-27.

핵심어: 신자유주의, 연금 민영화, 구조 개혁, 라틴아메리카

서론

1981년부터 2008년 사이에 라틴아메리카 11개국은 연금 구조 개혁을 시행했다.[1] 개혁의 내용은 기존의 확정연금형, 분배형, 공공 관리 시스템('공적 시스템')을

1) 구조 개혁은 시스템을 근본적으로 바꾸는 것(이 경우 공적에서 사적 시스템으로 변경)인 반면, 모수 개혁(reforma paramétrica)은 공적 시스템을 유지하되 재정적으로나 보험 통계적으로 더 지속가능하도록 변화를 준다. 예를 들면, 정년 연장, 연금 계산식 변경, 연금 수당 조정 등이 해당한다.

* 이 글은 다음 책의 요약이다. Carmelo Mesa-Lago(2021) *Evaluación de cuatro décadas de privatización de pensiones en América Latina. Promesas y realidades* (2021), República Dominicana: Fundación Friedrich Ebert.

확정기여형, 개인 투자(Individual capitalization), 민간 관리('사적 시스템')로 완전히 또는 부분적으로 변경하는 것이었다. 구조 개혁을 진행한 국가들은 다음과 같은 세 가지 모델을 채택했다. a) 공적 시스템을 폐쇄하고 사적 시스템으로 완전히 바꾸는 대체 모델 (1981년의 칠레, 1997년의 볼리비아와 멕시코, 1998년의 엘살바도르, 2003년의 도미니카 공화국 사례), b) 공적 시스템을 주축으로 유지한 채 사적 시스템을 보조적인 기둥으로 추가한 혼합 모델(1994년의 아르헨티나, 1996년의 우루과이, 2001년의 코스타리카, 2008년의 파나마의 사례), c) 공적 시스템을 유지하고 사적 시스템도 추가하여 서로 경쟁하게 하는 병렬 모델(1993년의 페루, 1994년의 콜롬비아 사례).[2)]

칠레와 페루 두 나라의 연금 구조 개혁에 12년이라는 시차가 있음을 주목해 보자. 이것은 칠레의 경우 아우구스토 피노체트 독재 정부가 공적 논의 과정 없이 개혁을 강제했기 때문에, 다른 민주주의 국가들에서 이런 종류의 개혁을 오명으로 여긴 탓이었다. 1990년 중도좌파연합인 콘세르타시온의 승리와 함께 칠레 민주주의가 회복되자 비로소 다른 라틴아메리카 국가들도 연금 개혁을 적용하게 되었다. 파나마의 경우는 상황이 매우 복잡하다. 경제활동인구의 15%만 사적 연금에 가입해 있는데 그로 인해 전체 가입자 수가 왜곡되기 때문이다. 그러나 우리 분석에 포함하여 살펴보기로 하겠다. 2008년의 파나마 연금법 이후에는 다른 라틴아메리카 국가에서 구조 개혁을 진행한 경우는 없었다. 2020년 브라질의 자이르 보우소나루 신자유주의 대통령은 연금 구조 개혁 프로젝트를 가지고 있었으나 의회에 제출하지는 않았다.

1994년부터 세계은행이 후원한 구조 개혁은 불가리아, 크로아티아, 슬로바키아, 에스토니아, 헝가리, 카자흐스탄, 라트비아, 리투아니아, 폴란드, 루마니아,

2) C. Mesa-Lago, *Reassembling Social Security: A Survey of Pension and Health Care Reforms in Latin America*, Oxford UP., Oxford, 2008.

체코, 러시아 등 12개 중부 및 동부 유럽 국가로 확대되었다.[3)]

아르헨티나(2008년)와 볼리비아(2010년)에서는 사적 시스템의 실패로 인해 두 번째 개혁이 실행되었다. 이 개혁을 통해 사적 시스템(사적 기둥)이 폐쇄되고 모든 가입자와 기금이 공적 시스템으로 이양되었다.[4)] 한편 칠레의 경우 2008년 미셸 바첼렛의 1기 정부에서 두 번째 개혁이 실행되었다. 이 개혁은 사적 시스템은 유지했지만 몇 가지 긍정적인 변화를 주었다. 예를 들어 연금 대상 범위를 확대하여 사회적 연대, 성평등, 재정적 지속가능성을 도모했다. 끝으로 엘살바도르의 재개혁(2017년)은 제도를 유지하되 재정적자를 줄이는 것을 근본 목표로 삼았다.[5)]

본 글은 가장 중요한 다섯 가지 측면을 바탕으로 삼아 1999년부터 2019년 사이에 (이 기간은 모든 국가들이 비교 가능한 통계가 있는 시기이다) 라틴아메리카 9개국의 사적 시스템의 성과를 평가하고 있다. 다섯 개 측면이란 a) 경제활동인구 및 65세 이상 노인 인구의 연금 보장범위 b) 사회적 연대와 성평등 c) 혜택의 적정성 d) 효율적인 관리 및 합리적인 비용(경쟁성) e) 재정적, 보험 통계적 지속가능성이다. 이들은 국제노동기구의 협약, 권고, 연구가 승인한 사회 보장의 기본 원칙에 해당한다. 본고는 그 각각에 대해 9개 국가의 연금 구조 개혁가들이 한 약속들(또는 경우에 따라서는 약속에 대한 언급이 없었던 원칙들)과

3) Isabel Ortiz, Fabio Durán–Valverde, Stefan Urban y Veronika Wodsak, *Reversing Pension Privatizations: Rebuilding Public Pension Systems in Eastern Europe and Latin America,* ILO, Ginebra, 2018.

4) 현재 라틴아메리카에는 아르헨티나, 볼리비아, 브라질, 쿠바, 에콰도르, 과테말라, 아이티, 온두라스, 니카라과, 파라과이, 베네수엘라의 11개국에 공적 시스템이 존재한다. 볼리비아의 경우 개인 계정을 유지하지만 연대기금을 통해 연금을 보완하고 있다. 그리고 연금관리사(AFP, Administradora de Fondos de Pensión)는 국영 관리기구로 대체하기로 되어 있었는데, 아직 그 기구는 가동되지 않은 단계였다.

5) C. Mesa–Lago (comp.), *Re-Reforms of Privatized Pensions Systems,* Zeitschrift für ausländisches und internationales Arbeits–und Sozialrecht, Múnich, 2012.

실제로 달성된 성과의 통계를 비교하고자 한다.[6)]

9개 국가는 사회 발전 정도에 따라 최상위에서 최하위 순으로 3개 그룹으로 나뉜다. 가장 발전한 국가(우루과이, 칠레, 코스타리카), 중간 발전국(파나마, 멕시코), 최하위 발전국(콜롬비아, 엘살바도르, 페루, 도미니카 공화국). 이 분류는 경제활동인구의 적용 범위를 확장하는 어려움과 같은 주요 문제들을 설명하는 데 유용할 것이다.

경제활동인구와 노령층의 연금 보장범위

구조 개혁가들은 경제활동인구의 보장범위에 대해서는 증가를 약속했지만 노령층 인구의 보장범위에 대해서는 약속이 없었다. 그러나 각국에서 개혁이 시행된 해와 2004년 사이에 적극적 기여자를 기준으로 한 경제활동인구 보장범위의 가중 평균치가 9개국에서 38%에서 26%로 떨어졌다. 예를 들어 칠레는 1979년 64%에서 2004년의 57%로, 페루는 1990년에는 55%였는데 1999년에는 10%로 감소했다.[7)]

적극적인 기여자 대신 사적 시스템 가입자를 고려 대상으로 삼게 되면 경제활동인구 적용 범위가 대단히 과다산출된다. 그 결과 2019년 사적 시스템 가입자 적용 범위와 적극적인 기여형 보장범위를 비교해보니 엘살바도르의 경우에

6) 통계는 국제연기금감독협회(AIOS, Asociación Internacional de Organismos de Supervisión de Fondos de Pensiones)(1999–2019년)에서 6개월마다 집계하는데, 해당 기금들과 반대된다고 해서 비난받을 수 없을 뿐 아니라, 우리가 신뢰할 만한 출처이기도 하다. 본고는 매년 12월 31일자로 나오는 공시 회보를 체계적으로 사용했으며, 2019년은 2020년 11월 기준으로 열람 가능한 마지막 회보였다. 1999년 이전에는 국제연기금감독협회가 존재하지 않아 데이터가 없다. 이 글의 모든 통계는 구체적으로 언급된 경우를 제외하면 모두 이 협회를 출처로 한 것이다.

7) C. Mesa–Lago, *Reassembling Social Security*, cit.

는 각각 114%와 24%, 멕시코의 경우에는 114%와 36%, 칠레는 112%와 62%, 코스타리카는 110%와 62%였다. 기여자 기반 보장범위는 2009년부터 2018년 사이에 증가했다. 그러나 이는 국가 간에 차이가 있으며 최하위 발전국에서는 매우 낮다. 국제퇴직연금감독자협의회(IOPS, International Association of Pension Fund Supervision Organizations)의 통계에는 공적 시스템 가입자 및 그 외에 별도 기금 가입자들을 제외하고 있으며, 그 결과 적용 범위가 과소 산출되어 있다. 따라서 우리는 이 모든 그룹을 포함하는 가구 설문조사의 결과를 사용할 것이다.[8)]

보장범위는 기여형일 수도 있고 비기여형일 수도 있다. 기여형 보장은 연금 제도 가입, 그리고 피보험자 단독 또는 피보험자와 고용주가 함께 낸 납부금을 기반으로 하는 반면, 비기여형 보장은 납부 요건이 없고 일반적으로 국가의 재정 지원에 따른 사회 복지 혜택, 즉 원조성 혜택으로 승인된다. 비기여자에 대한 연금 보장은 극빈층이든 절대빈곤층이든 빈곤에 초점을 맞추고 있다.(볼리비아의 경우는 예외적으로 보편적 빈곤에 초점을 맞춘다.)

2018년경 경제활동인구의 기여형 보장범위는 상위에서 하위 순으로 보자면 다음과 같다. 사회적 발전국인 우루과이, 코스타리카 및 칠레는 71%~65%였고, 중간 발전국인 파나마에서는 50%, 그리고 저개발 국가인 도미니카 공화국, 콜롬비아, 엘살바도르, 페루에서는 38%~21%였다. 멕시코의 경우에는 저개발 국가가 아닌 중간 발전국이지만 역시 38%~21% 범위에 속했다. 이 마지막 5개국에서는 연금 보장범위가 경제활동인구의 50%라는 최소 기준에 미치지 못하며, 두 가지 이유로 인해 확장성이 매우 난해하다. 하나는 비공식 부문의 경제활동인구 비율이 높다는 점이다. 프리랜서나 자영업자, 무급 친인척 노동, 가사 도우미, 농민

8) 이 설문조사는 미주개발은행(IBD)의 Data Base SIMS(사회보장정보 시스템 데이터베이스)에서 펴낸 자료들이다. 참조 웹사이트는 www.iadb.org/en/sector/socialinvestments/sims/home.

등이 그 예다. 비공식 부문 근로자는 고용이 불안정하고 가사 도우미를 제외하면 고용주도 없으며, 따라서 대체로 소득이 불규칙하고 낮다. 두 번째 이유는 가입이 어려운 계층을 포괄할 수 있는 조치가 연금 시스템 안에 마련되어 있지 않다는 점이다. 2009년에서 2018년 사이의 9년 동안 경제활동인구의 보장범위를 살펴보면 7개국은 증가했고, 엘살바도르는 정체 상태를 보였으며, 멕시코는 감소(33%에서 30%로 감소)했다. 그리고 최저 발전국 5개국의 경우 보장범위는 여전히 소수에 해당한다.

2018년 노령층의 기여형 보장범위와 비기여형 보장범위의 합은 수치가 제일 큰 국가에서 최저 국가 순으로 다음과 같은 분포를 보였다. 칠레, 우루과이, 파나마, 멕시코 및 코스타리카의 경우 89%에서 66% 사이에 분포해 있고, 콜롬비아와 페루는 54~49%에 있으며, 도미니카 공화국과 엘살바도르는 각각 19%와 14%이다(도미니카 공화국은 비기여형 연금이 없고 엘살바도르의 경우는 비기여형이 정체 상태였다). 엘살바도르와 도미니카 공화국을 제외한 모든 국가에서 노령층의 보장범위는 경제활동인구의 보장범위보다 높다. 또한 경제활동인구 보장범위와 관련하여 볼 때 상위 5개국에 비해 3개국은 50%를 넘지 못했다. 노령층의 보장범위는 비기여형 연금의 확대로 인해 크게 증가했다. 이는 기여형 연금의 보장범위가 거의 확대되지 않았기 때문이었다. 비기여형 연금은 사적 시스템의 일부라기보다 그 바깥에 존재하며 국가 재정으로 운영되기 때문이다.

사회적 연대와 성평등

연금 구조 개혁이 사회적 연대와 성평등이라는 사회보장 원칙들을 언급하지는 않았다. 왜냐하면 가입자의 개인 계좌는 해당 가입자에게 속하는 것으로 세대 간, 소득 그룹 간 또는 성별 간의 이전이 없기 때문이다. 그러나 '국가의 보조적 역할'이라는 신자유주의 원칙은 공표했다. 실제로 국가는 사적 시스템이 존재할 수 없는 거의 모든 나라에서 근본적인 역할을 수행했다. a) 연금 가입을 의무화하는 일 b) 공적 시스템에서 사적 시스템으로의 전환 비용을 조달하는 일[9] c) 자금을 조달하는 비기여형 연금을 도입하거나 확대하는 일 d) 낮은 기여형 연금을 개선하기 위해 해당 기여가 중단되는 한도까지 국가가 불입해주는 일 (칠레, 멕시코, 우루과이의 경우) e) 특정 그룹을 기여형 연금 시스템에 포함하기 위한 대책들을 지원하는 일(예를 들어 코스타리카는 연금 가입 자영업자에게 보조금을 지급한다) f) 사적 시스템을 규제하고 감독할 공공 기관을 설립하는 일 등을 담당한다.

사회적 연대에 반하는 메커니즘은 다음과 같다. 일반 시스템에 가입하지 않은 채 많은 혜택과 재정 보조금을 누리는 별도의 프로그램 유지하는 것 (예를 들어 코스타리카를 제외한 모든 국가의 군 연금이 그렇다), 자영업자와 그 외 저소득 근로자를 보장 대상에서 제외하는 것, 소득, 교육, 거주지에 따른 보장의 현저한 불평등이 있다. 성별에 대해서는 뒤에서 논하겠다. 칠레와 페루에서는 고용주 납입을 없애고 근로자가 납입금을 100% 내도록 했는데, 이는 근로자가 50% 이상 납입해서는 안 된다는 국제노동기구의 최소 기준을 위반하는 것이다. 또 보장범위가 낮은 국가에서는 다수인 비가입 인구가 소수인 가입자들 연금을 부분적으로 감당하게 된다(사적 시스템에서는 전환 비용도 자금을 조달할 수 있다). 개혁은 사회적 연대의 원칙을 기여금과 연금 사이의 더욱 긴밀한 관계인 '등가(equivalencia)'의 원칙으로 대체했다. 이는 긍정적이긴 하지만 결과적으로는 가입

9) 공적 제도가 폐쇄되면 모든 가입자는 공적 연금 납입을 중단하고 사적 제도에 가입하게 된다. 한편 지급되는 연금의 대부분과 미래 연금의 일부는 공적 제도에서 나온다. 이로 인해 35년에서 70년 동안 지속될 수 있는 재정적자가 발생한다. 칠레의 경우 정점이었던 시점에 재정적자가 GDP의 7%에 달했다. 모든 국가에서 이 적자는 국가 재정으로 조달된다.

자에게 최소 대체율도 달성하지 못했다.

성차별은 노동시장과 사적 연금 제도 자체에서 비롯된다. 노동시장과 관련하여 여성은 남성보다 노동력 참여도가 낮다. 또한 동일 노동에 대한 급여가 남성보다 낮고, 모성이나, 아이, 환자, 노인의 돌봄 노동 (무급노동) 때문에 직장을 그만두기도 한다. 이 모든 것으로 인해 여성의 개인 계좌 기여율이 남성의 경우보다 적어진다. 연금 제도에 관련해 말하자면 여성은 일반적으로 남성보다 5년 일찍 퇴직하지만 5년 정도 더 오래 살기 때문에 남성보다 10년 더 긴 기간 동안 연금을 지급해야 한다. 사적 시스템은 성별에 따른 사망률 차이를 적용한다. 그리하여 여성 연금이 항상 남성보다 적다. 5개국 사적 시스템이 측정한 여성의 평균 소득대체율(Tasas de reemplazo, 연금 금액을 결정하기 위해 급여에 적용되는 비율)은 남성보다 2~9포인트 낮다.[10)]

2018년 사적 시스템에서 여성 경제활동인구의 기여형 보장범위는 최고 수치에서 최저 수치 사이에 걸쳐있었다. 우루과이, 칠레, 코스타리카, 파나마의 경우 71%에서 51% 사이에 있었다. 나머지 국가들은 경제활동인구의 절반에 미치지 못하고, 어떤 국가는 18%였다. 사적 시스템에서 여성 경제활동인구의 기여형 보장범위는 약간 확장된 것이었다. 9년 동안 5개국은 연간 평균으로 0.29~0.71% 포인트 증가했고 2개국에서는 감소했다. 증가폭이 가장 큰 나라는 우루과이와 칠레였다. 반대로, 2018년 고령 여성의 기여형과 비기여형을 합한 총 보장 범위는 그보다 더 높았다. 칠레와 우루과이는 88%에서 86% 사이, 파나마, 멕시코, 코스타리카는 79%에서 59% 사이, 콜롬비아, 페루, 도미니카 공화국, 엘살바도르의 경우는 11%였다. 도미니카 공화국과 엘살바도르의 경우 매우 낮았던 이유는 비기여형 연금이 부재하거나 정체되어 있었기 때문이다. 두 보장 범위 유형에

10) Álvaro Forteza y Guzmán Ourens, 《Redistribution, Insurance and Incentives to Work in Latin American Pension Programs》, *Journal of Pension Economics and Finance,* No 11, 2012.

서 보이는 차이는 남성보다 빈곤율이 높은 여성에게 유리한 비기여형 연금의 근본적인 성과다.

혜택의 적정성

구조 개혁가들은 연금 혜택이 적절할 것이라고 약속했다. 칠레의 사적 시스템 창립자에 따르면 경제활동 종료 시 급여의 70%를 받을 거라고 했다.[11] 국제노동기구는 피보험자의 경제활동 시기 평균 급여에 대한 대체율이 최소 45%여야 한다고 설정했다. 미주개발은행의 연구는 사적 연금 시스템과 공적연금 시스템 간의 총 대체율(소득세 공제를 적용하지 않은 대체율)을 비교하고 있는데, 사적 연금의 대체율은 평균 39.8%이고 공적 연금의 대체율은 평균 64.7%였다.

평균 대체율과 5개국 사적 시스템의 대체율은 둘 다 앞서 언급한 45%보다 낮다.[12] 칠레의 대체율은 지난 10년간 평균 급여의 34%였다. 2025~2035년에는 15%로 감소할 것으로 예상된다. 엘살바도르에서는 피보험자의 59%가 개인 계좌의 잔액만 되돌려받는다. 멕시코의 평균 대체율은 26%이고, 64%는 연금을 받지 못하게 된다. 페루의 평균 대체율은 39%이고, 60~65%는 연금을 받지 못하며, 도미니카 공화국의 평균 대체율은 27%이고 소득 하위 3분위는 연금을 받지 못하게 된다.[13] 이 비율은 최소 기준인 45%보다 훨씬 낮을 뿐만 아니라 피보험자의

11) José Piñera, *El cascabel al gato. La batalla por la reforma previsional,* Zig–Zag, Santiago de Chile, 2018, pp. 17–18. 호세 피녜라는 피노체트 정부의 노동 사회보장부 장관이었다.

12) Mariano Bosch, María Laura Oliveri, Solange Berstein, Manuel García–Huitrón y Álvaro Altamirano Montoya, *Presente y futuro de las pensiones en América Latina y el Caribe,* BID, Washington, dc, 2018.

13) 이에 관한 참고자료는 다음과 같다. Gobierno de El Salvador, *Sistema previsional de El Salvador. Diagnóstico y evaluación de escenarios,* Ministerio de Hacienda, San Salvador, 2014; C. Mesa–Lago y Fabio Bertranou, 《Pension Reforms in Chile and Social Security Principles, 1981–2015》, *International Social Security Review,* Vol. 69 No. 1, 2016; Iniciativa Ciudadana para las Pensiones, *Propuesta para una*

27%에서 65% 사이는 연금을 받지 못하는 것이다.

사적 시스템이 보여준 연금 적절성에 대한 부정적인 성과는 여러 국가, 특히 칠레에서 항의를 불러일으켰다. 칠레는 2016년 사적 연금을 운영하는 업체인 연금관리사(AFP)에 반대하여 백만 명에 달하는 인원의 공개 시위들이 벌어졌다.

효율적인 관리와 합리적인 비용

구조 개혁은 운영업체 간의 경쟁으로 효율성이 높아지고 관리 비용이 절감될 것이라고 주장했다. 보험계약자들은 수수료는 더 적고 수령 연금은 더 높은 보험사를 골라 옮겨가기 때문에 업체 간 경쟁이 생긴다는 것이었다. 그러나 사실은 9개국 대부분은 경쟁이 제대로 이루어지지 않거나 매우 열악한 수준이었으며, 이는 다양한 지표로 입증된다.

관리업체 수는 보험계약자 시장 규모와 관련이 있다. 즉 관리업체 수는 보험 시장 규모가 클수록 더 많고, 거꾸로 보험 시장 규모가 크면 업체 수도 많아진다. 따라서 멕시코의 업체 수는 10개로 가장 많고, 엘살바도르가 가장 적은 두 개 업체가 있다. 엘살바도르의 경우는 두 업체 독과점으로 경쟁은 존재하지 않는다. 합병 및 폐업으로 인해 관리업체 수는 시간이 지남에 따라 감소한다. 예를 들어 멕시코에서는 정점 시기와 2019년 사이에 21개에서 10개로 감소했다. 보험계약자 시장이 작은 두 국가(코스타리카 및 우루과이)에는 공영 보험사가 있으

solución integral para las pensiones, ICP, San Salvador, 2017; María Amparo Cruz Saco, Bruno Seminario, Favio Leiva, Carla Moreno y María Alejandra Zegarra, *El porvenir de la vejez. Demografía, empleo y ahorro,* Fondo Editorial Universidad del Pacífico, Lima, 2018; Christoph Freudenberg y Frederik G. Toscani, *Informality and the Challenge of Pension Adequacy: Outlook and Reform Options for Peru,* IMF WP/19/149, Washington, dc, 2019; Arlette Pichardo, Joan Guerrero y C. Mesa-Lago, *Suficiencia y sostenibilidad de las pensiones en la República Dominicana,* OSES / INTEC, Santo Domingo, 2020.

며, 이로 인해 보험사들 간 경쟁을 증가시키는 데 성공했다. 코스타리카는 칠레와 마찬가지로 7개의 관리업체가 있다. 그러나 보험가입자 수는 칠레가 4배나 많다. 라틴아메리카 국가들에서 2004년과 2019년 사이에 가장 규모가 큰 두 개 관리업체의 보험계약자 집중도를 살펴보면, 5개국은 증가 또는 정체 상태고, 3개국은 감소했지만 여전히 매우 높은 수준이다. 칠레의 경우 그 집중도가 53%다. 반면, 2019년에는 그 집중도가 5개국은 68%에서 100% 사이에 있었다. 집중도가 높을수록 경쟁이 줄어들고 마찬가지로 경쟁이 줄어들면 집중도가 높아진다.

만일 경쟁이 제대로 작동한다면 경쟁력이 없는 업체에서 경쟁력이 더 큰 보험사로 상당수의 가입자가 이동할 것이다. 그러나 정점, 즉 가입자 이동이 가장 많았던 해와 2019년 사이에 모든 국가들에서 전체 가입자 수 대비 연간 이적률이 감소했다. 나아가 2019년에는 이적률이 5개국은 0%(엘살바도르, 파나마의 경우)에서 1% 사이였고, 2개국은 2%와 4% 사이였으며, 칠레는 5%였다. 멕시코에는 10개의 보험사가 있지만, 2019년 가입자의 단 4%만 보험사를 변경했다.

경쟁이 없거나 매우 열악하기 때문에 관리 비용이 많이 든다. 관리 비용은 두 가지 요소로 이루어진다. 하나는 보험사가 서비스에 대해 부과하는 순 수수료로, 보통 급여의 일정 비율을 낸다. 또 하나는 장애 및 사망 보장 보험료로, 이는 보험사가 청구하고 다른 상업 보험 회사로 넘어가는 돈이다. 보험사는 제휴업체가 있는 것이 일반적이고 그래서 업체 간 경쟁이 크지 않다. 순 수수료에 들어가는 항목(고정 수수료, 급여 기준 수수료, 잔액 또는 성과 기준 수수료, 이전 가입상품과 결합할 때 매기는 수수료 등)이 매우 다양하기 때문에 9개 국가의 관리 비용을 비교하는 건 불가능하다. 그러나 5개 국가의 순 수수료, 급여의 백분율로 표시되는 보험납입료, 그리고 개인 계좌에 예치된 해당 백분율 등을 비교할 만한 자료가 있다. 2019년 관리 비용(순 수수료와 보험료의 합)은 우루과이의 예치금 기준 23%에서 페루의 예치금 기준 30% 사이에 있었다. 칠레는 사적 연금 시스템이 거의 40년 동안 운영되어 왔지만 관리 비용이 예치금의 28%다. 민영화 전과 2002년 라틴아메리카 4개국의 관리 비용을 비교하면 2~10배 증가했다. 반면에 2001~2005년 사이에 6개 공적연금과 10개 사적 연금에서 과세 급여에 대한 평균 관리 비용을 비교해 보면 공적연금의 경우 0.003%, 사적 연금의 경우 1.63%였다.[14] 가입자의 경제활동 생애 기간 동안 부과되는 수수료의 비율 때문에 미래 연금 금액이 20% 감소하는 것으로 나타났다.[15]

끝으로, 연금 관리회사는 높은 이익을 남기기 때문에 경제위기 때도 대부분 운영이 유지될 수 있지만, 가입자는 개인 계좌 잔고가 감소해 손해를 입는다. 2019년 자기자본이익률은 4개국은 20~47%, 다른 4개국은 12~16% 범위였다. 2007~2008년의 심각한 글로벌 경제 위기 동안 관리회사는 이익을 계속 유지했고, 3개국에서는 위기 이전 수준을 초과했다. 2019년에는 3개 관리사가 위기 이전보다 더 높은 수익을 올렸다. 가입자는 개인 계정의 '소유주'(dueños)라고 간주되기는 하지만, 관리 운영에 대한 참여가 없다. 이는 공적 시스템에서는 과거에도 그랬고 현재도 계속 운영에 참여하고 있는 것과 대비된다.

긍정적인 측면은 이 사적 연금 운영사들이 개인 계좌라는 걸 도입했고, 누적 자금을 보험계약자에게 정기적으로 보고하는 식의 개선이 있었으며, 연금 지급 처리 기간을 단축했다는 점이다. 공적 시스템은 연금을 지급하는 데 몇 년이 걸리는 경우가 많았다. 이는 대부분의 경우 근속연수나, 계약자와 고용주의 납부 기여금에 대한 업데이트된 기록이 없었기 때문이다. 더러는 행정법원을 통해 입증해야 하는 경우도 있었다. 개인 계정은 최신 정보로 업데이트되어 있으므로

14) C. Mesa-Lago, *Reassembling Social Security,* cit.; I. Ortiz, F. Durán-Valverde, S. Urban y V. Wodsak, ob. cit.

15) Nicholas Barr y Peter Diamond, *Reforming Pensions: Principles and Policy Choices,* Oxford UP, Oxford, 2008.

절차가 매우 빠르고 쉽다. 칠레에서는 잠정 평가액이 산출되고 즉시 첫 회 연금이 지급되며, 차후 다시 재확인하는데, 이 모든 절차에 채 한 달도 걸리지 않는다. 한편, 사적 연금 제도가 있는 여러 국가에서 실시한 설문조사에 따르면 계약자는 자신의 권리, 제도의 주요 규정, 계좌의 총납부액 등에 대해 거의 또는 전혀 알지 못한다.

사적 연금 관리사들의 정기 보고서는 보험계약자가 개인 계정에 적립한 금액, 투자된 기금의 실적, 관리 비용 등을 보여준다. 그러나 보고서를 꼼꼼히 살펴보는 계약자는 극소수이므로 실제로는 최고 관리업체에 대해 정통한 선택이 불가능하며, 결과적으로 업체들간 경쟁은 제한적이게 된다.

재정적–보험 통계적 지속가능성

구조 개혁에 따르면, 개인 계정 소유권의 보장과 민간에 의한 연금 관리는 피보험자들에게 인센티브가 되어 즉각적으로 개인 계정을 열게 한다고 보았다. 나아가 기금이 증가하고 포트폴리오가 다양화되며 투자된 자본은 높은 수익을 얻을 수 있다고 했다.

1999~2019년 사이에 시작한 가입자의 비율은 정점을 기준으로 할 때 모든 국가에서 감소했다. 반면, 통계 자료가 있는 첫해를 기준으로 하면 감소했다(칠레의 경우는 예외). 최악의 하락은 엘살바도르와 멕시코였다. 엘살바도르는 64%에서 22%로 42% 하락했고, 멕시코는 60%에서 32%로 28% 하락을 보였다. 따라서 개인 계정의 소유권과 민간 관리가 연금 가입의 인센티브가 아니었음이 분명하다.[16)]

16) 그 원인은 다른 곳에 있었다. 노동력 이탈, 공식 부문에서 비공식 부문으로의 전환, 고용주의 회피 및 연체, 신규 노동력을 노동시장에 등록하기 위한 보험사들의 캠페인, 끝으로, 일단 가입해서 기금을 내기 시작하면 나중에 계속 납부하지 않더라도 가입자로 표시된다는 점 등이다.

오히려 구조 개혁의 약속에서 지켜진 것은 연기금의 실질적인 증가였다. 2004~2019년 사이에 8개국의 연기금 증가율은 절대 수치로 보면 354%에서 12,239% 사이에 분포되었고, GDP상으로는 3%에서 22% 사이의 증가폭을 보였다. 기금 금액은 보험 시장의 규모, 1인당 소득, 투자 자본 수익률, 관리 비용 및 시스템이 운영된 기간의 결과물이다. 예를 들어 칠레는 연금보험 시장의 규모가 중간쯤 되고 1인당 국민소득이 라틴아메리카에서 가장 높으며, 38년 연금운영 역사를 갖고 있다. 그리고 2019년에는 GDP의 81%에 해당하는 2,154억 달러가 기금으로 축적되어 있다. 멕시코는 가장 큰 연금보험 시장을 가지고 있다. 운영 기간은 칠레보다 16년 짧지만 기금 규모의 격차는 매우 줄어들어 2,113억 달러에 달한다. 그러나 멕시코의 경우는 GDP 규모가 매우 크기 때문에 GDP 기준 연기금은 칠레의 5분의 1 수준이다.

기금 규모가 크게 증가한 나라는 2004년에는 낮은 성장을 보였던 나라들이다. 가령 도미니카 공화국, 코스타리카, 우루과이, 엘살바도르가 그렇다. 이들 국가는 2004년 기금 규모가 20억 달러 미만이었다. 파나마의 경우는 2019년에 기금 규모가 20억 달러에 미치지 못한다. 칠레 보험사들은 경제력이 막강하다. 그래서 국경을 넘어 다른 라틴아메리카 국가에 자회사를 두는 보험사들도 있다.[17)]

17) 2019년 국제고용주연맹(Federación Internacional de Empleadores) 회장은 국제노동기구 사무총장에게 편지를 보내, 민영화된 연금의 전환에 대해 산하 부서에서 발간한 서적(I. Ortiz et al., *Reversing Pension Privatizations,* cit.)이 '편향적'이라고 비판했다. 그는 책의 주장이 노동기구의 사회보호 분과 소속인 저자들의 사견을 표현한 것이라고 비난하며, 연금에 관한 국제노동기구의 기술적 지원 활동에 이 책의 내용을 활용하지 않도록 해달라고 요청했다. 그해 열린 제네바 국제회의에서도 몇몇 고용주들이 이 책에 대해 다시 한번 비판했다. 2020년에는 국제연기금연맹(Federación Internacional de Administradoras de Fondos de Pensiones) 회장이 이 책을 '거짓되고 이념적인 정보'(información falsa e ideológica)라고 표현했다. FIAP, "Reversiones: Mientras Europa avanza hacia la capitalización individual, en América Latina algunos proponen volver al reparto", Santiago, 9/2020.

2019년 투자처별 포트폴리오 분포를 살펴보면, 4개국은 제일 큰 상품 두 곳의 집중도가 80~90%이고, 다른 5개국은 집중도가 64~77% 범위에 있었다. 가장 큰 투자처는 국채로 4개국의 경우 61%에서 82% 사이였다. 이는 구 공적연금 제도의 전형적인 특징이었는데, 엘살바도르, 도미니카 공화국, 우루과이, 코스타리카의 4개국에서는 민간 연금에서도 지속되고 있다. 선진 증권 시장이 없는 작은 국가들이기 때문이다.[18)]

다른 나라들은 포트폴리오가 좀 더 다양하지만 그렇다고 집중도 문제가 없는 것은 아니다. 두 번째 규모의 포트폴리오는 외국 상품이고, 3개국에서 36~45% 집중도를 보인다. 산티아고 증권 거래소는 19세기 말에 설립되어 이후 발전했음에도 불구하고 이 거래소에서 거래되는 국내 상품이 충분하지 않아 41%가 해외에 투자된다. 세 번째 비중의 포트폴리오는 은행 예금이다. 이는 달리 대안이 없기 때문이며, 2개국에서 24%에서 62% 분포를 보인다. 65% 수치는 파나마의 경우로, 이 나라는 은행 예금이 연기금 투자처의 가장 큰 비중을 차지하는 셈이다. 네 번째 투자처는 비금융 기관의 공채이며, 3개국에서 14%~15% 분포를 보인다. 국내 주식에 대한 투자는 연금 구조개혁 입안자들이 가장 수혜가 큰 투자처가 될 것이라고 예측했지만 실제로는 5위였다. 4개국에서는 0%이고 다른 5개국에서는 6%에서 16% 사이였다. 투자 펀드에는 0~6%만 참여한다.

총 실질투자수익률(rendimiento bruto real de la inversión)은[19)] 초기(시스템 구축부터 1999년까지)에는 매우 높았지만 2007~2008년 글로벌 금융 위기에서는 하락했다. 3개국은 19%에서 26% 사이에 있었고, 다른 4개국은 2%에서 9%

18) 엘살바도르는 구조 개혁이 승인될 당시 주식 시장이 존재하지 않았고, 주식 시장을 규제하는 법이 거의 동시에 제정되었다. 투자의 82%는 국채였고, 정부는 이를 전환 비용을 조달하는 데 사용했다.

19) '총'(bruto) 수익은 관리 비용이 공제되지 않은 수익을 의미하며, 순수익(관리 비용을 뺀 값)보다 당연히 크지만 국제연기금감독협회에서 공개하지는 않는다. '실질'(real) 수익률은 인플레이션에 따라 매해 조정된 수익률을 말한다.

사이에 머물렀다. 2009~2019년의 사상 가장 길었던 회복기에는 수익이 증가하긴 했으나 5개국에서는 초기 수준으로 회복되지 않았고, 2개국에서는 정체 상태였다. 그리고 팬데믹과 경기 침체로 인해 2020년 또 한 번 수익률 하락이 발생했다. 보험가입자는 시장 변동성 비용이라는 고통을 겪지만, 앞에서 보았듯이 보험사들은 그렇지 않고 대부분 이익을 유지하고 있다.[20] 수익률 하락의 몇 가지 이유는 다음과 같다. a) 시스템 초기에는 투자 수단이 거의 없었고 그 가격이 부풀려져 있었다. b) 국채와 은행 예금에 집중된 국가들은 이자율이 매우 낮아 수익률도 감소한다. c) 지난 10년 동안 세계 금리가 눈에 띄게 하락했다.

추가의 자발적 저축은 민간 시스템에서 성공적이지 않았다. 2019년 GDP 대비 비율은 6개국에서 0%에서 0.4% 사이였고, 다른 2개국은 2%였다. 그러나 브라질의 공적 시스템에서는 이런 기금이 GDP의 20%를 차지했는데, 이는 9개 민간 시스템의 모든 자발적 기금을 합산한 것의 24배였다.

페루에서는 2016년에 제정된 법률에 따라 65세(조기 퇴직을 선택할 경우는 55세)에 도달한 모든 보험계약자는 개인 계좌에 적립한 금액의 95.5%를 인출할 수 있도록 승인했는데, 실제로 90% 금액이 인출되고 있다. 주택 및 기타 퇴직을 위한 25% 인출도 승인되었으며 이는 민간 시스템의 근간을 무너뜨릴 수도 있다. 또 다른 국가들은 팬데믹 상황으로 인한 인출을 허용하고 있다. 금융교육을 받은 소수의 가입자들은 인출한 자금을 적절히 투자하여 평생 연금을 받을 수 있지만, 대책이 마련되지 않은 대다수 가입자는 인출한 금액을 소비하여 노년에 보호받지 못하고 방치될 수 있다.

20) 피녜라 대통령은 마이너스 수익이 생기면 보험계약자가 지불한 수수료를 반환하도록 보험사를 강제하는 법안을 의회에 제출했다.

결론

민영화 구조개혁가들의 비전과, 지난 40년 동안 9개국의 사적 연금 시스템을 통해 본고에서 살펴본 현실 사이에는 상반되는 점들이 존재한다. 이러한 대비를 통해 우리는 다음과 같은 사실을 확인할 수 있다.

a) 개혁자들의 약속과 달리 경제활동인구의 보장 범위는 개혁 이후 모든 국가에서 감소했다. 나중에는 증가하긴 했다. 그러나 사회적으로 5개의 최하위 발전국은 그 수치가 21%~38%에 불과하며, 이는 국제노동기구가 정한 최소값인 50%에 미치지 못하는 수치다. 이 국가들은 비공식 부문 경제의 규모가 크고, 이러한 제약에 적응할 시스템 능력이 부재하기 때문에 경제활동인구의 보장 범위를 확장시킨다는 게 매우 어렵다. 고령자의 경우에는 모든 국가에서 보장이 증가했는데, 이는 대부분 국가에서 지급하는 비기여 연금의 연장 덕분이다.

b) 구조 개혁은 사회적 연대나 성평등 가치와는 무관하다. 개인 계정은 가입자의 소유권에 해당하고 따라서 세대나 소득 그룹, 성별 간의 양도가 없기 때문이다. 국가가 보조적 역할을 해야 한다는 신자유주의적 가정과 달리 국가의 역할은 근본적이었다. 즉, 국가는 연금제도 가입을 의무화하고 전환 비용을 조달하는 일을 하며, 비기여형 연금을 도입 또는 확대하고 그러한 연금 자금을 조달한다. 또한 지원을 통해 낮은 기여 연금을 개선하기도 하고, 특정 제외 그룹들을 기여형 연금제도에 포함할 수 있도록 재정을 지원하며, 사적 연금 제도의 규정을 정하거나 감독한다.

사회적 연대는 향상되었지만 그것은 비기여형 연금 정책이나, 기여형 연금 개선을 위한 재정 지원 정책, 포용 정책과 같은 국가 정책 덕분이었다. 성평등은 여성에게 유리한 비기여형 연금의 확대로 인해 여성, 특히 노인 여성의 보장 범위가 약간 증가했다. 사적 연금 제도는 성 불평등을 심화시켰다. 이는 노동시장에서의 차별뿐만 아니라 사적 연금 제도의 본질적 특성상 여성의 연금이 남성보다 적기 때문이다.

c) 사적 시스템이 공적 시스템보다 적절한 연금, 더 나은 연금을 지급할 것이라는 약속과 달리 사적 시스템의 평균 소득대체율은 39%이다. 이는 국제노동기구가 정한 최저치인 45%보다 낮고, 공적 시스템의 평균인 64%보다 낮다. 게다가 27%~65%의 가입자는 연금을 받지 못하게 된다.

d) 약속과 달리 대부분의 사적 시스템에서는 경쟁이 작동하지 않았다. 연금 관리업체의 수는 눈에 띄게 감소했고, 최대 관리업체 두 곳에 대한 집중도는 증가하거나 그대로였다. 엘살바도르의 경우 양대업체의 독과점이 존재한다. 관리업체를 변경하는 가입자의 연간 비율은 감소 추세를 보였으며, 5개국에서는 0~1% 범위이다. 관리 비용은 5개국에서 보증금의 23~30%를 차지하므로 결국 미래 연금이 감소한다. 관리업체의 순자산 대비 수익률은 4개국은 20~47%, 다른 4개국은 12~16%에 해당한다. 이 수익률은 2007~2008년 금융위기 동안에도 유지되거나 증가했다. 보험계약자는 개인 계정의 '소유자'이지만 공적 시스템에서처럼 관리에 참여하지 않는다. 긍정적인 측면은 관리업체가 개인 계정을 도입하고 피보험자에 대한 정보를 개선했다는 점, 그리고 연금 처리 시간이 단축되었다는 점이다. 그러나 가입자들의 경우에는 지식이 턱없이 부족했고, 그로 인해 관리 비용이 더 낮고 수익률은 높으며 최고 연금을 지급할 업체를 선택할 수 있는 현명한 결정이 불가능하다.

e) 개인 계정의 소유 및 민간 관리가 기여금의 정시 지불에 대한 인센티브가 될 것이라는 약속과 달리, 기여형 가입자의 비율은 모든 국가에서 급격히 감소했다. 구조 개혁이 약속한 대로 실행된 것은 기금에 축적된 자본이 눈에 띄게 증가했다는 점이다. 기금은 GDP가 증가하면 더 증가했다. 물론 2007~2008년 및 2020년 팬데믹 위기에는 하락했다. 관리업체는 매우 높은 비율의 GDP를 제어하

며 따라서 강력한 권한이 부여된다. 규모가 큰 국가들은 포트폴리오 구성이 다양화하긴 했지만 여전히 국채, 외국 투자, 은행 예금에 집중되어 있다. 국내 주식에 대한 투자는 전무하거나 극히 드물었다. 사실 구조 개혁은 국내 증권시장이 개혁의 가장 큰 이득을 볼 것이라고 약속했었다. 총 실질투자수익률은 처음에는 높았지만 2007~2008년에는 7개국에서 감소했다. 2009~2019년에 걸쳐 회복세를 보이며 증가했지만 7개국에서는 초기 수준을 회복하지 못하거나 정체 상태였고, 이는 미래의 연금 지급액에 영향을 미쳤다. 자발적인 저축이라는 약속은 성공하지 못했고, 은퇴 전에 대규모 자금 인출을 승인하는 경향이 늘고 있다.

이상의 결과들로 인해 라틴아메리카에는 새로운 연금 개혁들이 예견되고 있다. 칠레 정부는 사적 연금 제도의 새로운 개혁안을 의회에 제출했다. 멕시코 정부는 사적 시스템을 유지하되 몇 가지 중요한 변경사항이 담긴 새로운 개혁안을 의회에 보냈다. 페루 의회의 해당 위원회는 혼합 모델을 기반으로 한 개혁안을 마무리하고 있다. 콜롬비아는 두 시스템을 통합하기 위한 몇 가지 새로운 개혁안이 존재한다. 논자는 본고에서 수행한 기존 연금 개혁에 대한 평가가 앞으로 라틴아메리카에서 실행될 모든 유형의 연금 구조 개혁에 유용하기를 기대한다.

조영실 옮김

지구적 관점에서 본 라틴아메리카의 인종주의

피터 웨이드

맨체스터대학 인류학과 교수

원제와 출처: Peter Wade, "Racismos latinoamericanos desde una perspective global", *Nueva Sociedad,* No. 292, marzo−abril de 2021, pp. 25−41.

핵심어: 인종민주주의, 메스티사헤, 다문화주의, 인종주의, 인종, 라틴아메리카

서론

메스티사헤(mestizaje, 포르투갈어로는 메스치사젱 mestiçagem)는 라틴아메리카의 인종적 형성에 나타나는 지속적인 특징이다. 혼종으로 번역될 수 있는 이 용어는 유럽인, 아프리카인, 아메리카 원주민들의 성적, 문화적 상호교류 과정을 지칭한다. 16세기 시작된 이 교류 과정은 유럽인도 아니고 아프리카인이나

* 영어 원본은 John Solomos (ed.): *Routledge International Handbook of Contemporary Racisms*(Routledge, Londres, 2020)에 수록되었으며, 본고의 스페인어 번역본은 Rodrigo Sebastián이 번역했다.

인디오(아메리카 원주민을 일컫는 식민시대 스페인의 용어)도 아닌 그 중간에 있는 무엇인가를 광범위하게 지칭하는 개념인 '메스티소'라는 상당히 두터운 인구층이 형성되게 했다. 본래 메스티소는 다른 인종간의 성적 관계로 출생한 이를 의미했고, 따라서 특정 집단 범주를 지칭하기 보다는 일종의 계보나 '혈통'[1]을 의미하는 개념으로 사용되었다. 하지만 이내 이 용어는 문화적 혼성이라는 어감을 갖게 되었고, 메스티소들은 유럽계, 아프리카계, 아메리카원주민계의 습성을 계승했다고 인식되게 되었다.

유럽인들이 원주민과 아프리카인들을 지배하고, 착취하고, 노예로 삼았던 식민지의 맥락 때문에 서열화가 항상 이러한 교류를 규정했다. 다시 말해, 식민지 권력자들에게 아프리카계와 원주민계 '혈통'과 문화적 특징은 열등하다고 인식되었고, 흑인성/원주민성은 노예와, 그리고 원주민성은 정복당한 지위와 밀접하게 연계되면서 양쪽 모두 야만성과 종교적 이단과 결부되었다. 메스티사헤는 젠더위계에 따라 구성되기도 했는데, 한 편으로 유럽 식민주의자들 대부분이 남성으로서 원주민 여성 그리고 아프리카 여성들과 성관계를 가졌다는 의미에서 그랬고, 이념적 측면에서 본다면 19세기와 20세기 민족주의 담론에서 궁극적인 국가건설 주체의 집단적 토대로 남성 지배권을 강조했다는 점에서 그렇다.

전 지구적 맥락에서 본다면 식민주의는 그 어디에서든 성적, 문화적 혼성으로 이어졌다. 하지만 유독 라틴아메리카에서 이 과정이 지역 전역의 인종적 특징을 결정짓게 되었고, 19세기 중반부터는 단일한 방식은 아니더라도 광범위하게 이 인종적 특징이 국가적 자체적 표상으로 차용되기 시작했다. 지역의 엘리트들은 세계 다른 지역, 특히 대서양 연안의 세계와 자신들의 국가를 차별화하기 위해 이 특징을 강조했다. 이런 의미에서 여전히 우리는 메스티사헤와의 관계를 통

1) Michael Banton: *Racial Theories,* Cambridge up, Cambridge, 1987.

해 인종주의를 이해하고, 이에 대항하는 투쟁을 해야 한다.

혼종 과정

정확한 수치는 아니지만 식민시대 대략 2백만 명 이하의 유럽인들이 라틴아메리카에 도착했던 것으로 보이며, 이 가운데 여성은 30%였다. 노예 신세로 강제로 끌려온 아프리카인들은 약 6백 50만 명에 이를 것으로 추정되며, 남자가 대부분이었다. 도착 후 수많은 유럽인들과 아프리카인들이 서로 섞였고, 원주들이 여기에 합류했다. 원주민들은 전염병과 학대로 10분의 1 정도만 생존했고, 그 숫자는 확실하지는 않지만 1650년 무렵에는 약 6백만 명에 이르렀다고 추정된다.[2] 식민시대 후반에 이르러서는 법적으로 자유로운 사람들로 구성된 이질적 범주가 등장했고, 이들은 노예, 원주민, 백인을 연결해주는 중간자로 인식되었다. 다양한 유형의 메스티소들이 다수를 차지했던 이 집단은 전체 인구의 4분의 1(예컨대 멕시코, 페루)에서 3분의 1(브라질) 심지어는 절반(콜롬비아)에 해당했다. 백인이 지배하고 노예와 원주민이 최하층을 구성하는 인종 위계에서 메스티소들은 직업, 부, 인종화된 계보와 외관 등 다양한 기준에 따라 계서화되었고, 복잡한 명명법들을 통해 이 계서화 과정을 체계화하려 했다. 역사학자들은 현재 우리가 '인종'[3]이라고 부르는 것이 이 계서화에서 어떠한 역할을 했는가를 두고 논쟁을 벌여왔지만, 개인의 표현형을 통해 유추되곤 하는 '혈통'에 대한 관념들이

2) Maria Luiza Marcílio: 《The Population of Colonial Brazil》 en Leslie Bethell (ed.): *The Cambridge History of Latin America 2: Colonial Latin America,* Cambridge University Press, Cambridge, 1984; Linda Newson: 《The Demographic Collapse of Native Peoples of the Americas, 1492–1650》 en Warwick Bray (ed.): *The Meeting of Two Worlds: Europe and the Americas 1492-1650,* British Academy, Londres, 1993; Nicolás Sánchez–Albornoz: 《The Population of Colonial Spanish America》 en L. Bethell (ed.): ob. cit.

3) P. Wade: *Race and Ethnicity in Latin America,* Pluto, Londres, 2009, pp. 28–29.

매우 중요했다.[4)]

독립(대부분의 지역에서 1810년~30년에 성취됨)부터 20세기 중반에 이르기까지 1천 5백만 명 이상의 유럽계 이주민들이 지역에 유입되었고, 이들 중 1천 2백만 명은 아르헨티나와 브라질로 향했다. 이에 비해 중국, 일본, 중동 출신 이주민들의 숫자는 훨씬 작았다. 라틴아메리카 전역에서 각국 정부와 엘리트들은 유럽계의 이주를 장려했고, 종종 은밀한 방법을 동원해 백인이 아닌 이주민들(종종 유대인을 포함)의 유입을 제한했다. 이 정책들은 백인을 높게 평가하는 식민주의 관념, 그리고 유럽인들이 생물학적으로나 문화적으로 우월하며 따라서 국가적 인종 혼성에 있어 아프리카계와 원주민계가 미치는 해로운 영향을 상쇄해 주리라는 19세기 후반부터 20세기 초반까지의 우생학적 사고에 따른 것이었다.[5)]

식민시대에는 인종화된 인구 변동이 지역별로 상이한 유형으로 전개되었는데, 원주민 인구가 노동력의 중요한 원천이자 인구의 상당 비중을 차지하던 지역(안데스와 메소아메리카 상당 지역)과 인구 감소로 인해 대부분이 아프리카인들과 메스티소 노동력으로 대체된 지역(브라질, 콜롬비아 저지대, 베네수엘라, 남아메리카 최남단 대부분 지역)이 대표적 사례이다. 독립 이후에는 아르헨티나와 브라질에 백인 인구가 대규모 유입되면서 지역의 인종화된 인구 변동이 일부 재편되었다. 아르헨티나의 경우에는 압도적으로 백인 주도적인 이미지가 형성되었고, 브라질의 경우에는 혼종성에도 불구하고 유색인종(흑인과 혼혈)과 백인 간

4) María Elena Martínez: *Genealogical Fictions:* Limpieza de Sangre, Religion, and Gender in Colonial Mexico, Stanford University Press, Stanford, 2008; Ann Twinam: *Purchasing Whiteness: Pardos, Mulattos, and the Quest for Social Mobility in the Spanish Indies,* Stanford University Press, Stanford, 2015.

5) Nancy P. Appelbaum, Anne S. Macpherson y Karin A. Rosemblatt (eds.): *Race and Nation in Modern Latin America,* University of North Carolina Press, Chapel Hill, 2003; David Scott Fitz-Gerald y David Cook-Martín: *Culling the Masses: The Democratic Origins of Racist Immigration Policy in the Americas,* Harvard University Press, Cambridge, 2014.

분리로 특징지어졌다.[6]

혼혈 이데올로기

식민시대와 공화국 시대를 통틀어 라틴아메리카 사회는 무척 인종주의적이었다. 식민지 라틴아메리카는 향후 대서양 연안 세계를 지배하게 될 '인종'에 대한 관념이 형성되기 위한 도가니가 되었다는 주장도 가능할 것이다. 15세기 이베리아에서는 사회질서를 지키기 위해 '피의 순수성'(limpieza de sangre)이라는 개념이 생겨났는데, 인종적으로 유대인이나 무어족(혈통이나 계보 상으로 볼 때)으로 추정되는 이들을 분류해 일정 직업에서 배제시키고, 종교적 이단 여부를 가리기 위해 종교 재판관의 심문 절차에 세우기 위함이었다. 식민지 아메리카에서 이 개념은 아프리카계와 원주민계 후손들에 적용되었다. 또한 점차 증가하는 혼혈 사회계층을 공식적(이런 계통의 사람들이 특정 직업에 종사하지 못하게 하거나, 그들과의 혼인을 규제하는 방식), 또는 비공식적(사회적 무리 특히 가족 구성원 형성에서 차별하는 방식)으로 통제하기 위해 사용되었다.[7] 공화국 시대, 국가 건설의 엘리트들은 흑인, 원주민, 어두운 피부색의 메스티소 인구가 국가의 진보를 가로막는다고 생각했다. 그 이유는 그들의 '열등한' 인종 때문이라고 생각했는데, 이 경우 인종은 '피'와 '문명'이 결합된 생물문화적 총체로 이해되었다.[8]

6) Paulina Alberto y Eduardo Elena (eds.): *Rethinking Race in Modern Argentina,* Cambridge University Press, Nueva York, 2016; Andreas Hofbauer: *Uma história do branqueamento ou o negro em questão,* Editora UNESP, San Pablo, 2006; Thomas Skidmore: *Black into White: Race and Nationality in Brazilian Thought,* Oxford University Press, Nueva York, 1974.

7) M. E. Martínez: ob. cit.; P. Wade: *Race and Ethnicity in Latin America,* cit., pp. 67–71 y 88–94.

8) Nancy Leys Stepan: 《The Hour of Eugenics》: *Race, Gender and Nation in Latin America,* Cornell University Press, Ithaca, 1991.

이런 관행에도 불구하고 19세기 중반부터 후반까지 엘리트들은 메스티사헤와 민주주의에는 서로 내재적인 상관성이 존재한다고 주장하기 시작했다. 1861년 콜롬비아의 작가이자 정치인인 호세 마리아 삼페르(José María Samper)는 "인종 혼혈이라는 놀라운 일"에 대해 서술했고, 그것이 "전적으로 민주적 속성을 지닌 사회를 만들어내야 하며, 공화주의자들의 인종이자, 유럽, 아프리카, 콜롬비아를 동시에 대변하는 존재로서 신세계에 고유의 특성을 부여한다"[9]라고 믿었다. 1920년 콜롬비아의 의사였던 호르헤 베하라노(Jorge Bejarano)는 강연장의 청중에게 이런 인종 다양성의 결과가 무엇일지 질문한 다음, 이런 현상은 "민주주의의 도래"를 의미할 것이며, 그 이유는 "인종의 혼합에서는 사회적으로 열등하다고 간주되는 요소가 지배하게 되는데, 이는 민주주의의 우세를 가져온다"[10]는 사실을 이미 경험해봤기 때문이라고 답변했다. 멕시코에서는 특히 1910년 혁명 이후로 혼혈과 민주주의 그리고 조화, 이 세 가지 요소들의 연계성이 국가 이데올로기로 격상되었다. 작가이자 정치인 호세 바스콘셀로스(José Vasconcelos)가 그 주창자로서, 그는 보편적 '우주적 인종'의 도래를 칭송했다. 바스콘셀로스는 라틴아메리카의 메스티소는 우주적 인종의 선도자로서, "자연권에 의해 모든 이들의 평등을, 그리고 백인, 흑인, 원주민의 사회적, 시민적 평등"[11]을 상징한다고 주장했다. 1933년 멕시코의 외교부장관은 멕시코의 법이 반중국적이라는 중국의 항의에 대응하려 시도하면서, "멕시코의 대가족은 다양한 인종들의 교차에

9) J. M. Samper: *Ensayo sobre las revoluciones políticas y la condición social de las repúblicas colombianas (hispano-americanas). Con un apéndice sobre la orografía y la población de la Confederación Granadina,* Imprenta de E. Thunot y Cía., París, 1861, p. 299.

10) Miguel Jiménez López, Luis López de Mesa, Calixto Torres Umaña, Jorge Bejarano, Simón Araújo, Lucas Caballero y Rafael Escallón: *Los problemas de la raza en Colombia,* El Espectador, Bogotá, 1920, p. 193.

11) J. Vasconcelos: *La raza cósmica. Misión de la raza iberoamericana. Notas de viajes a la América del Sur,* Agencia Mundial de Librería, Madrid, 1925.

서 비롯"되기 때문에 정부는 "인종이나 계급에 대한 그 어떤 편견"[12]도 갖고 있지 않다고 선언했다. 브라질에서 '인종민주주의'라는 개념은 1930년대와 1940년대 제툴리우 바르가스(Getúlio Vargas)의 민중주의 독재정부에서부터 공공연하게 사용되기 시작했다. 1930년대 초반, 작가인 질베르투 프레이리가 처음 제시한 이 개념에 따라 브라질은 유럽계, 아프리카계, 원주민계 후손들의 조화로운 혼성체로 묘사되었다.[13] 프레이리는 "메스티사헤와 문화 간 상호침투(주로 유럽, 아메리카인디언, 아프리카 문화)는 ... (중략) ... 귀족 경제에서 형성된 계급과 인종간 적대성을 완화시켜온 경향이 있다"고 믿었다. 즉, "브라질에서만큼 다양하고 심지어 적대적인 문화적 전통들이 그토록 광범위하게 만나고, 상호소통하며, 조화롭게 혼합되기까지 하는 곳은 아마도 없을 것이다"[14]라는 의미이다.

이와 같은 주장들이 명시적으로든 아니면 은연중으로든 전 지구적 차원에서 제기되었다. 앞서 인용한 멕시코 외교부장관은 중국에 직접적으로 호소했지만, 그의 주된 청중들은 아메리카 여타 지역과 유럽이었다. 당시 미국은 인종주의의 온상이자 폭력적인 인종 혐오, 철저한 분리와 인종 혼성에 대한 금기시로 특정되는 곳이라 인식되었고, 따라서 라틴아메리카 국가들과 미국을 대비시키려는 시도가 종종 있었다. 1920년대 무렵까지 미국과 북서쿠 유럽은 '강성' 우생학의 본토로서 불임화(나치 독일의 후반기까지 지속) 정책을 시행하고 있다고 여겨졌다. 이와는 대조적으로 라틴아메리카의 '연성' 우생학은 대체로 사회적

12) D. Scott FitzGerald y D. Cook-Martín: ob. cit., p. 236.

13) Peter Burke y Maria Lúcia G. Pallares-Burke: Gilberto Freyre: *Social Theory in the Tropics,* Peter Lang, Oxford, 2008; G. Freyre: *Casa-grande & senzala. Formação da familia brasileira sob o regime de economia patriarcal,* Maia & Schmidt, Río de Janeiro, 1933.

14) G. Freyre: *The Masters and the Slaves: A Study in the Development of Brazilian Civilization,* University of California Press, Berkeley, 1986, pp. xiv y 78.

위생 정책을 추진했다.[15] 라틴아메리카의 '인종민주주의'는 미국의 '인종 혐오'와의 관계를 통해 정립되었다. 쿠바의 독립영웅 호세 마르티(José Martí)는 그의 유명한 수필 『우리의 아메리카』(*La Revista Illustrada de Nueva York*에 처음 게재됨)에서 "우리를 알지 못하는 막강한 이웃"이 가할 수 있는 위협에 맞서 라틴아메리카 인들이 대응할 필요가 있음을 전 세계 스페인어권 독자들에게 호소하며, 라틴아메리카에는 "인종이 없기 때문에 인종 간 혐오도 없다"[16]고 말했다. 이런 대조법을 통해 라틴아메리카의 엘리트들은 민주주의라는 주제에서 도덕적 우위를 점했고, 그들 국가에 존재하는 인종주의를 은폐할 수 있었다.[17]

재발견된 인종주의?

브라질은 인종민주주의로 상당한 명성을 떨치고 있었고, 급기야 2차 세계 대전 이후 유네스코의 관심을 사로잡게 된다. 1949년 유네스코는 인종 개념을 면밀히 고찰하기 위해 위원회를 결성했는데, 당시 브라질인 아르투르 하모스(Arthur Ramos)를 수장으로 하는 유네스코 사회과학분과가 이 절차를 관할했다. 위원회 구성을 위해 하모스는 우선 브라질 사회학자 루이스 지 아기아르 코스타 핀투(Luis de Aguiar Costa Pinto)와 멕시코 체질인류학자 후안 코마스(Juan Comas)를 섭외했다. 이 외에도 첫 위원회 모임 참석자들에는 미국 흑인 사회학

15) N.L. Stepan: ob. cit.; Alexandra Minna Stern: 《'The Hour of Eugenics' in Veracruz, Mexico: Radical Politics, Public Health, and Latin America's Only Sterilization Law》 en *Hispanic American Historical Review* vol. 91 No 3, 2011.

16) J. Martí: 《Nuestra América》 en La Revista Ilustrada de Nueva York, 10/1/1891.

17) Antonio Sérgio Guimarães: 《Racial Democracy》 en Jessé Souza y Valter Sinder (eds.): Imagining Brazil, Lexington Books, Lanham, 2007; Micol Seigel: *Uneven Encounters: Making Race and Nation in Brazil and the United States*, Duke University Press, Durham, 2009.

자 프랭클린 프레지어(Franklin Frazier)와 프랑스 인류학자 클로드 레비스트로스(Claude Lévi-Strauss)가 포함되어 있었고, 두 사람 모두 브라질에서 연구한 경험이 있었다. 일부 위원들은 브라질의 인종 정원에서 모든 것이 장밋빛은 아닐 수 있다는 의혹을 제기하기도 했지만, 그럼에도 인종 화합과 관련해 세계 다른 지역들에게 일정한 교훈이 될 만한 부분이 있다는 판단에 브라질이 선택되었다.[18] 이어 유네스코는 브라질 도시와 농촌의 인종 관계를 주제로 일련의 연구 과제들을 개시했다. 여기에서 핵심적인 주제는 흑인과 흑인-혼혈-백인 관계였다. 그리고 그 성과로 『상파울루에서 흑인과 백인의 인종 관계』, 『계급사회에서 흑인의 통합』 등의 저서들이 출판되었다.[19] 브라질 원주민에 대한 언급은 아주 드물었고,[20] 인종주의 문제는 거의 전적으로 백인과 흑인이라는 맥락에 한정되었다.

유네스코의 연구들은 인종민주주의는 '신화'[21]에 불과하며, 인종주의는 존재한다는 결론으로 이어졌다. 이 연구들은 인종주의 편견의 수많은 사례들과 이 편견들이 스스로의 자존감과 삶의 기회에 어떠한 영향을 초래하는가에 관한 흑인들의 수많은 일화들을 기록했다. 그럼에도 이 연구들에서 불평등과 편견을 양산하는 구조들의 총체로서 인종주의에 대한 기록은 상대적으로 모호한 상태로 남아 있었다. 예외적으로 플로레스탄 페르난지스(Florestan Fernandes)는 그의 '순응' 체계에 대한 묘사에서 이에 근접한 설명을 제시하는데, 흑인과 혼혈은 노예제와 식민주의로 인해 가장 낮은 사회 계층으로 전락했고, 노예제 폐지 이후에도

18) Marcos Chor Maio: 《Unesco and the Study of Race Relations in Brazil: Regional or National Issue?》 en *Latin American Research Review* vol. 36 No 2, 2001.

19) Roger Bastide y Florestan Fernandes: *Relações raciais entre negros e brancos em São Paulo,* Anhembí, San Pablo, 1955; F. Fernandes: *A integração do negro na sociedade de classes,* Universidade de São Paulo, San Pablo, 1964.

20) Charles Wagley (ed.): *Race and Class in Rural Brazil,* UNESCO, París, 1952.

21) F. Fernandes: *A integração do negro na sociedade de* classes, cit.

인종적 편견과 차별 그리고 그들보다 상층을 차지하는 보다 흰 피부색의 사람들과 맺은 전통적인 가부장적 관계로 인해서 그 자리에 갇혀 있었다는 것이다. 인종주의는 가부장제가 허용한 일부 소수 개인들의 신분 상승에 의해 위장되거나 은폐되었고, 수많은 흑인과 혼혈들은 인종주의의 존재를 부정했다. 백인들 역시 인종주의를 부정하거나 인종적 차이라는 문제에 무관심했다. 하지만 페르난지스 역시 브라질에서 전개되고 있는 가부장제에서 '경쟁적인 사회질서'(예를 들어 자유로운 시장 자본주의)로의 이행은 흑인들이 계급 사회로 통합되게 함으로써 인종 평등 확대에 기여하리라는 낙관적 전망을 제시했다.

이 같은 주장은 브라질을 비롯해 라틴아메리카 전반에서 발견되는 인종 형성의 핵심적인 특징, 즉 인종과 계급은 일치하는 경향이 있다는 점을 전제로 한다. 그리고 이 역시 인종주의의 역할을 은폐한다. 이에 따르면 문제는 인종차별이 아니라 계급과 관련되며, 흑인(그리고 원주민)은 현재의 인종주의가 아니라 노예제의 유산(아니면 과거의 억압과 방치)으로 인해 가난하다는 주장으로, 결국 명백한 인종 불평등에 대한 설명을 회피하는 결과로 이어진다. 브라질(그리고 일부 다른 국가들)에서 상당수의 가난한 백인들(또는 밝은 피부색의 메스티소들)의 존재 역시 '인종이 아니라 계급'이라는 주장을 강화하는 근거로 활용된다.

페르난지스는 계급 역동성이 가부장제의 굴레에서 벗어나 자본주의 시장에서 자유롭게 작동하게 된다면 보다 많은 흑인들이 중간 계급과 상류층으로 이동할 수 있으리라 주장하며 노예제와 방치의 유산을 등한시함으로써 이 같은 주장에 동조하는 모습을 보였다. 그렇지만 유네스코 연구 이후 1970년대부터 진행된 브라질의 연구들은 통계와 설문 자료를 활용해 인종주의의 구조적 측면을 성찰하기 시작했다. 또한, 전통적으로 이 조사들에서는 자기규정에 따른 '피부색' 범주(주로 흑색, 갈색, 백색) 문항이 포함되었다. 사회과학자들은 자료를 통해 비중상 혼혈(1970년대 전체의 약 40%를 차지)이 흑인(10% 미만)과 백인(약 55%)

의 중간에 위치하며, 통계적으로 볼 때 흑인과 혼혈은 백인에 비해 체계적으로 과소반영되기 때문에 흑인과 혼혈을 같은 범주에 포함시키는 편이 합리적이라고 설명했다. 더 나아가서 이 자료들에 의하면 인종주의는 독립적이고 지속적인 효과를 가졌다. 예를 들어, 흑인 대졸자들은 졸업 후 10년 이상이 경과한 시점 기준 백인 대졸자들에 비해 낮은 임금을 받았다. 일반적으로 말해, 소득수준에서 인종간 차이는 예컨대 직업, 교육, 이주 여부, 나이 등 비인종적 변수들의 총계로만은 온전히 설명될 수 없으며, 인종주의가 일정한 역할을 담당했다.[22)]

이와 유사한 자료들이 다른 나라들의 연구에서도 제시되고 있는데, 가령 콜롬비아[23)]와 멕시코[24)] 그리고 지역 차원의 연구들, 특히 사회적 지위와 피부색(자기규정에 따른 정체성보다는)의 연관성에 관한 조사들[25)]을 들 수 있다. 경쟁적 사회 질서에 관한 페르난지스의 낙관론은 상당히 부적절해 보인다. 노예제와 역사적 방치에서 유래하는 불이익을 제거하기란 매우 어렵거나 거의 불가능하다.

22) Carlos Hasenbalg: 《Race and Socioeconomic Inequalities in Brazil》 en Pierre-Michel Fontaine (ed.): *Race, Class and Power in Brazil,* Center for Afro-American Studies, University of California, Los Angeles, 1985; Peggy A. Lovell: 《Race, Gender and Development in Brazil》 en *Latin American Research Review* vol. 29 No 3, 1994; P.A. Lovell: 《Race, Gender, and Work in São Paulo, Brazil, 1960-2000》 en *Latin American Research Review* vol. 41 No 3, 2006; Nelson do Valle Silva: 《Updating the Cost of Not Being White in Brazil》 en P.-M. Fontaine (ed.): ob. cit.; Edward E. Telles: *Race in Another America: The Significance of Skin Color in Brazil,* Princeton University Press, Princeton, 2004.

23) Olivier Barbary y Fernando Urrea (eds.): *Gente negra en Colombia, dinámicas sociopolíticas en Cali y el Pacífico,* CIDSE / Univalle / IRD / Colciencias, Cali-París, 2004; F. Urrea Giraldo y Carlos *Viáfara López: Pobreza y grupos étnicos en Colombia. Análisis de sus factores determinantes y lineamientos de políticas para su reducción,* Departamento Nacional de Planeación, Bogotá, 2007.

24) René Flores y E. Telles: 《Social Stratification in Mexico: Disentangling Color, Ethnicity, and Class》 en *American Sociological Review* vol. 77 No 3, 2012.

25) E. E. 텔레스와 라틴아메리카의 종족과 인종에 관한 2014년 프로젝트; *Pigmentocracies: Ethnicity, Race and Color in Latin America,* University of North Carolina Press, Chapel Hill, 2014; E. Telles, René D. Flores y F. Urrea Giraldo: 《Pigmentocracies: Educational Inequality, Skin Color and Census Ethnoracial Identification in Eight Latin American Countries》 en *Research in Social Stratification and Mobility* vol. 40, 2015.

더 나아가 이런 불이익은 인종화된 차이와 구조적 불이익 간의 상관성을 정당화하는 현재도 진행 중인 인종주의와 불가분의 관계에 있다.

인종주의와 메스티사헤

페르난지스는 브라질의 순응체제를 규정하는 특징들과 사회에서 혼혈이 담당한 역할, 양자간 상관성에 무관심했다. 그에게 있어 흑인과 혼혈은 모두 같은 위치에 속했다. 1960년대와 70년대 마빈 해리스(Marvin Harris)는 브라질에 만연한 혼혈의 결과로 인종 정체성이 불분명하고, 모호성이 극대화된 사회가 생겨났다고 주장했는데,[26] 그 역시 유네스코 연구에 참여한 바 있다. 그에게 있어 이는 "인종 차별이 본질적 문제로 인식되기 어렵다"[27]는 의미였다. 해리스의 주장은 과장된 감이 있지만, 그럼에도 그는 페르난지스가 간과한 무언가, 즉 인종 형성에 있어 메스티사헤의 역할을 언급한 것이다. 브라질과 보다 광범위하게는 라틴아메리카 전반에서 메스티사헤는 중요한 방식으로 인종 형성에 영향을 미친다. 인종주의는 메스티사헤를 통해 작동하지만, 좀처럼 알아채기 어려운 방식을 통해서이다.[28]

한편으로 메스티사헤는 흑인과 원주민의 열등성(하층 계급, 후진성, 가난과 연계), 그리고 백인, 빈번하게는 밝은 피부색이나 그렇게 희지는 않은 메스티소

26) M. Harris: *Patterns of Race in the Americas*, Norton Library, Nueva York, 1964 y 《Referential Ambiguity in the Calculus of Brazilian Racial Terms》 en *Southwestern Journal of Anthropology* No 27, 1970.

27) M. Harris: *Patterns of Race in the Americas*, cit., p. 63.

28) Alexandre Emboaba Da Costa: 《Confounding Anti-Racism: Mixture, Racial Democracy, and Post-Racial Politics in Brazil》 en *Critical Sociology* vol. 42 No 4-5, 2016; Mónica Moreno Figueroa y Emiko Saldívar: 《'We Are Not Racists, We Are Mexicans': Privilege, Nationalism and Post-Race Ideology in Mexico》 en *Critical Sociology* vol. 42 No 4-5, 2016.

의 우월한 가치(부, 근대성과 연계)에 대한 관념들에 의해 완고하게 구조화된다. 이런 인종화된 위계가 사회질서 전반에 퍼지고, 사람들의 행동과 관계를 구성한다. 브라질을 비롯한 여러 지역에서 수집한 흑인, 원주민, 어두운 피부색 사람들의 실태에 관한 자료들에서 볼 수 있듯이 인종 위계는 직업, 교육, 소득, 치안, 건강, 기대 수명에서의 불평등과 밀접하게 관련되어 있다.[29] 그리고 이 위계는 인종에 대한 고정관념과 낙인찍기의 토대가 된다.[30] 인종화된 위계는 아름다움에 대한 인식에도 영향을 미치는데, 특히 흑인이나 원주민의 피부색, 머릿결, 얼굴 특징을 지닌 여성들, 또는 이에 결부된 부정적 평가에 민감한 여성들의 경우 더 그렇다.[31] 또한 인종 위계는 가족의 내밀한 영역까지 침투하여 낭만적 관계와 출산에 대한 결정을 좌우하기도 하며, 더 밝거나 어두운 피부색을 지닌 형제자매들 간에 미묘한 차이가 생기게 한다.[32] 수많은 연구들이 라틴아메리카 전역에서

29) 직업, 소득, 교육 불평등과 관련해서는 앞서 인용한 문헌들을 참고로 하길 바란다. 이 외에 CEPAL (2017), Del Popolo (2017)를 참조할 수 있다. 치안과 관련해서는 Amnesty International (2015), Vargas (2018), Wade (2016), CODHES (2012)를 참고로 하길 바란다.

30) Michèle Lamont, Graziella Moraes Silva, Jessica Welburn, Joshua Guetzkow, Nissim Mizrachi, Hanna Herzog y Elisa Reis: *Getting Respect: Responding to Stigma and Discrimination in the United States, Brazil, and Israel,* Princeton University Press, Princeton, 2016.

31) Alexander Edmonds: 《Triumphant Miscegenation: Reflections on Beauty and Race in Brazil》 en *Journal of Intercultural Studies* vol. 28 No 1, 2007; Doreen Gordon: 《A Beleza Abre Portas: Beauty and the Racialised Body among Black Middle-Class Women in Salvador, Brazil》 en *Feminist Theory* vol. 14 No 2, 2013; Elizabeth Gackstetter Nichols: 《'Decent Girls with Good Hair': Beauty, Morality and Race in Venezuela》 en *Feminist Theory* vol. 14 No 2, 2013; Jean Rahier (ed.): *Black Social Movements in Latin America: From Monocultural Mestizaje to Multiculturalism,* Palgrave Macmillan, Nueva York, 2012.

32) Elizabeth Hordge-Freeman: *The Color of Love: Racial Features, Stigma, and Socialization in Black Brazilian Families,* University of Texas Press, Austin, 2015; Mónica Moreno Figueroa: 《'Linda Morenita': Skin Colour, Beauty and the Politics of Mestizaje in Mexico》 en Chris Horrocks (ed.): Cultures of Colour: *Visual, Material, Textual,* Berghahn Books, Oxford, 2012; Elizabeth F.S. Roberts: *God's Laboratory: Assisted Reproduction in the Andes,* University of California Press, Berkeley, 2012.

이러한 행태들을 목격하고 있다.[33)]

다른 한 편으로 메스티사헤는 수많은 사람들이 가족이 되어 그 안에서 모두가 다소 “혼혈”로 살아가는 경험을 하게 했다. 이런 환경에서 인종간 분리는 미국과 비교해 상대적으로 낮은 수준을 보이고,[34)] 인종 분류에도 어느 정도 유연성이 존재한다. 이에 따라 대부분의 사람들은 전형적인 ‘흑인’, ‘백인’, 또는 ‘원주민’이 어떻게 보이고, 사회구조에서 그들의 위치가 어떨지에 대해서는 일치하는 의견을 보이지만, ‘혼혈’이라는 중간지점과 관련해서는 훨씬 모호한 태도를 보인다. 수많은 사람들에게 메스티사헤는 인종적 차이는 삶의 실상이지만, 훨씬 더 중요한 역할을 하는 계급과 젠더에 비해서는 그다지 두드러지지 않는다고 인식하게 되는 환경을 만든다. 일부 학자들은 인종의 중요성에 경중이 달라지는 사회적 영역들을 구분해냄으로써 이 상황을 특징짓는다. 브라질 살바도르의 저소득 지역을 묘사하면서 산소네(Sansone)[35)]는 주민들은 사회관계의 “연한” 영역과 “단단한” 영역을 구분해서 인식하는데, 전자의 경우 “피부색이 사회적 관계나 권력관계의 방향성과 무관”(예를 들어 거리 모퉁이, 파티, 동네, 운동경기, 종교 등)한 반면, 후자의 경우 피부색이 중요(예를 들어 경찰과 대면, 일터, 결혼, 연애 등)해진다고 언급한다. 텔레스(Edward Telles)[36)]도 ‘수평적’이고 ‘수직적’인 사회관계의 공존으로 브라질을 특징짓는다. 친구, 가족, 이웃의 영역은 상호교류, 혼합,

33) 연구 현황을 종합적으로 살펴보려면 다음을 참고하기 바란다. Alejandro de la Fuente y George Reid Andrews (eds.): *Afro-Latin American Studies: An Introduction,* Cambridge University Press, Cambridge, 2018; Tanya Kateri Hernández: *Racial Subordination in Latin America: The Role of the State, Customary Law, and the New Civil Rights Response,* Cambridge University Press, Cambridge, 2013; P. Wade: *Race and Ethnicity,* cit.

34) O. Barbary y F. Urrea (eds.): ob. cit.; E. E. Telles: ob. cit.

35) L. Sansone: *Blackness without Ethnicity: Constructing Race in Brazil,* Palgrave Macmillan, Basingstoke, 2003, pp. 52–53.

36) E. E. Telles: *Race in Another America,* cit.

충분히 동등한 교환을 통한 수평적이거나 공생적 관계가 강력하게 작동한다는 특징을 갖는다. 이와 대조적으로 위계와 불평등의 수직적 관계는 일터, 교육, 의료, 주거, 정치의 영역에서 보다 가시적으로 드러난다. 흥미롭게도 산소네는 가족이 단단한 영역이라고 본 반면에, 텔레스는 수평성의 영역이라고 분류한다. 다시 말해, 이런 방식으로 상호작용의 영역들을 구별하기란 쉽지 않으며, 맥락에 따라서는 그 균형관계에 차이가 나더라도 사실상 모든 영역에서 위계와 화합이 팽팽한 긴장관계를 형성한다. 예를 들어, 가족관계는 인종적 화합과 위계가 공존하는 내밀한 영역이다.[37] 양 측면이 메스티사헤에 모두 내재하며, 양 측면 서로 간에도 그렇다.

종합하면, 메스티사헤는 다른 지역의 학자들이 "후기 인종성(posracialidad)",[38] "인종주의자 없는 인종주의",[39] 또는 인종주의가 "생매장된 ... 인종없는 인종주의"[40]의 새롭고 신자유주의적인 국면이라고 규정해왔던 것의 장기적 사례가 라틴아메리카에 생겨나게 했다. 오래 전부터 라틴아메리카인들은 인종주의, 인종 위계와 인종 불평등이 이에 대한 부정, 보다 빈번하게는 축소, 폄하와 나란히 존재하는 상황에서 살고 있다. 이 경우 폄하는 특히 공공 정책과 관련해 두드러졌는데, '분열적인' 차이에 집중함으로써 인종주의(백인과 메스티소의 특권에 위협이 될 수 있어 일반적으로 '거꾸로 된 인종주의'로 불린다)의 소용돌이를 가져와 사회에 역효과를 낼 수 있다는 이유로 지속적 관심의 가치가 없다는 논리였다.

37) P. Wade: *Race and Ethnicity*, cit.

38) David Theo Goldberg: *Are We All Postracial Yet?*, John Wiley & Sons, Nueva York, 2015; Alana Lentin: 《Post-Race, Post Politics: The Paradoxical Rise of Culture after Multiculturalism》 en *Ethnic and Racial Studies* vol. 37 No 8, 2014.

39) Eduardo Bonilla-Silva: *Racism without Racists: Color-Blind Racism and the Persistence of Racial Inequality in the United States*, Rowman & Littlefield, Lanham, 2003.

40) D.T. Goldberg: *The Threat of Race: Reflections on Racial Neoliberalism*, Wiley-Blackwell, Malden, 2008.

북아메리카와 유럽에서 이런 축소와 폄하는 신자유주의와 동시에 발생했다. 이에 반해 라틴아메리카의 사례는 이들이 실제로는 자유주의에 보다 깊숙이 뿌리내리고 있으며, 평등과 위계 사이에는 상호 구성적 긴장관계가 형성되어 있음을 시사한다.[41)]

인종주의, 다문화주의, 반인종주의

1990년대부터 라틴아메리카 국가들은 국가의 다문화적, 다종족적 성격을 강조하는 법률 개혁을 추진해왔고, 그 결과 메스티사헤를 바탕으로 하는 체제의 지배력이 현저히 약화된 것으로 보인다. 원주민과 아프리카계 후손들의 행동주의(장기간에 걸쳐 형성된 저항의 전통에 바탕을 두고 있으며, 지구적 탈식민화와 반-인종주의 운동에 고무된), 포섭, 거버넌스(민주주의를 차이에 대한 존중을 포함하는 방식으로 재정의하는 전 지구적 추세의 영향에 따라) 이들의 불편한 결합에 추동되어 이런 개혁들은 원주민과 아프리카계 후손 소수집단들을 전례 없는 수준으로 인정해왔다. 개혁을 통해 소수집단들에게는 토지, 교육, 개발사업에 관한 사전 협의권, 정치적 사법적 자율과 관련된 권리들이 허용되었다. 이 권리들은 국가별로 불균등했으며, 아프리카계 후손들에 비해 원주민들에게 보다 광범위한 권리들이 주어졌다.[42)]

41) P. Wade: 《Liberalism and its Contradictions: Democracy and Hierarchy in Mestizaje and Genomics in Latin America》 en *Latin American Research Review* vol. 52 No 4, 2017.

42) Charles R. Hale: 《Neoliberal Multiculturalism: The Remaking of Cultural Rights and Racial Dominance in Central America》 en *POLAR: Political and Legal Anthropology Review* vol. 28 No 1, 2005; Tianna S. Paschel: *Becoming Black Political Subjects: Movements and Ethno-Racial Rights in Colombia and Brazil,* Princeton University Press, Princeton, 2016; Jean Rahier: 《Body Politics in Black and White: Señoras, Mujeres, Blanqueamiento and Miss Esmeraldas 1997-1998, Ecuador》en *Women and Performance:* A Journal of Feminist Theory vol. 11 No 1,1999; Rachel Sieder (ed.): *Multiculturalism*

이 문화적 인정은 '문화적' 소수자들의 상징적, 사회경제적 지위에 관한 논란들을 촉발했고, 이런 점에서 인종주의와 인종화된 불평등의 문제들을 다루고 있다고 생각할 수 있다. 하지만 논의는 문화적 차이와 '다양성'을 인정할 필요에 집중되기 마련이었다. 또한 상명하달적인 포섭 정책으로 하위집단들을 분열시키고, 그들 모두에게 영향을 미치는 구조적 인종 불평등으로부터 관심을 돌리게 한다고 비판받아왔던 다문화주의에 관한 전 지구적 논쟁에서 친숙하게 등장하는 갈등을 떠올리게 한다.[43] 라틴아메리카의 일부 사례에서는 임의적 요인들에 따라 유사한 마을 공동체들이 토지에 대한 권리 주장을 위해 때로는 '흑인'으로, 그리고 때로는 '원주민' 공동체로 동원되기도 했다.[44] 다른 사례에서는 과거 토지소유권 주장을 위해 협력했던 원주민과 흑인들이 정부의 기준에 부합하기 위해 서로 분리되어 일해야 하는 상황에 처하기도 했다.[45] '다문화주의로의 전환'은 적어도 서류상으로는 인종화된 불평등에 일정한 변화를 야기했다. 예를 들어 콜롬비아에서는 합법적으로 조성된 원주민 보호구역이 이제는 전체 국토의 약 30%에 해당하고, 1993년 법령에 근거해 2014년 기준 아프리카계 콜롬비아인 공동체들은 태평양 연안 지역 표면의 절반 이상에 대한

in Latin America: Indigenous Rights, Diversity and Democracy, Palgrave Macmillan, Basingstoke, 2002; Shannon Speed: 《Dangerous Discourses: Human Rights and Multiculturalism in Neoliberal Mexico》 en *POLAR: Political and Legal Anthropology* Review vol. 28 No 1, 2005.

43) Charles R. Hale: 《When I Hear the Word Culture…》 en *Cultural Studies* vol. 32 No 3, 2018; A. Lentin y Gavan Titley: *The Crises of Multiculturalism: Racism in a Neoliberal Age,* Zed Books, Londres, 2011; Emiko Saldívar: 《Uses and Abuses of Culture: Mestizaje in the Era of Multicultu₩-ralism》 en *Cultural Studies* vol. 32 No 3, 2018.

44) Jan Hoffman French: *Legalizing Identities: Becoming Black or Indian in Brazil's Northeast,* University of North Carolina Press, Chapel Hill, 2009.

45) Bettina Ng'weno: *Turf Wars: Territory and Citizenship in the Contemporary State,* Stanford University Press, Stanford, 2007.

법적 소유권을 획득했다.[46] 하지만 이런 변화들은 앞서 언급했던 인종화된 불평등의 고착적인 패턴들을 바꾸는 데는 거의 기여하지 못했다. 실제로 토지등기 과정에 대한 반발은 태평양 일대 아프리카계 콜롬비아인들과 원주민들이 대규모 폭력적인 실향 상태에 내몰리게 된 이유 중 하나일수도 있다. 여전히 이들 공동체 구성원들은 콜롬비아의 수많은 국내실향민들과 살인 희생자들에서 과도하게 많은 비중을 차지하고 있다.[47]

2010년 무렵부터 정부 관계자들뿐만 아니라 사회운동 부문에서도 인종주의에 대해 논의하려는 보다 적극적인 흐름이 감지되어 왔는데, 과거 이들 중 다수는 이런 종류의 논의는 회피하고 문화적 차이에 집중하고자 하는 성향을 보여왔다. 이 성향은 특히 원주민 활동가들 사이에서 두드러졌는데, 이들은 문화적 차이가 자신들의 정체성과 자율성 요구를 구성하는 요소라고 보는 입장이다. 하지만 신자유주의 정부 정책에 기대 원주민 토지와 생계를 위협하는 채굴주의 개발과 농산업 경제 사업들이 확산되는 상황에서 일부 원주민 활동가들은 인종주의 담론을 수용하려는 조짐을 보이고 있다. 원주민의 저항은 원주민의 몸을 대상으로 하는 국가와 대중의 폭력을 촉발하는 경향이 있다. 그리고 이에 따라 사회의 체계적 특징으로서 인종주의에 대한 원주민 담론이 생겨날 수 있다. 예를 들어, 마리추이(Marichuy)라는 이름으로도 알려진 멕시코 원주민 여성 지도자 마리아 데 헤수스 파트리시오(María de Jesús Patricio)의 최근 대선 출마 시도는 소셜미디어 상에서 상당한 공격을 받았는데, 온라인 상의 반대 여론들은 무시하

46) Yamile Salinas Abdala: 《Los derechos territoriales de los grupos étnicos: ¿un compromiso social, una obligación constitucional o una tarea hecha a medias?》 en *Punto de Encuentro* No 67, 2014.

47) Ulrich Oslender: 《Violence in Development: The Logic of Forced Displacement on Colombia's Pacific Coast: Development in Practice》 en *Development in Practice* vol. 17, No 6, 2007; P. Wade: 《Mestizaje, multiculturalism》, cit.

고 넘어가기에는 너무나 반원주민적 인종차별을 담고 있었다.[48]

하지만 공적 논쟁의 주제로서 인종주의가 처음 등장할 때면 반흑인 인종주의가 주된 화두가 되는 경향이 있다. 그 이유는 이러한 논쟁이 브라질의 주도로 이루어져왔기 때문이기도 한데, 브라질에서는 국민의 대부분을 구성하는 도시에 거주하고 문화적으로는 거의 식별되지 않는 흑인 인구에 있어 인종주의가 오랜 기간에 걸쳐 핵심적인 관심사였기 때문이다. 1995년 정부는 공식적으로 인종주의를 문제로 인정하고, 2000년 초반부터는 고등교육기관 입학에서 인종에 기반을 둔 적극적 우대조치를 실시했으며, 이후에는 연방 고용 부문까지 정책을 확대하는 등 일련의 개혁을 추진했다. 이들 조치는 미국과 다른 지역들의 경우와 유사한 '공정성' 논쟁을 불러일으켰다.[49] 콜롬비아 정부는 '인종주의에 반대하는 전국 캠페인(la Campaña Nacional contra el Racismo)'(2009)을 후원했고, 이후에는 유엔의 '세계 아프리카계 후손을 위한 10년(2015–2024)' 운동의 일환으로 '인종주의에 맞서자(Ponga la Cara al Racismo)' 캠페인(2016)을 후원했다. 여러 국가들이 차별금지법을 통과시켰고,[50] 에콰도르 군 간부가 흑인 모집병을 학대했다는 이유로 인종혐오범죄 유죄 판결을 받았던 사례처럼 상당한 주목을 받는 사건으로 확대되는 경우도 일부 있었다.[51]

48) Anna Marta Marini: 《La normalidad racista del discurso público en México y el caso de Marichuy》 en Iberoamérica Social vol. 6 No 11, 2018; Luis Hernández Navarro: 《Marichuy y la exclusión política》 en *La Jornada,* 27/2/2018.

49) David Lehmann: The Prism of Race: *The Politics and Ideology of Affirmative Action in Brazil,* University of Michigan Press, Minnesota, 2018.

50) T. K. Hernández: ob. cit.

51) 《Caso Michael Arce: Primera sentencia por delito de odio en Ecuador》 en Latin American Anti–Racism in a 《*Post-Racial*》 *Age-LAPORA,* 〈www.lapora.sociology.cam.ac.uk/es/caso–michael–arce–primera–sentencia–por–delito–de–odio–en–ecuador〉; Jean Muteba Rahier y Jhon Antón Sánchez: 《Anti–Discrimination Law in Two Legal Cases in Multicultural Ecuador: Afro–Ecuadorian Organizations and Individuals versus Bonil/El Universo, and Michael Arce and Liliana Mendez versus Lieutenant Fernando

이들 언론 캠페인과 법적 다툼은 상징적으로는 중요하지만 단기적 성격을 지니고, 구색 갖추기로 볼 측면도 있다. 하지만 브라질의 전례를 따라 그들은 적극적 우대 정책을 일부 도입하고 있으며, 이를 통해 교육과 고용의 구조적 문제를 해결하고자 한다. 예를 들어, 에콰도르의 외교관계장관은 외교 업무의 하위 직급에 인종적 소수자 채용 확대를 제도화하는 정책을 도입해왔다. 부분적으로는 1998년부터 지역 전반의 좌파로의 전환을 의미했던 라틴아메리카 '핑크 타이드'의 산물이기도 했던 이 정책들의 장기적 효과를 판단하기는 불가능하다. 2015년 여러 주요 우파 성향 지도자들의 당선을 계기로 반대 물결의 징후가 나타나고 있고, 그들이 인종적 배상 정책에 보다 보수적인 성향으로 보인다는 점을 고려하면 미래는 위태로워 보인다. 예를 들어 2018년 브라질 대선에서 당선된 우파 성향 지도자 자이르 보우소나루(Jair Bolsonaro)는 원주민 토지권이 농산업에 방해물이 된다고 주장했고, 흑인에 호의적인 적극적 우대 정책을 축소하겠다고 약속하기도 했다.

결론

다문화주의로의 전환, 이제 시작되고 있는 인종주의 가시화 등 최근 라틴아메리카에서 전개되고 있는 변화는 메스티사헤가 그 지배적 위치에서 멀어지게 하는 듯 보인다. 하지만 이 변화들은 메스티사헤 체제를 해체시키기 보다는 보완하고 있는 듯하다. 메스티사헤는 비록 동질화 기획이었음이 분명하지만 항상 흑인성과 원주민성에 종속적 위치를 부여했고, 백인성과 더불어 이 두 속성들 역시 메스티사헤가 중심적 개념으로 존재하기 위해서 필요하다. 따라서 다문화

Encalada/Escuela Superior Militar Eloy Alfaro (ESMIL)》 en *Latin American and Caribbean Ethnic Studies* vol. 14 No 3, 2019.

주의에 적응하기란 그다지 어렵지 않았다. 인종주의는 항상 메스티사헤에 부재하며 현존했고, 그곳에 있지만 동시에 그곳에 없었으며, 항상 작동하지만 계급 위계와 모호한 인종 구분 그리고 상대적 조화에 은폐되어 있었다. 따라서 갓 시작된 인종주의 가시화조차도 어느 정도는 이런 현상에 영향을 받을 수 있다. 메스티사헤 체제에 근본적 타격을 가하기 위해서는 인종주의의 지속적이고 구조적인 영향을 보다 철저히 인식할 필요가 있다. 하지만 구색 갖추기 식의 인정과 인종주의를 마치스모, 연령이나 장애 여부에 따른 차별, 이성애주의 등과 더불어 단지 또 다른 하나의 차별로서 상대화하는 경향(멕시코의 차별방지 국가 기구인 CONAPRED의 경우처럼)에 맞서 싸워야 이러한 인식이 쟁취될 수 있다.[52] 인종주의의 교차적 측면(특히 혼성의 성적 측면에 대한 메스티사헤의 의존성에서 잘 드러난다)을 이해해야 하며, 정복과 노예화의 식민사의 영향에 따라 작동하는 인종주의의 특별한 작동논리를 이해하는 것도 필요하다.

강정원 옮김

52) A. Lentin: 《What Happens to Anti-Racism When We Are Post Race?》 en *Feminist Legal Studies* vol. 19 No 2, 2011.

부록

라틴아메리카 경제지표 2021

라틴아메리카 경제지표 2021

권기수(한국외국어대학교 교수)

Ⅰ. 거시경제지표

항목	단위	아르헨티나	브라질	칠레	콜롬비아	멕시코	데루	베네수엘라	라틴아메리카 전체
GDP 증가율	% (연증가율)	10.3	4.5	11.7	10.6	4.8	13.3	–19.6	6.2
1인당 GDP 증가율		8.8	4.0	11.2	8.7	4.7	12.2	–18.2	5.3
소비자물가 상승률		51.7	10.2	5.3	4.5	6.0	5.2	1,946.0	6.4
명목 GDP	십억 달러	455	1,646	331	301	1,286	226	45	4,985
1인당 명목 GDP	달러	9,929	7,741	16,799	5,892	9,967	6,676	1,627	7,777
실업률(연평균)	%	9.8	13.9	9.4	14.0	4.3	7.0	6.8	10.0
수출	십억 달러	70.5	285.8	98.8	40.6	504.8	60.6	22.2	1,212.6
수입		57.4	222.6	80.2	52.2	503.7	49.0	11.5	1,145.0
무역수지		13.1	63.2	18.6	–11.7	1.1	11.6	10.7	67.5
외환보유고		43.0	369.4	53.3	58.7	211.6	75.8	11.2	943.5
경상수지	% (GDP 대비)	1.0	–0.5	–2.5	–4.4	0.0	0.4	0.3	–0.6
총정부부채		91.1	83.0	33.1	62.2	40.4	31.5	34.9	54.7

주: 명목 GDP, 1인당 명목 GDP는 IMF 통계 기준, GDP 증가율은 각국 중앙은행 및 통계청기준, 나머지 통계는 ECLAC 통계 기준.
베네수엘라 GDP 증가율, 1인당 GDP, 수출, 수입, 무역수지, 실업률은 2019년, 총정부부채는 2017년 기준.

출처: 라틴아메리카카리브경제위원회(ECLAC), 국제통화기금(IMF), 각국 중앙은행 및 통계청.

Ⅱ. 실물경제지표

1. 경제성장률

:: 2021년 라틴아메리카 경제는 COVID-19 여파에서 벗어나 빠른 회복세를 보였으나 COVID-19 이전 GDP 수준을 회복하는 데는 실패함.

| 2021년 라틴아메리카 경제는 6.2% 성장세를 보였으나 2020년 경기 침체(-6.8%)에 따른 충격을 완전히 회복하지 못함.

| 2021년 라틴아메리카 경제 회복은 미국 및 중국 등 주요 수출대상국에 대한 수출 증대, 일차산품의 국제가격 상승, 해외송금 유입 증가 등 대외 경제여건 개선과 백신 접종 확대 및 봉쇄조치 완화에 따른 소비 및 투자 증대 등 대내 경제여건 개선에 기인함.

| 그러나 라틴아메리카 대표적인 제조업 국가인 멕시코와 브라질은 글로벌 공급망 충격에 따른 제조업 생산 차질로 빠른 경기회복에 어려움을 겪음.

:: 소지역별로는 남아메리카 경제가 6.4% 성장세를 보여 중앙아메리카 경제(멕시코 포함)의 회복세(6.0%)를 상회함.

| 그러나 멕시코를 제외한 중앙아메리카 경제는 6.7% 성장을 달성하는 등 빠른 회복세를 보임. 이 같은 중앙아메리카 경제의 빠른 회복세는 미국 경제의 회복에 힘입은 수출 확대와 해외송금 유입 증대에 기인함.

:: 라틴아메리카 주요국 중에서는 멕시코를 제외한 국가들이 2020년의 경기 침체를 상회하는 성장세를 보임.

| 페루(13.3%), 칠레(11.7%), 콜롬비아(10.6%), 아르헨티나(10.3%)가 2020년 경기침체를 상회하는 두 자릿수의 빠른 회복세를 보임.

| 브라질 경제도 수출 증대, 민간소비 확대 등에 힘입어 2020년 -3.9% 역성장에서 벗어나 4.5% 성장을 시현함.

| 그에 반해 멕시코 경제는 미국의 경기회복에 따른 수출 증대와 관광산업의 회복에도 불구하고 로페스 오브라도르 정부의 소극적인 재정정책에 따른 더딘 소비 증가, 공급망 불안에 따른 제조업 생산 차질 등의 여파로 4.8% 회복에 그침.

라틴아메리카 주요국의 경제성장률 추이

(단위: %)

국가	2017	2018	2019	2020	2021(a)
아르헨티나	2. 8	−2. 6	−2. 0	−9. 9	10. 3
브라질	1. 3	1. 8	1. 2	−3. 9	4. 5
칠레	1. 2	3. 7	0. 9	−5. 8	11. 7
콜롬비아	1. 4	2. 6	3. 3	−6. 8	10. 6
멕시코	2. 1	2. 2	−0. 2	−8. 2	4. 8
페루	2. 5	4. 0	2. 2	−11. 0	13. 3
베네수엘라	−15. 7	−19. 6	−	−	−
라틴아메리카(b)	1. 1	1. 1	0. 0	−6. 8	6. 2(c)

주 | (a)는 실제치, (b)는 2010년 불변가격기준, (c)는 잠정치

출처 | ECLAC

:: 경기회복에 힘입어 2021년 라틴아메리카 지역의 1인당 GDP도 증가세로 전환됨.

| 그러나 1인당 GDP 증가율은 5.3%에 그쳐 2020년 충격을 완전히 회복하지 못함.

| 라틴아메리카 주요국 중에서는 페루가 12.2%로 가장 빠른 1인당 GDP 증가세를 기록했으며, 칠레(11.2%), 아르헨티나(8.8%), 콜롬비아(8.7%)가 라틴아메리카 평균 이상의 성장세를 보임.

라틴아메리카 주요국의 1인당 GDP 증가율 추이

(단위: %)

국가	2017	2018	2019	2020	2021(a)
아르헨티나	1. 8	−3. 5	−2. 9	−10. 7	8. 8
브라질	0. 5	1. 0	0. 5	−4. 6	4. 0
칠레	−0. 2	2. 3	−0. 2	−6. 6	11. 2
콜롬비아	−0. 2	1. 0	1. 9	−7. 8	8. 7
멕시코	0. 9	1. 1	−1. 3	−9. 1	4. 7
페루	0. 8	2. 2	0. 6	−12. 2	12. 2
베네수엘라	−14. 4	−18. 2	−	−	−
라틴아메리카(b)	0. 1	0. 0	−0. 9	−7. 6	5. 3

주 | (a)는 ECLAC 잠정치, (b)는 2010년 불변가격 기준

출처 | ECLAC

2. 투자

:: 경기회복에 힘입어 2021년 라틴아메리카 지역의 투자(총고정자본형성)는 전년대비 16.3% 증가함.

| 큰 폭의 투자 회복에 힘입어 2021년 GDP대비 투자율는 전년대비 1.7%포인트 증가한 19.5%를 기록함.

| 주요국 중에서는 칠레(2.5%포인트, GDP대비), 페루(2.5%포인트), 브라질(1.9%포인트)이 라틴아메리카 평균 이상의 투자율 증가세를 보임.

:: 라틴아메리카 주요국 중에서는 칠레(22.3%), 페루(21.2%), 멕시코(20.7%)가 라틴아메리카 지역 평균 이상의 투자율(GDP대비)을 기록함.

| 그에 반해, 아르헨티나(18.9%), 브라질(17.3%), 콜롬비아(19.4%)는 여전히 라틴아메리카 평균을 밑도는 낮은 투자 수준을 보임.

라틴아메리카 주요국의 투자율(GDP대비) 추이 (단위: %, GDP 대비)

국가	2017	2018	2019	2020	2021(a)
아르헨티나	18. 2	16. 6	14. 9	14. 9	18. 9
브라질	14. 6	15. 1	15. 4	15. 4	17. 3
칠레	21. 2	22. 2	23. 0	23. 0	22. 3
콜롬비아	21. 6	21. 2	21. 5	21. 5	19. 4
멕시코	22. 9	22. 7	21. 2	21. 2	20. 7
페루	20. 6	21. 6	21. 1	21. 1	21. 2
베네수엘라	-3. 7	-	-	-	-
라틴아메리카	18. 2	19. 1	18. 7	18. 7	19. 5

주 | (a)는 잠정치
출처 | IMF

3. 수출입, 무역수지 및 경상수지

가. 수출(상품 수출)

:: 일차산품의 국제가격 상승과 교역조건 개선에 힘입어 2021년 라틴아메리카 지역의 수출은 전년대비 27.5% 증가함.

| 2021년 라틴아메리카 지역의 수출 가격과 수출 물량은 전년대비 각각 17%, 8% 증가함.

| 소지역별로는 남아메리카 지역의 수출이 34% 증가해 중앙아메리카 지역의 수출 증가율(24%)을 앞섬.

| 라틴아메리카 주요국 중에서는 페루가 가장 빠른 수출 증가세(41.2%)를 시현했으며, 브라질(35.6%), 칠레(34.5%), 아르헨티나(28.4%), 콜롬비아(26.0%), 멕시코(21.0%)가 그 뒤를 이음.

라틴아메리카 주요국의 수출증가율 추이 (단위: %, 전년 대비)

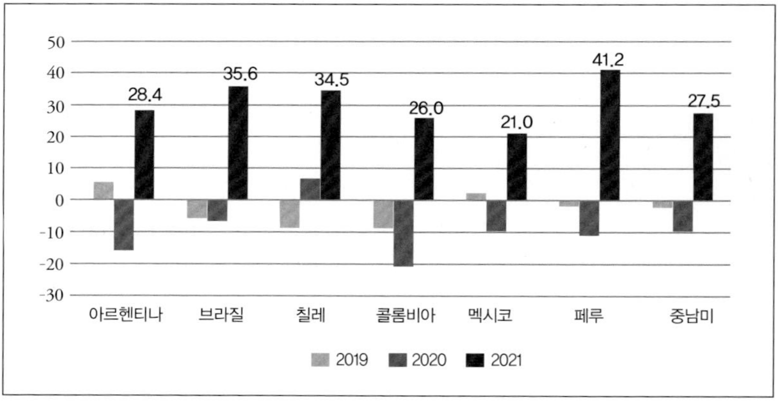

출처 | ECLAC

:: 큰 폭의 수출 증가로 2021년 라틴아메리카 지역의 수출 규모는 전년보다 2,612억 달러 증가한 1조 2,125억 달러를 기록함.

| 국별로는 멕시코가 5,048억 달러로 가장 큰 수출 규모를 기록했으며, 그 뒤를 브라질(2,858억 달러), 칠레(988억 달러), 아르헨티나(705억 달러), 페루(606억 달러), 콜롬비아(405억 달러), 베네수엘라(93억 달러)가 잇고 있음.

라틴아메리카 주요국의 수출 추이

(단위: 백만 달러)

국가	2017	2018	2019	2020	2021(a)
아르헨티나	58,639	61,801	65,156	54,945	70,541
브라질	218,069	239,537	225,800	210,707	285,806
칠레	68,859	75,200	68,763	73,485	98,814
콜롬비아	39,777	44,440	40,656	32,209	40,586
멕시코	409,806	451,083	460,939	417,151	504,808
페루	45,422	49,066	48,224	42,941	60,629
베네수엘라	34,030	33,677	22,227	–	–
라틴아메리카(b)	989,741	1,075,071	1,053,089	951,327	1,212,571

주 | (a)는 추정치, (b)는 카리브 제외

출처 | ECLAC

나. 수입

:: 2021년 라틴아메리카 지역의 수입은 경기회복에 따른 수입수요 증가에 힘입어 전년대비 31.4% 증가해 2010년 이후 가장 큰 폭의 성장세를 시현함.

| 2021년 라틴아메리카 지역의 수입 가격과 물량은 각각 12%, 20% 증가함.

| 소지역별로 남아메리카 지역의 수입은 36%, 중앙아메리카 지역의 수입은 34% 증가함.

| 라틴아메리카 주요국 중에서는 칠레가 가장 빠른 수입 증가세(45.6%)를 보였으며, 그 뒤를 아르헨티나(42.4%), 페루(41.2%), 멕시코(31.5%), 콜롬비아(26.5%), 브라질(24.8%)이 잇고 있음.

라틴아메리카 주요국의 수입증가율 추이 (단위: %, 전년 대비)

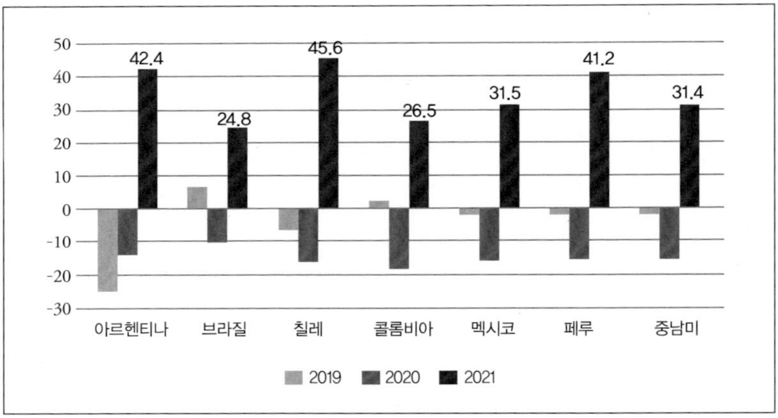

출처 | ECLAC

:: 높은 수입 신장세에 힘입어 2021년 라틴아메리카 지역의 수입 규모는 전년보다 2,735억 달러 증가한 1조 1,450억 달러를 기록함.

| 국별로는 멕시코가 5,037억 달러로 가장 큰 수입 규모를 기록했으며, 그 뒤를 브라질(2,225억 달러), 칠레(802억 달러), 아르헨티나(574억 달러), 콜롬비아(522억 달러), 페루(490억 달러), 베네수엘라(65억 달러)가 잇고 있음.

라틴아메리카 주요국의 수출 추이

(단위: 백만 달러)

국가	2017	2018	2019	2020	2021
아르헨티나	64,101	62,544	46,928	40,315	57,423
브라질	154,109	186,490	199,253	178,337	222,571
칠레	61,500	70,555	65,810	55,116	80,249
콜롬비아	44,247	49,584	50,708	41,290	52,245
멕시코	420,790	464,850	455,772	383,172	503,724
페루	38,722	41,870	41,106	34,713	49,028
베네수엘라	12,023	12,782	11,504	–	–
라틴아메리카	946,911	1,053,258	1,031,251	871,517	1,145,044

주 | 2021년은 추정치

출처 | ECLAC

:: 2021년 라틴아메리카 지역의 교역조건은 국제 상품가격 상승으로 전년대비 약 5% 개선됨.

| 그러나 교역조건 개선은 수출상품의 종류와 소지역별로 차이를 보임.

- 석유 및 천연가스 수출국의 교역조건이 가장 크게 개선(15%)되었으며, 금속 및 광물 수출국과 농산물 수출의 교역조건은 13% 상승했음.
- 그에 반해 석유 수입국인 중앙아메리카 지역의 교역조건은 1% 악화됨.

| 라틴아메리카 주요국 중에서는 브라질의 교역조건이 가장 크게 개선(전년대비 19%)되었음. 그에 반해 공산품 수출국인 멕시코의 교역조건은 –6% 악화됨.

라틴아메리카 주요국의 교역조건 추이 (단위: 2010 = 100)

국가	2017	2018	2019	2020	2021
아르헨티나	104. 1	105. 1	104. 4	105. 0	120. 1
브라질	93. 2	91. 3	91. 8	93. 2	111. 3
칠레	99. 7	96. 7	95. 1	104. 4	118. 7
콜롬비아	79. 7	87. 2	86. 0	72. 7	84. 4
멕시코	96. 5	96. 1	98. 3	97. 1	91. 1
페루	93. 0	92. 6	91. 0	99. 4	110. 0
베네수엘라	63. 9	80. 8	69. 4	53. 6	67. 7
라틴아메리카	93. 9	94. 6	95. 1	95. 3	100. 3

주 | 2021년은 추정치

출처 | ECLAC

다. 무역수지 및 경상수지

:: 빠른 수입 증가세로 2021년 라틴아메리카 지역의 무역수지 흑자는 2020년보다 소폭 감소한 675억 달러를 기록함.

| 라틴아메리카 주요국 중에서는 콜롬비아를 제외한 모든 국가에서 무역수지 흑자를 기록함.

| 무역수지 흑자국 중에서 브라질, 칠레, 페루의 무역흑자가 증가세를 보인 데 반해 아르헨티나, 멕시코의 무역흑자는 감소함. 특히 멕시코의 무역흑자 감소는 자동차 부품 공급망 차질에 따른 자동차 수출 하락에 기인함.

라틴아메리카 주요국의 무역수지 추이 (단위: 백만 달러)

국가	2017	2018	2019	2020	2021
아르헨티나	–5,462	–743	18,228	14,630	13,118
브라질	63,960	53,047	26,547	32,370	63,235
칠레	7,359	4,645	2,953	18,369	18,565
콜롬비아	–4,470	–5,144	–10,052	–9,081	–11,659
멕시코	–10,984	–13,767	5,167	33,979	1,084
페루	6,700	7,196	7,118	8,228	11,601
베네수엘라	22,007	20,895	10,723	–	–
라틴아메리카	42,830	21,813	21,838	79,810	67,527

출처 | ECLAC

:: 대외경제의 기초체력을 평가하는 대표적인 척도인 경상수지는 무역수지 흑자 감소로 악화됨.

| 라틴아메리카 지역의 경상수지는 2020년 7억 달러 흑자에서 2021년 287억 달러 적자로 전환됨.

| 라틴아메리카 주요국 중에서는 브라질, 칠레, 콜롬비아가 경상수지 적자를 기록한 데 반해 아르헨티나, 멕시코, 페루, 베네수엘라는 흑자를 시현함.

라틴아메리카 주요국의 경상수지 규모 추이

(단위: 10억 달러)

국가	2017	2018	2019	2020	2021
아르헨티나	−31. 1	−27. 1	−3. 7	3. 3	4. 5
브라질	−22. 0	−51. 5	−65. 0	−25. 9	−8. 5
칠레	−6. 4	−11. 7	−10. 4	3. 5	−8. 3
콜롬비아	−10. 7	−13. 7	−14. 5	−9. 3	−13. 2
멕시코	−20. 4	−25. 1	−3. 9	26. 1	0. 4
페루	−2. 8	−3. 9	−2. 2	1. 6	0. 9
베네수엘라	8. 7	8. 6	5. 0	−2. 0	0. 1
라틴아메리카	−94. 6	−140. 8	−102. 7	0. 7	−28. 7

주 | 2021년은 추정치

출처 | IMF

:: 경상수지가 흑자에서 적자로 전환되면서 라틴아메리카 지역의 GDP대비 경상수지는 −0.6% 적자를 기록함.

| 라틴아메리카 주요국 중에서는 콜롬비아(−4.4%, GDP대비), 칠레(−2.5%)가 라틴아메리카 평균 이상의 경상수지 적자를 기록함.

라틴아메리카 주요국의 경상수지 추이

(단위: %, GDP 대비)

국가	2017	2018	2019	2020	2021
아르헨티나	−4. 8	−5. 2	−0. 8	0. 9	1. 0
브라질	−1. 1	−2. 7	−3. 5	−1. 8	−0. 5
칠레	−2. 3	−3. 9	−3. 7	1. 4	−2. 5
콜롬비아	−3. 4	−4. 1	−4. 5	−3. 4	−4. 4
멕시코	−1. 8	−2. 1	−0. 3	2. 4	0. 0
페루	−1. 3	−1. 7	−0. 9	0. 8	0. 4
베네수엘라	6. 1	8. 8	7. 8	−4. 3	0. 3
라틴아메리카	−1. 7	−2. 6	−2. 0	0. 0	−0. 6

주 | 2021년은 추정치

출처 | IMF

4. 재정수지 및 정부부채

:: 정부지출 축소와 재정수입 확대로 2021년 라틴아메리카 지역의 재정수지는 소폭 개선됨.

| 2021년 라틴아메리카 지역의 재정지출(GDP대비)은 23.6%로 전년(24.7%)보다 소폭 감소함. 그에 반해 같은 기간 재정수입(GDP대비)은 17.8%에서 18.6%로 개선됨.

| 그 결과, 2021년 재정수지적자(GDP대비)는 2020년 6.9%에 비해 1.9%포인트 개선된 5.0%를 기록함.

| 그러나 소지역별로 재정수지 개선 이유는 다소 달랐음.

- 남아메리카에서 재정수지 개선은 재정지출 감소보다는 재정수입 증대 효과가 컸음. 2021년 남아메리카의 재정지출은 전년비 −0.9%포인트 감소에 그친 데 반해 재정수입은 1.1%포인트 증가했음.
- 그에 반해 멕시코 및 중앙아메리카(도미니카공화국 포함)에서는 재정지출 감소가 재정수지 개선에 크게 기여했음. 중앙아메리카 지역의 재정지출은 1.3%포인트 감소한 데 반해 재정수입 증가는 0.5%포인트에 그쳤음.

:: 이 같은 재정수지 개선에 힘입어 2021년 라틴아메리카 지역의 정부부채 규모는 전년보다 소폭 감소함.

| 2021년 9월 말 현재 라틴아메리카 지역의 총 정부부채(GDP대비)는 평균 54.7%로 2020년 말 대비 1.7%포인트 하락함.

| 소지역별로는 남아메리카(56.1%, GDP대비)의 정부부채 규모가 중앙아메리카(53.3%)를 상회함.

| 국별로는 아르헨티나(91.1%, GDP대비), 브라질(83%), 코스타리카(74.5%), 파나마(66.5%)가 라틴아메리카 평균을 상회하는 정부부채 규모를 기록함.

| 그에 반해 과테말라(26.5%, GDP대비), 파라과이(29.4%), 페루(31.5%)는 라틴아메리카 평균을 크게 밑도는 양호한 정부부채 수준을 보임.

라틴아메리카 주요국의 총 정부부채(중앙정부, 비금융부문) 추이 (단위: %, GDP 대비)

국가	2017	2018	2019	2020	2021(a)
아르헨티나	56. 5	85. 2	88. 8	102. 8	91. 1
브라질	74. 0	77. 2	74. 3	88. 8	83. 0
칠레	23. 6	25. 6	28. 2	32. 5	33. 1
콜롬비아	44. 9	48. 6	48. 6	48. 6	62. 2
멕시코	35. 2	35. 4	36. 1	42. 0	40. 4
페루	24. 3	23. 8	24. 8	32. 9	31. 5
베네수엘라	34. 9	–	–	–	–
라틴아메리카(b)	39. 7	43. 0	45. 3	56. 4	54. 7

주 | (a) 2021년은 9월 말 기준, (b) 단순 평균, 카리브 및 베네수엘라, 볼리비아 제외

출처 | ECLAC

5. 실업률

:: 봉쇄조치 완화와 경기회복에 힘입어 실업률은 개선되고 있으나 아직 COVID-19 이전 수준을 회복하고 있지 못함.

| 라틴아메리카 지역의 실업률은 2020년 10.3%에서 2021년 10.0%로 0.3%포인트 개선됨.

| 실업률 개선이 더딘 이유는 COVID-19 여파 지속에 따른 생산활동의 전면적인 재개가 지체되고 있는 데다 일부 공장 자동화에 따른 노동수요가 부족하기 때문임.

- 특히 노동공급 측면에서는 정부의 실업수당 지원과 보건(건강)에 대한 우려로 노동자들이 일자리 복귀를 꺼린 데 따른 것으로 풀이됨.

:: 라틴아메리카 주요국 중에서는 브라질을 제외한 모든 국가에서 실업률이 개선되었음.

| 국별로 아르헨티나(1.7%포인트), 칠레(1.4%포인트), 콜롬비아(1.1%포인트), 페루(0.7%포인트)의 실업률이 라틴아메리카 평균(0.3%포인트) 이상 개선되었음.

| 그에 반해 브라질의 실업률은 2020년 13.8%에서 2021년 13. 9%로 0.1%포인트 증가했음.

라틴아메리카 주요국의 실업률 추이

(단위: %, 연평균 기준)

국가	2017	2018	2019	2020	2021
아르헨티나	8. 4	9. 2	9. 8	11. 5	9. 8
브라질	12. 8	12. 4	12. 0	13. 8	13. 9
칠레	7. 0	7. 4	7. 2	10. 8	9. 4
콜롬비아	8. 8	9. 1	9. 9	15. 1	14. 0
멕시코	3. 4	3. 3	3. 5	4. 4	4. 3
페루	4. 1	3. 9	3. 9	7. 7	7. 0
베네수엘라	7. 3	7. 3	6. 8	–	–
라틴아메리카	8. 1	7. 9	7. 9	10. 3	10. 0

주 | 2021년은 9월까지 추정치, 경제활동인구대비 실업 비율
출처 | ECLAC

Ⅲ. 금융·외환지표

1. 환율

:: COVID-19 충격에다 라틴아메리카 주요국에서 정치적 혼란이 지속되면서 2020년에 이어 2021년에도 대부분 국가에서 통화가치가 하락함.

| 2021년 라틴아메리카 지역(10월 말 기준)의 평균 통화가치(달러 대비)는 2020년 말과 비교해 5.9% 하락함.

| 그러나 통화가치 하락 폭이나 환율의 변동성은 2020년보다 완화되었음.

:: 라틴아메리카 주요국 중에서는 아르헨티나, 칠레, 콜롬비아, 페루의 통화가치 하락이 두드러짐.

| 아르헨티나 페소화 가치(달러 대비)는 전년보다 22.1% 하락하며 가장 큰 폭의 감소세를 보였음.

| 정치적 혼란으로 칠레(19.9%), 콜롬비아(18.9%), 페루(10.2%)의 통화가치도 두 자릿수의 약세를 면치 못함.

| 그밖에 브라질의 헤알화(7.3%)와 멕시코의 페소화(3.0%) 가치도 하락세를 피해 가지 못했음.

라틴아메리카 주요국의 환율 추이

(단위: 달러 대비, 연말 기준)

국가	2017	2018	2019	2020	2021	
					환율	2020년 대비 변동률(%)
아르헨티나	18. 60	37. 68	59. 86	84. 08	102. 68	22. 1
브라질	3. 31	3. 87	4. 02	5. 19	5. 57	7. 3
칠레	615. 22	694. 02	752. 08	710. 00	851. 10	19. 9
콜롬비아	2,971. 63	3,247. 03	3,282. 76	3,419. 50	4065. 41	18. 9
멕시코	19. 66	19. 64	18. 93	19. 90	20. 49	3. 0
페루	3. 24	3. 37	3. 31	3. 61	3. 98	10. 2

주 | 플러스는 환율 상승(자국통화가치 하락), 마이너스는 환율 하락(자국통화가치 상승)을 의미
출처 | 각국 중앙은행

2. 금리

:: 2021년 라틴아메리카 지역의 정책금리는 하락세를 보였으나 그 하락 폭은 크게 둔화함.

| 2020년에 이어 2021년에도 라틴아메리카 각국은 COVID-19 여파에 따른 경기침체 극복을 위해 팽창적 통화정책 기조를 유지했음.

| 그러나 2021년 하반기 들어 물가상승이 가시화되고 미국의 금리 인상 가능성에 따른 환율 변동성이 커지면서 이를 억제하기 위해 금리 인상 속도를 완화하거나 소폭의 금리 인상으로 전환함.

| 인플레이션 상승 및 기대 효과 차단을 위해 물가목표제(inflation targeting)를 실시하고 있는 라틴아메리카 11개국 중 9개국에서 정책금리를 인상함.

| 라틴아메리카 주요국 중에서는 물가상승 폭이 빠른 브라질이 가장 적극적인 금리 인상을 단행함.

라틴아메리카 주요국의 정책금리 추이 (단위: %, 연평균 기준)

국가	2017	2018	2019	2020	2021(a)
아르헨티나	26.4	44.4	65.2	39.7	38.0
브라질	9.8	6.6	6.0	2.8	4.1
칠레	2.7	2.6	2.5	0.8	0.9
콜롬비아	6.0	4.3	4.3	2.8	1.8
멕시코	6.8	7.7	8.0	5.3	4.3
페루	3.8	2.8	2.6	0.7	0.5
베네수엘라	6.4	6.2	16.5	-	-
라틴아메리카(b)	8.8	10.7	15.0	8.7	8.3

주 | (a)는 2021년 10월 기준, (b)는 7개국 단순 평균
출처 | ECLAC

3. 소비자물가상승률

:: COVID-19 충격으로 인한 수요 급감으로 역사상 최저 수준을 기록했던 소비자물가는 2021년 들어 큰 폭으로 상승함.

| 2021년 9월 기준 라틴아메리카 지역의 소비자물가상승률은 6.4%로 2008년 10월(6.9%) 이후 최고 수준을 기록함.

| 소지역별로는 남아메리카가 멕시코 및 중앙아메리카의 소비자물가상승률을 상회함.

- 2021년 9월 기준으로 남아메리카 지역의 소비자물가상승률은 7.0%를 기록한 데 반해 멕시코 및 중앙아메리카의 소비자물가상승률은 5.3%에 그침.

| 라틴아메리카 33개국 중 30개국에서 소비자물가가 2020년 9월 대비 상승함. 특히 아르헨티나, 베네수엘라, 브라질, 쿠바, 엘살바도르, 파라과이, 파나마 등에서 소비자물가상승률이 두드러짐.

:: 2021년 라틴아메리카 지역에서 소비자물가상승의 주요 원인은 봉쇄조치 해제에 따른 경제활동 재개, 글로벌 식품 및 에너지 가격 상승, 환율 상승에 따른 수입물가 인상, 공급망 차질 등에 기인함.

| 특히 브라질과 멕시코 등에서는 공급망 차질에 따른 중간재 및 부품, 기계 및 장비 조달 어려움에 따른 생산비용 증가가 물가상승을 부추김.

| 또한, 아르헨티나, 브라질, 칠레, 파라과이 등에서는 수십 년 만의 가뭄으로 인한 수력발전 차질에 따른 전력요금 상승이 물가인상을 초래함.

라틴아메리카 주요국의 소비자물가상승률 추이

(단위: %, 연말 기준)

국가	2017	2018	2019	2020	2021(a)
아르헨티나	25. 0	47. 1	52. 9	34. 1	51. 7
브라질	2. 9	3. 7	4. 3	4. 5	10. 2
칠레	2. 3	2. 6	3. 0	3. 0	5. 3
콜롬비아	4. 1	3. 1	3. 8	1. 6	4. 5
멕시코	6. 8	4. 8	2. 8	3. 2	6. 0
페루	1. 4	2. 2	1. 9	2. 0	5. 2
베네수엘라	862. 6	130,060. 2	9,585. 5	2,959. 8	1,946. 0
라틴아메리카(b)	3. 6	3. 2	3. 1	3. 0	6. 4

주 | (a)는 2021년 9월까지 12개월 누적 기준, (b)는 가중평균, 아르헨티나, 아이티 및 베네수엘라 미포함
출처 | ECLAC

4. 국가위험도

:: 라틴아메리카 지역의 국가위험도(JP Morgan의 EMBIG[1] 기준)는 COVID-19 충격에 따른 글로벌 금융시장의 불확실성 지속과 투자자들의 위험회피 성향 확대 등의 여파로 2021년에도 상승세를 보임.

| 2021년 10월 말 기준 라틴아메리카 지역의 국가위험도는 401bps를 기록했으며, 2021년 10월 말까지 연평균 국가위험도는 389bps를 나타냄.

| 그러나 이 같은 국가위험도 상승세에도 불구하고 연평균 기준으로 라틴아메리카 지역의 국가위험도는 2020년 평균(507bps)을 하회함.

:: 라틴아메리카 주요국 중에서는 멕시코의 국가위험도가 소폭 하락한 데 반해 나머지 국가들의 국가위험도는 큰 폭으로 상승함.

| 국별로 라틴아메리카 국가 중에서는 우루과이의 국가위험도(138bps)가 가장 낮았으며, 칠레(161bps), 페루(181bps)도 다른 라틴아메리카 국가들에 비해 크게 낮은 국가위험도를 기록함.

| 그에 반해 극심한 정치경제 혼란을 겪고 있는 베네수엘라가 라틴아메리카 국가 중에서 가장 높은 국가위험도(3만 2,198bps)를 보임. 채무디폴트 상황에 처해 있는 아르헨티나의 국가위험도도 라틴아메리카 평균보다 4배 높은 1,712bps를 기록함.

1) EMBIG는 JP Morgan Emerging Markets Bond Index Global을 의미하며, 보통 이머징마켓채권지수로 불림. 여기서 국가위험도는 EMBIG 채권 수익률과 미국국채 수익률 간의 차이를 의미하며, 일반적으로 신흥국의 국가위험을 측정하는 지표로 많이 사용됨.

라틴아메리카 주요국의 국가위험도 추이 (단위: bps, EMBI Global, 연말 기준)

국가	2017	2018	2019	2019	2020(a)
아르헨티나	351	817	1,744	1,368	1,712
브라질	232	273	212	250	338
칠레	117	166	135	144	161
콜롬비아	173	228	161	206	302
멕시코	245	357	292	361	353
페루	136	168	107	132	181
베네수엘라	4,854	6,845	14,740	24,099	32,198
라틴아메리카	419	568	346	386	401

주 | (a)는 10월 기준
출처 | ECLAC

5. 주가

:: 2021년 전 세계 주식시장의 실적 개선에도 불구하고 라틴아메리카 주식시장은 국별로 차별화된 양상을 보임.

| 아르헨티나, 멕시코, 칠레, 페루의 주식시장이 실적 개선을 보인 데 반해 브라질, 콜롬비아, 베네수엘라 주식시장은 침체를 보였음.

- 아르헨티나 Merval 주가는 미국 ADR에 상장된 주요 기업 주가의 호실적에 힘입어 외환시장의 혼란 속에서도 전년대비 63% 상승함.
- 멕시코, 칠레, 페루 주가도 전년대비 각각 20.9%, 2.5%, 0.7% 상승함.

| 그에 반해 브라질, 콜롬비아, 베네수엘라 주가는 전년대비 각각 −11.9%, −1.8%, −99.6% 하락함.

- 특히 브라질 Bovespa 주가는 금융부문 실적 부진으로 전년대비 약 12% 하락함.

라틴아메리카 주요국의 주가 추이 (단위: 연말 기준)

국가	2017	2018	2019	2020	2021	
					주가	2020년 대비 변화율(%)
아르헨티나(MERV)	29,975	30,292	41,671	51,226	83,500	63. 0
브라질(BOVESPA)	77,020	87,887	115,645	119,017	104,822	−11. 9
칠레(IGPA)	27,981	25,949	23,393	21,007	21,538	2. 5
콜롬비아(COLCAP)	1,514	1,325	1,662	1,437	1,411	−1. 8
멕시코(IPC)	49,354	41,459	43,657	44,066	53,272	20. 9
페루(LIMA) IGBVL	19,974	19,350	20,587	20,967	21,112	0. 7
베네수엘라(IBC)	1,263	1,605	831,880	1,332,059	5,919	−99. 6

출처 | tradingeconomics.com(검색일자: 2021년 1월 30일)

6. 외환보유고

:: 라틴아메리카 지역의 외환보유고는 2020년에 이어 2021년에도 지속적인 증가세를 보임.

| 2021년 라틴아메리카 지역의 외환보유고는 전년대비 5.2% 증가한 9,435억 달러를 기록함.

| 국별로는 라틴아메리카 33개국 중 22개국에서 외환보유고가 증가함. 평균 외환보유고 증가율은 15.7%에 달했는데, 그중에서 베네수엘라와 칠레는 30% 이상의 증가율을 보임.

:: 이 같은 외환보유고 증가는 라틴아메리카 각국의 무역흑자 지속, 해외송금 유입 확대, 중앙은행이 보유한 금의 가치 상승 등에 기인함.

| 2020년 중반 이후 IMF와의 탄력적크레딧라인(FCL: Flexible Credit Line) 협정 체결, 미국 중앙은행인 연방준비제도와 통화스왑 협정 체결 등도 라틴아메리카 각국의 환율 방어 능력을 크게 확대함.

:: 국별로 외환보유고 규모는 브라질이 3,694억 달러로 가장 크며, 그 뒤를 멕시코(2,116억 달러)가 잇고 있음.

| 브라질과 멕시코 양국의 외환보유고가 라틴아메리카 전체 외환보유고의 61.5% 비중을 차지함.

| 라틴아메리카 주요국 중에서는 최악의 경제난을 겪고 있는 베네수엘라의 외환보유고 규모(111억 달러)가 가장 작음.

라틴아메리카 주요국의 외환보유고 추이

(단위: 백만 달러, 연말 기준)

국가	2017	2018	2019	2020	2021(a)
아르헨티나	55,055	65,806	44,781	39,387	43,004
브라질	373,972	374,715	356,884	355,620	369,382
칠레	38,983	39,861	40,657	39,200	53,309(b)
콜롬비아	47,637	48,402	53,174	59,039	58,730(b)
멕시코	175,450	176,384	183,028	199,056	211,590
페루	63,731	60,288	68,370	74,909	75,846
베네수엘라	9,662	8,830	6,630	6,364	11,188
라틴아메리카	859,610	868,029	852,243	891,560	943,466

주 | (a)는 2021년 10월 말 기준, (b)는 2021년 9월 말 기준
출처 | ECLAC

7. 국가신용등급

:: 일부 국가에서 대선을 전후한 정치적 혼란 등을 반영해 2021년 라틴아메리카 국가들의 전반적인 신용등급은 하락세를 보임.

| 특히 라틴아메리카 주요국 중에서는 칠레, 콜롬비아, 엘살바도르, 파나마, 페루의 신용등급이 하락함.

:: 2022년 2월 말 기준으로 라틴아메리카 국가 중에서는 멕시코, 칠레, 콜롬비아, 파나마, 페루, 우루과이, 트리니다드토바고 등 7개국이 3개 국제 신용평가기관(Moody's, S&P, Fitch)으로부터 투자적격 등급의 평가를 받음.

| 그중에서도 3대 신용평가기관 모두로부터 투자적격 등급 판정을 받고 있는 국가는 멕시코, 칠레, 파나마, 페루, 우루과이 5개국임.

- 콜롬비아의 경우 2020년까지 3대 신용평가기관으로부터 투자적격 등급 판정을 받았으나 2021년 S&P와 Fitch가 신용등급을 투자등급에서 투기등급으로 강등함.
- 트리니다드토바고의 경우 3대 신용평가기관 중 S&P로부터만 유일하게 투자적격 등급을 받고 있음.

| 라틴아메리카 국가 중에서는 칠레가 가장 투자등급이 양호한 국가로 평가됨.

라틴아메리카 주요국의 국가신용등급 (2022년 2월 28일 기준)

국가	Moody's		S&P		Fitch	
	등급	일자	등급	일자	등급	일자
과테말라	Ba1 부정적	2020. 11. 10	BB- 안정적	2017. 10. 18	BB- 안정적	2020. 04. 03
도미니카 공화국	Ba3 안정적	2017. 07. 20	BB- 안정적	2021. 12. 8	BB- 부정적	2020. 08. 05
니카라과	B3 안정적	2020. 02. 14	B+ 안정적	2016. 02. 11	B- 부정적	2020. 06. 17
멕시코	Baa1 부정적	2020. 04. 17	BBB 부정적	2020. 03. 26	BBB- 안정적	2020. 04. 15
베네수엘라	C 안정적	2018. 03. 09	SD 부정적	2017. 11. 14	NR 매우 취약	2019. 06. 27
볼리비아	B2 안정적	2020. 09. 22	B+ 부정적	2021. 03. 24	B 안정적	2020. 09. 30
브라질	Ba2 안정적	2018. 04. 09	BB- 안정적	2020. 04. 06	BB- 부정적	2020. 05. 05
아르헨티나	Ca 부정적	2020. 04. 03	CCC+ 안정적	2020. 09. 07	CCC	2020. 10. 09
에콰도르	Caa3 안정적	2021. 02. 06	B- 안정적	2020. 09. 01	B- 안정적	2020. 09. 03
엘살바도르	Caa1 부정적	2021. 07. 30	B- 안정적	2018. 12. 28	CCC	2022. 02. 9
온두라스	B1 안정적	2017. 09. 22	BB- 안정적	2017. 07. 18	B+ 안정적	2020. 09. 03
우루과이	Baa2 안정적	2017. 07. 13	BBB 안정적	2017. 05. 30	BBB- 안정적	2019. 06. 27
칠레	A1 부정적	2020. 08. 25	A 안정적	2021. 03. 24	A- 안정적	2020. 10. 15
코스타리카	B2 부정적	2020. 06. 02	B 부정적	2020. 06. 09	B 부정적	2020. 05. 12

국가	Moody's		S&P		Fitch	
	등급	일자	등급	일자	등급	일자
콜롬비아	Baa2 부정적	2020. 12. 03	BB+ 안정적	2021. 05. 19	BB+ 안정적	2021. 07. 01
트리니다드 토바고	Ba1 부정적	2020. 05. 22	BBB- 안정적	2020. 03. 26		
파나마	Baa2 안정적	2021. 03. 21	BBB 안정적	2020. 11. 24	BBB- 부정적	2021. 02. 03
파라과이	Ba1 안정적	2016. 06. 21	BB 안정적	2016. 06. 15	BB+ 안정적	2019. 12. 06
페루	A3 부정적	2021. 05. 21	BBB+ 안정적	2013. 08. 19	BBB+ 안정적	2020. 12. 15

주 | 음영으로 표시한 부문은 투자적격 등급을 의미함
출처 | Moody's, S&P, Fitch 홈페이지

2022 라틴아메리카 – COVID-19 팬데믹과 불평등

발행일 | 2022년 7월 15일
지은곳 | 서울대학교 라틴아메리카연구소/한·중남미협회
대표 편역자 | 임태균
펴낸곳 | 동명사 | 우 10881 경기도 파주시 회동길 50(문발동) | (031)955-7200(대표)~2

ISBN | 978-89-411-8227-6 93950

이 저서는 2013년 故이성형 교수의 뜻에 따라 설립된
'서울대학교 이성형 교수 학술기금'의 지원을 받아 수행된 연구임.